シリーズ・言語学フロンティア◆04

歴史社会言語学入門
社会から読み解くことばの移り変わり

高田博行・渋谷勝己・家入葉子
［編著］

Introduction to Historical Sociolinguistics
edited by
Hiroyuki Takada, Katsumi Shibuya & Yoko Iyeiri

大修館書店

はしがき

　今日，歴史言語学と社会言語学は，それぞれすでに確立した研究分野である。しかし，両者を統合させた「歴史社会言語学」という研究分野が本格的に意識されるようになったのは，さほど古くからのことではない。歴史社会言語学という研究分野がもくろむのは，言語と社会，この二者がさまざまに織りなす紋様のなかに，各時代に特有な図柄を見て取るとともに，時代を超えた普遍的なひな形を描き出すことであると言える。

　本書は，このような歴史社会言語学という研究分野に関して，最初に広く概観したあと，それぞれ個別に歴史社会言語学的研究を行ってきた研究者たちが結集してケーススタディを示すという形で，言語と社会の織りなす紋様をお目にかけようとするものである。分析の対象とする言語が多言語（日本語・英語・ドイツ語）にわたるという特長は，本シリーズ「言語学フロンティア」から出ている，本書の姉妹編と言える『歴史語用論入門——過去のコミュニケーションを復元する』と同様である。

　近年このように，それぞれの時代の言語状況や言語変化を，言語と社会との相関のなかで分析し理解することの必要性が急速に意識されるようになり，国際的には，本書の寄稿者のひとりである Stephan Elspaß 氏（ザルツブルク大学）を中心メンバーとして，Historical Sociolinguistics Network（HiSoN）という組織が作られている（2005 年創設）。また，ちょうど本年（2015 年），この分野の国際専門誌 *Journal of Historical Sociolinguistics*（de Gruyter）が発刊される。そのようななか，本書の刊行によって，今後わが国においても歴史社会言語学の研究がさらに進み，国際的な研究の地平を拓くきっかけとなれば，編者として望外の喜びである。

　　2015 年 1 月

編者一同

目　　次

はしがき ―――― iii

第1部　序　　論

第1章　歴史社会言語学の基礎知識 ── 渋谷勝己・家入葉子・高田博行

1．「歴史社会言語学」とはどんな分野なのか ── 5
　　1.1 社会言語学の問題のありか　6
　　1.2 社会言語学が成立した時期　7
　　1.3 社会言語学の下位分野　9
　　1.4 歴史社会言語学への展開　12
2．言語変種 ── 14
　　2.1 言語変種とは　14
　　2.2 バリエーションとは　15
　　2.3 方言とスタイル　16
　　　　2.3.1 方言　17 ／ 2.3.2 スタイル　18
　　2.4 歴史社会言語学と言語変種　20
3．言語接触 ── 23
　　3.1 言語接触をめぐる伝統的な研究と歴史社会言語学の視点　23
　　3.2 言語接触の実際と分析の難しさ　24
　　3.3 言語接触に関わる社会と人々の意識　26
　　3.4 ピジンとクレオール　28
　　3.5 二言語使用とコード切り替え　29
4．言語計画 ── 30
　　4.1 言語計画とは　31
　　4.2 言語計画の主体　32

4.3　言語計画のモデル　34
　　　4.4　ドイツの造語による語彙拡充　37
　　　4.5　明治以降の日本における言語計画　39
　5．本書の構成 —— 41

第2章　文献と言語変種
　　　文献に残されたことばの多様性が意味するところ　　　—— 金水　敏

　1．本章の目標 —— 43
　2．各時代の文献の特徴 —— 43
　3．表記の日本化と文語の成立 —— 48
　4．口頭語への接近 —— 49
　　　4.1　音声パフォーマンスのテキスト化　49
　　　4.2　宗教的テキスト　50
　　　4.3　テキストの大衆化・娯楽化　50
　　　4.4　言文一致・標準語普及運動　50
　　　4.5　テキストのIT化　51
　5．まとめと総論 —— 51

第2部　言語変種

第3章　下からの言語史　19世紀ドイツの「庶民」のことばを中心にして
　　　　　　　　　　　　　　　　—— シュテファン・エルスパス
　　　　　　　　　　　　　　　　　　［佐藤　恵　訳］

　1．新たな言語史記述のアプローチ —— 55
　2．「下からの言語史」の基本思想と目的 —— 58
　3．ケーススタディ：「下から見た」19世紀のドイツ語史 —— 62
　4．展望 —— 67

第4章　山東京伝の作品に見るスタイル切り替え
音便形・非音便形を事例に　　　　　　　　　　　　── 渋谷勝己

1．はじめに ── 70
2．山東京伝の使用した書きことば ── 72
　2.1　山東京伝の言語的背景　72
　2.2　スタイル切り替えが観察される言語事象　72
　2.3　スタイルの実態：五段動詞の連用形を事例に　73
　　　2.3.1　山東京伝の使用した連用形　74 / 2.3.2　洒落本　75 / 2.3.3　読本　77 / 2.3.4　黄表紙および合巻　78 / 2.3.5　複合格助詞　81
3．山東京伝のスタイル切り替えのメカニズム ── 82
4．山東京伝のスタイル能力 ── 85
　4.1　スタイル能力とは　85
　4.2　スタイル能力のモデル　86
5．スタイルの習得 ── 88
6．まとめ：スタイルと歴史社会言語学 ── 91

第3部　言語接触

第5章　中国語と日本語の接触がもたらしたもの
7～8世紀の事例に基づいて　　　　　　　　　　　　── 乾　善彦

1．中国語との出会い ── 95
2．漢文訓読 ── 96
3．語彙面における言語接触 ── 98
　3.1　正倉院文書における漢語の処理　98
　3.2　続日本紀宣命と漢語　100
4．語法面における言語接触 ── 104
　4.1　正倉院文書と訓読　104
　　　4.1.1　日用文書の文法　105 / 4.1.2　宣命書き文書の「ことば」　106 / 4.1.3　正倉院仮名文書と漢文訓読　108

4.2 古事記の文章とことば　109
　　　　　　4.2.1 古事記と漢文訓読　109 ／ 4.2.2 古事記仮名書部分のことば　111
5．日本語と漢文訓読の親和性 —— 113

第6章　15世紀の英語とフランス語の接触
　　　　　キャクストンの翻訳を通して　　　　　　　　　—— 家入葉子・内田充美

1．序論 —— 116
2．多言語社会における多言語使用者 —— 117
　　　2.1 言語接触の担い手としての翻訳者　118
　　　2.2 キャクストンの翻訳とその社会的意味　119
3．『パリスとヴィエンヌ』に見るキャクストンの語彙 —— 121
　　　3.1「名誉」と「騎士道」　121
　　　3.2 形容詞と抽象名詞　123
　　　3.3 考察　124
4．『パリスとヴィエンヌ』に見るキャクストンの統語 —— 125
　　　4.1 pray に続く表現　125
　　　4.2 any の使用　128
　　　4.3 考察　131
5．結論 —— 132

第7章　多言語接触の歴史社会言語学
　　　　　小笠原諸島の場合　　　　　　　　　　　　　　　—— ダニエル・ロング

1．はじめに：小笠原という言語社会 —— 134
2．接触によって生み出された小笠原の言語変種 —— 134
3．音変化 —— 135
4．意味変化 —— 136
5．使用領域の変化 —— 137
6．文法変化 —— 138
7．意味領域と単語形式のずれによって生じた特徴 —— 139
8．1840年の単語リストから何が分かるか —— 142

9．なぜハワイ語が動植物の名称に残ったか —— 143
10．なぜ19世紀の小笠原ピジンで英語が上層言語となったか —— 144
11．なぜ英語の細かい方言的特徴が残ったか —— 146
12．なぜバイリンガリズムに止まらず，混合言語が形成されたか —— 148
13．なぜ小笠原混合言語の基盤言語は英語ではなくて日本語か —— 149
  13.1 MLTが起こりやすい環境　152
  13.2 第1段階：若年層の二言語使用とコードスイッチング　153
  13.3 第2段階：単語の借用　153
  13.4 第3段階：アイデンティティを保持した安定バイリンガリズム　153
  13.5 第4段階：二言語の役割の明確化　153
  13.6 マトリックス言語交代が完成した言語状況　154
14．おわりに：言語の圧力鍋 —— 155

第4部　言語計画

第8章　近代国民国家の形成と戦前の言語計画　　　　山東　功

1．日本の言語計画 —— 159
2．明治期の国語施策と言語計画 —— 160
  2.1 日本における言語計画の流れ　160
  2.2 官制整備と国語施策　162
  2.3 国語施策と国語学・国語教育　165
  2.4 国語調査委員会　167
3．大正期・昭和戦前期の国語施策と言語計画 —— 169
  3.1 臨時国語調査会　169
  3.2 官制国語審議会　171
4．国語施策の行方と言語計画 —— 173

第9章　19世紀の学校教育におけるドイツ語文法
　　　　　ドゥーデン文法（1935年）にまで受け継がれたもの　　――高田博行

1．3つの文法：規範，論理，歴史 ―― 177
2．アーデルング（1781年）に至る規範文法 ―― 178
3．ベッカー（1827/29年）による論理訓練のための文法 ―― 182
4．バウアー（1850年）による折衷主義的文法の成功 ―― 185
5．バウアー=ドゥーデン（1881年）からドゥーデン（1935年）へ ―― 191
6．文法のなかのナショナリズム ―― 195

第10章　英語における「言語計画」とは？
　　　　　規範化に向かった時代（18～19世紀）　　――池田　真

1．言語計画とは ―― 199
2．英語史における言語計画 ―― 200
3．規範文法とは ―― 202
4．規範文法の誕生 ―― 205
5．規範文法の普及 ―― 207
6．現代に残る規範意識 ―― 213
7．歴史社会言語学的モデルの構築 ―― 215

参照文献 ―― 219

事項索引 ―― 233

人名索引 ―― 239

編者・執筆者のプロフィール ―― 241

歴史社会言語学入門

社会から読み解くことばの移り変わり

◆第1部◆

序論

◆第1章◆
歴史社会言語学の基礎知識

渋谷勝己・家入葉子・高田博行

1.「歴史社会言語学」とはどんな分野なのか

　ことばの研究を行う言語学の世界では，これまで，ことばの事象をさまざまな観点からできるだけ詳しく分析することを試みてきた。その結果，ことばの研究分野は細分化され，たがいに交わることのない，いくつもの下位分野に分かれるという事態が生じてきた。しかし，近年では，逆にいくつかの研究分野が連携し，それまで見逃されていた事象を掘り起こしつつ，また個々になされていた研究を統合することによって，新たな（分野横断的な）研究分野を創り出そうとする動きが生じている。それが活発に行われているのがことばの歴史を研究する分野であり，これまですでに，歴史語用論（高田・椎名・小野寺 2011）や認知歴史言語学（金杉・岡・米倉 2013）などが提唱されている。歴史社会言語学も，そのような流れのなかで姿を現してきた分野である。

　歴史社会言語学とは，これまで行われてきた歴史言語学（Historical Linguistics）や個別言語の史的な研究（日本語史研究，英語史研究，ドイツ語史研究など。以下，両者をあわせて歴史言語学とする）と社会言語学（Sociolinguistics）の視点と方法を統合しつつ，過去の特定の時代のことばや時間の流れのなかで生じた言語変化を，その時代の歴史社会的な状況と関連づけて理解し，再構築しようとする言語研究の一分野である。

　この分野が発展してきたのが比較的最近であることもかかわって，この分野の英語名には，Historical Sociolinguistics（Hernández-Campoy & Conde-Silvestre 2012 など）と，Sociohistorical Linguistics（Trudgill

2010 など）の 2 つが併用されている。「歴史」「社会」「言語学」の 3 つの要素の修飾—被修飾関係に注目すれば，Historical Sociolinguistics という名称は社会言語学の下位分野として，また Sociohistorical Linguistics という名称は歴史言語学の下位分野もしくは歴史言語学と社会言語学が同じ資格で融合した分野として，この分野を位置づけていることになろう。本書の執筆者のなかにも，歴史言語学から出発している研究者と，社会言語学に基盤をおいてきた研究者の両者がいるが，目指すところは同じである。本書では，「歴史社会言語学」という名称を採用する。

一方，研究対象という点では，歴史言語学は音声，形態，統語，語用など，ことばのあらゆる側面を取り上げるのに対して，社会言語学はその興味の対象をやや絞り込んでいるところがある。歴史社会言語学はその興味の対象を社会言語学から引き継いでいるので，本章ではまず，社会言語学という分野がことばのどのような側面に注目するのかを整理することからはじめよう。

1.1　社会言語学の問題のありか

社会言語学とは，ことばと社会の関係を研究する分野である。といっても，社会ということばが指し示す事象が多岐にわたることと関係して，そのカバーする範囲も広い。ここでは，社会言語学がもつ問題意識と，それを動機として展開している研究を整理することによって，社会言語学とはどのような研究分野なのかを確認することにする。

社会言語学が注目するのは，社会のあり方とことばの問題が密接に関連する，次の 3 つの事象である（真田編 2006：序章）。

(a) ことばの多様性
(b) ことばの運用方法
(c) 上の（a）（b）がもたらすことばの社会問題

まず，(a) のことばの多様性について。ことばがコミュニケーションの道具であるとするならば，多様性などないほうが都合よいはずである。事実，エスペラント語や国際語としての英語など，われわれは，全世界に共通することばを求めてきた。国内に限っても，明治以降，政府は，方言をなくして標準語に統一することを目標として，方言撲滅運動を展開し

た。にもかかわらず，どの地域，どの言語にも複雑なことばの多様性があるのはなぜなのか。その答えの多くは，ことばが使用される社会そのものが多様な構成メンバーから成り立っていることに見出される。多様性は，ことばにとっては必然的なものである。ここが，社会言語学が対象とする課題のありかのひとつである。

次に，（b）のことばの運用方法について。ことばがことばとして機能するのは，それを実際に使用する場においてである。この場合，独り言を除けば，その場には必ず話し手・書き手と聞き手・読み手がおり（時空を隔てていてもよい），その参加者が，たがいに対して，使用することば（スタイル）を切り替えたり，丁寧にふるまうなどの配慮の行動をとったりするのがふつうである。加えて，ときに，これが言語変化をもたらすこともある。たとえば英語の you の発達などがその例で，人称代名詞の you は，本来は複数形であり，相手が一人の場合には使用することはなかった。しかしながら丁寧な呼びかけとして相手が一人の場合にも you を使用する習慣が広まり，次第にこれが定着したのが，今日の英語の姿である。ドイツ語にも同様の変化が起こっている（高田 2011a）。このような，コミュニケーションの参加者がとる行動のあり方を解明することが，社会言語学が取り組む 2 つめの課題である。

最後に，（c）の，ことばがもたらす社会問題について。以上のようなことばの多様性やことばの運用は，社会のなかで，何らかの問題を引き起こしていることがある。たとえば，男女のことばの違いは社会のなかに存在してきた両者の不平等に起因するもので，その社会構造やことばのあり方を変える必要があると主張されることがある。また，敬語について，それを会話のなかでどのように使えばよいかわからないといったことも，よく耳にする。小学校の教育のなかに英語を加えることには，賛成する人々もあるが，反対の声も大きい。このような社会問題が生じる根本的な理由を明らかにするとともに，可能であればその問題の解決を図ろうとするのが，社会言語学の 3 つめの課題である。

1.2 社会言語学が成立した時期

さて，以上のような課題はいつの時代にもあったはずだが，それぞれの学問が成立するには何らかのきっかけがあるのがふつうである。社会言語

学は、どのような時代に、何をきっかけとして成立したのだろうか。

　アメリカで社会言語学が形をなしたのは、1960年代のことである。このことには、この時期、アメリカで公民権運動が盛んであったことが関係している。公民権運動とは、それまで虐げられてきた、女性や、アフリカ系アメリカ人をはじめとする移民の人々などに、さまざまな社会的権利を平等に与えることを目標とする運動である。これらの人々は、それまで、ことばの面でも、いわば崩れた英語を話す人々として虐げられてきた。アメリカで社会言語学が生まれたことには、このことが大きな要因としてかかわっている。女性や移民の使用する英語は、ドイツ語と英語が異なる言語であるのと同じように、いわゆる標準英語とは異なったひとつの自律した言語システムであると捉え直し、その規則を見出そうという動きが生じたのである。

　一方、ドイツでは、1960年代に南ヨーロッパやトルコから多くの労働者が入国し、ドイツ語を習得することによってドイツ語に多様性をもたらすことになったことが、社会言語学が発展する大きな契機となっている（シュリーベン=ランゲ 1996、田中 2011）。

　日本でも、社会言語学（伝統的には「言語生活研究」と呼ばれていた）の興隆には、ことばの多様性や運用と結びついた社会問題がかかわっている。言語生活研究がとりわけ発展したのは、近代国家として出発した明治期と、敗戦によってそれまでの価値観が崩壊した戦後のことである。たとえば戦後の1948年には、「国語及び国民の言語生活に関する科学的調査研究を行い、あわせて国語の合理化の確実な基礎を築く」ことを目的として国立国語研究所が設置され、共通語化調査（地域社会のことばの多様性と共通語の浸透度の調査）、敬語意識調査（敬語の運用実態、能力の調査）、言語地理学的調査（ことばの地域差の調査）など、日本の社会言語学の発展に大きく貢献する研究が相次いで行われている。

　その他、1960年代に、アフリカをはじめとして、植民地であった地域が次々に独立して新興国家が建設され、その言語（国語・公用語・教育言語など）の問題が大きくクローズアップされたことも、社会言語学の成立と発展につながっている。

1.3 社会言語学の下位分野

　以上述べたことからもわかるように，社会言語学の研究テーマは，それぞれの社会に存在することばの状況や問題と連動している。したがって，ある地域に特徴的なことばの状況があれば，その地域で行われる社会言語学には欠かせない研究テーマになるであろうし，また，同じ地域であっても，ある時期に新たなことばの問題が生じれば，社会言語学はその問題を研究対象に取り込んでいくことになる。つまり，社会言語学の研究対象には，ことばの多様性や，聞き手に対する配慮など，どの国，どの地域，どの時代にも普遍的に見出せるようなものがある一方で，また一方には，ある国や地域，時代に特徴的なものもあり，社会言語学の対象とは何か，その輪郭を明確に描き出すことをむずかしくしているところがある。むしろ，それぞれの社会とそのことばのあり方に応じて，研究対象を自在に広げていくというのが，社会言語学のもつ特徴であるといえる。

　とはいっても，社会言語学という分野が誕生してから半世紀が過ぎ，社会言語学のコアとなる分野が確立しているのもまちがいない。ここでは，前節で社会言語学が注目するものとしてあげた（a）～（c）の3つの事象と対応させて，ごくおおまかに3つのコア分野を設定しておこう。表1の分野である。

　①の記述的な研究とは，社会のなかでことばが使用されている実態を，そのままの姿で捉えようとする研究である。①-1 ある社会に存在することばの多様性を整理する研究（（a）に対応）と，①-2 ことばを実際に運用するそのあり方に注目する研究（（b）に対応）の2つに分けることができる。この2つの分野は，注目する社会の規模にも対応している。

　まず，①-1 のことばの多様性の研究の根底には，社会を，属性を同じくする人々のグループが構成するものとして捉えようとする見方がある。たとえば，世界は，アメリカや中国，日本といった国籍をもつ人々が構成

表1　社会言語学の3つのコア分野

① 記述的な研究　　①-1 ことばの多様性（言語変種の研究）　　①-2 ことばの運用（言語行動の研究）
② 応用的・政策的な研究：ことばが生み出す社会問題への取り組み（言語計画の研究）

する社会であり，また，日本は，関東出身あるいは関西出身といった属性をもつ人々，男性あるいは女性といった属性をもつ人々，若年層あるいは高年層といった属性をもつ人々などが構成する社会であると考えるものである。この，マクロの視点によってことばと社会の関係を捉えようとする分野は，基本的に，当該社会のなかで，属性と結びついて使用されることばの多様性を考える分野となる。たとえば，ことばの地域差，年齢差，性差（ジェンダー）などを研究する分野である。なお，多言語併用，バイリンガル，ピジン・クレオールの発生，共通語化といった事象は，異なった属性をもつ人々が接触している状況（言語接触状況）で観察されるものである〔⇨本章第3節参照〕。

一方，①-2のことばの運用をめぐる研究は，社会を構成する最小の単位，すなわち，一対一もしくは少人数で行うコミュニケーション場面（ミクロの社会）において，ことばがどのように運用されるかに注目するものである。この場合，対面でのコミュニケーションでもよいし，インターネットなどのメディアを通してのコミュニケーションでもよい。ミクロの社会を対象とする研究のもっとも大きな課題は，コミュニケーションの相手に対して，どのようなことばを用いて，どのように振る舞うか，具体的には，丁寧さや，発話の効果的な使用といった問題を解明することである。この分野は，日本では「言語行動」という分野名で言及されることが多い。語用論や談話分析，会話分析などとも興味が重なる領域である。

次に，②の応用的・政策的な研究（(c)に対応）は，ことばがもたらす社会問題に取り組む領域である。現在でも，超国家的組織（ユネスコ，EUなど）や国家，企業，団体，個人など，さまざまな規模の主体によってさまざまな取り組みが行われているが，ここではその概要を理解するために，例として，近代国家として成立した明治期の日本政府が取り組んだ言語問題をいくつかあげておこう。たとえば次のようなものがある〔⇨本章第4節，第8章参照〕。

- 国語・公用語の選定
- 司法，行政，教育等で使用する標準語の選定
- 表記法の確定（漢字・かな・ローマ字，かなづかい，送りがな）
- 近代文化に対応するための語彙の作成

表2 社会言語学のコア分野とその主なテーマ

社会言語学のコア分野	主なテーマ	本書の枠組み
① 記述的な研究		
①-1 ことばの多様性	・言語接触，言語混交，言語シフトなど	言語接触
	・ことばの地域差，年齢差，性差など	言語変種
①-2 ことばの運用	・スタイルなど	
	・丁寧さ，発話行為，呼称など	(『歴史語用論入門』へ)
②応用的な研究：ことばの社会問題	・言語政策の立案（国語・公用語の選択，標準語の選定，文字化，語彙の創造など） ・政策の普及・実施，など	言語計画

・上記決定事項の普及，など

　もし「私わ来月東京え行く」「きのーはおーいに酒お飲んだ」のような表記に抵抗を覚えるとすれば，それは，明治以降，政府が取り組んできた政策が成功していることを示すものである。

　以上が，社会言語学の3つのコア分野である。これと研究テーマの事例を表1に加えて示すと，表2の左と真ん中の欄のようになる。

　ただし，本書では，左側の欄（社会言語学の下位分野）の枠組みを根底に置きつつも，これまでの社会言語学的な研究が分析対象とした事象や採用した研究方法などを考慮して①-1と①-2を少し組み換え，表2の右欄の枠で構成することにする。組み換えた点は，次のとおりである。

- ①-1のことばの多様性の問題のうち，使用者の属性にかかわることばの多様性を「言語変種」とし，複数の言語や言語変種が接触してさらなる多様性をもたらす「言語接触」の事象と分ける。
- ①-2のことばの運用の問題のうち，丁寧さや発話行為，呼称などのトピックについてはすでに本書と同じ「シリーズ 言語学フロンティア」の1冊として刊行した『歴史語用論入門』で詳しく取り上げているのでそちらに譲り，本書では，話者がさまざまな場面で使い分けることば（スタイル）のみを「言語変種」の枠に組み込んで

取り上げる。

　なお，このようにして枠組みを組み換えられることからもわかるように，表2に示した下位分野とその主なテーマの対応は，あくまでも便宜的なものである。たとえば，表2の枠では，①-2ことばの運用方法にかかわるスタイルを「言語変種」に移したが，逆に，表2で①-1ことばの多様性に含めたことばの地域差（方言）などを，①-2に移すことも可能である。方言を地域間の（日常生活で用いられる）ことばの違いという観点で捉えるのではなく，同じ地域においても，フォーマルな場面では標準語を，くだけた場面では方言を使用するといった話者の言語行動に注目して方言を捉える場合である。

1.4　歴史社会言語学への展開

　さて，社会言語学についての基本的な知識を得たところで，次に，本書の本題である歴史社会言語学のことに話をもどそう。すでに明らかなように，歴史社会言語学とは，過去のことばや社会を対象として，その言語変種，言語行動，言語計画などを明らかにしようとする分野である。

　先に1.2節で社会言語学が成立するきっかけを整理したが，近年になって歴史社会言語学が形をなしてきたことにも，次のような理由がある。

　（ア）社会言語学からの内的発展。上でまとめたような社会言語学の研究は，Romaine (1982) などを除けば，現代語を対象とするものが多かった。しかし，社会言語学の対象は，なにも現代語に限る必要はない。現代語のように必要なだけデータを集めることができるというわけにはいかないが，その手法は，過去に使用された言語やそれを取り巻く言語状況にも適用されるはずである。事実，社会言語学の研究は，その方向へと発展している。とくに，Labov (1972) らの変異理論（variation theory）は，当初から均質性の仮説（uniformitarian hypothesis），すなわち，現在目の前で起こっている言語の変化は過去に起こった変化と同じメカニズムで起こっているといった仮説を念頭においており，実際に過去の言語変化を分析することによってその妥当性を検証する必要があった。

　（イ）歴史言語学からの内的発展。一方，これまで行われてきた各言語の歴史的な研究のなかには，研究者にそのような自覚がなくとも，社会言

表3　これまで行われた歴史社会言語学的な日本語史研究の事例

○　各時代語の共時的研究
・地域的変種の記述：上代から江戸中期までの中央語以外の方言（とくに東国方言），江戸後期の上方語と江戸語の相違，など
・社会的変種の記述：位相語（武士詞・斎宮忌詞・奴詞など），性差（女房詞など），階層差（江戸語の武士変種・町人変種など），など
・スタイルの記述：文体（漢文訓読体・和文体など），ジャンル・目的による変種（抄物のことば，講義のことばなど），口語性（会話文・心内文・地の文），話題の人物・聞き手・読み手等に配慮したことばの変種（敬語など），など
・言語計画：定家仮名遣い（個人），明治政府の言語政策（国家），など
○　通時的研究
・言語変化の過程で観察されるバリエーション（ゆれ）の研究
・言語接触とことばの変容：漢語・外来語の借用とそれに伴う日本語の変容，和漢混淆文の成立，欧米語の日本語への影響，など
・その他：国語意識史，言語生活史，言語政策史，など

語学と同じ視点を採用して行われたものも数多くあった．たとえば，日本語史研究のなかには表3のようなものがある（渋谷 2013）．

このような歴史社会言語学的な研究は，英語史研究やドイツ語史研究にも同じように見出すことができる．したがって，歴史社会言語学という分野は，名称は新しいものの，近年になってはじめて形成されたといったものではない．新しいのは，ことばを取り巻く社会的な要因に意識的に注目しようとする態度である．

（ウ）外的発展．前著『歴史語用論入門』にもあるように，近年の技術的な進歩によって，過去の言語についての大規模なコーパスやデジタルデータが用意されてきた．英語については，ヘルシンキ大学が提供するCorpus Resource Data (CoRD) (http://www.helsinki.fi/varieng/CoRD/index.html) で，その詳細を見ることが可能である．日本語についても，国立国語研究所の日本語歴史コーパスや各種近代語のコーパス (http://www.ninjal.ac.jp/corpus_center/)，オックスフォード大学の上代語コーパス (http://vsarpj.orinst.ox.ac.uk/corpus/) などが用意され，この分野の研究を推進する環境が整いつつある．

以上のように，歴史社会言語学は，（ア）分析の対象の，過去のことばへの拡張，（イ）すでにその視点からなされていた研究の捉え直し（以上，

内的発展），（ウ）大規模コーパス等の研究環境の整備（外的発展），といった動きが合流したところに浮かび上がってきた分野である。このような確立期にある学問にとって大事なことは，当該分野を求心力のあるひとつの研究領域として認識しつつ，明確な問題意識と方法をもってこの分野の課題を設定し，それを分析，解明していくことであろう。歴史社会言語学の場合には，たとえば次のような課題が想定される。

- 現代語に見出されることばと社会についての事象と，過去のことばに見られるそれとのあいだには，どのような異同があるのか。また，それらの異同は，どのような要因によってもたらされるのか。（共時的・対照的問題）
- 過去の社会的言語状況は，どのような変化のメカニズムによって現代の社会的言語状況へと変化してきたのか。（通時的問題）

本章の残りの部分では，以上のような課題を念頭におきつつ，表2（右の欄）で設定した言語変種（第2節），言語接触（第3節），言語計画（第4節）の3つの領域を個別に取り上げて，歴史社会言語学的な観点から，その概要をさらに詳しく描き出してみることにする。

2. 言語変種

本節では，本書が設定する3つの領域のうち，まず言語変種（language variety）を取り上げて，その基本的な概念や，歴史社会言語学から見たときの問題のありかを整理してみることにしよう。具体的には，この分野の中心的な分析対象である言語変種（2.1節）とバリエーション（2.2節），およびその下位分類（2.3節）を整理した後，歴史社会言語学からアプローチするときの問題のありかを整理することにする（2.4節）

2.1 言語変種とは

最初に，言語変種とはなにか，あらためて定義することからはじめよう。

われわれが日常生活のなかで耳にすることばには，なんらかの社会的な情報を担っているものがある。たとえば，日本語について例をあげれば，

男性のことばと女性のことば，若者のことばと高年層のことば，東京のことばと京都のことばなどがあり，そのようなことばを聞けばその人の属性がわかる，といった種類のものである。このような，「男性のことば」や「女性のことば」など，あるひとつの言語に見られる，あるグループの人々が使用することばをひとつの言語体系として捉えたとき，**言語変種**という。「あの人に家族と話すとき京都弁を使う」というときの「京都弁」は，アクセントや音声，文法，語彙など，京都で使用されることばの体系をすべて含めて述べているもので，言語変種を指している。

　言語変種のなかには，自分自身が使うものもあれば（使用変種），耳にするだけで自分が使うことはないということばもある（理解変種）。たとえば東京で生まれ育った人にとっては，一般に，東京のことばは使用変種であるが，京都のことばは聞いて理解するだけの理解変種である。また，変種のなかには，聞いても理解できないというものもありうる。たとえば青森県の津軽地方で話されることばなどは，多くの日本語話者にとっては理解できない変種であろう。また，言語変種のなかには，誰も使用する人がいないにもかかわらず，聞けばどのような人が使うかが自然とイメージされるといった種類のものもある。ステレオタイプ化された言語変種であり，金水（2003）のいう役割語（役割変種）などがそれに当たる。

　　わしはお茶の水博士じゃ。（博士語）
　　宅の主人は大企業の重役なんざあますわよ。（奥様語）

　なお，英語のように母語話者が国境をまたいで広がっている場合などを見ればよくわかるが，ひとつの言語変種はさらに下位の変種に分かれている。たとえばアメリカ英語やイギリス英語は，それ自体が英語の変種であるとともに，イギリス英語の中には，ニューカッスルの英語，バーミンガムの英語というように，さらなる下位変種が存在している。

2.2　バリエーションとは

　次に，上であげた東京のことばや京都のことば，津軽のことばなどのそれぞれの変種を構成する個々の言語要素に注目すると，一方には共通するものがあり，また一方にはたがいに異なるものがあることに気がつく。
　たとえば，「山」や「川」のような基礎的な語彙は，若干の音声的な違

いを除けば3つの変種に共通するものであるし，語順などにも違いはない。

それに対して，たとえば「かたつむり」のことを，東京でカタツムリ，京都でデンデンムシと呼ぶなど，違いが観察される言語要素がある。このような，言語変種間で意味が同じで形が異なる言語要素を，たがいにバリエーション（variation，「言語変異」とも言う）の関係にあるという。「行かない」を表すイカナイ，イカネー，イカン，イカヘンや，「とても」を表すチョー，メッチャ，バリ，デラ，シンケンなどもバリエーションである。

ただし，リョカン（旅館）とホテルということばは，どちらも旅行者の宿泊施設を表すという点で意味が似ているが，前者は一般に和風の部屋で朝夕の食事が出されるのに対して，後者は洋室で，夕食に提供されないことが多いなど，指し示すものが異なっている。したがって，バリエーションの関係にはない（バリエーションと認定するための，「意味が同じ」という条件に違反している）。学生が住むアパートとマンション，味噌汁の味などを言うショッパイとカライも，その実態や味が異なっていると理解している人にとっては，バリエーションではないということになる。

2.3　方言とスタイル

次に，言語変種とバリエーションを整理するときの視点を確認しておこう。ここではバリエーションを例にするが，同じ視点は言語変種に対しても適用できる〔⇨1.3節の表2も参照〕。

バリエーションは，大きく，次の2つの種類に分けることができる。

① 話し手の属性の違いによるバリエーション（話者間バリエーション，方言）
② 話し手がさまざまな場面で使い分けるバリエーション（話者内バリエーション，スタイル）

さらに，それぞれの代表的な下位類も含めてまとめると，表4のようになる（渋谷 2007）。

ここに整理したようなバリエーションは，日本語史研究では，伝統的に位相ということばでまとめられてきた。たとえば，早い時期に位相を正面

表4　バリエーションのいろいろ

① 話し手の属性の違いによるバリエーション（話者間バリエーション，方言）
①-1 話し手の自然的属性（出身地・性・年齢など）によるもの
①-2 話し手の社会的属性（所属階層・集団・ネットワークなど）によるもの
①-3 話し手の心理的属性（アイデンティティ・性格など）によるもの
② 話し手が使い分けるバリエーション（話者内バリエーション，スタイル）
②-1 話し手内部の要因（注意度・計画性・専門知識など）によるもの
②-2 聞き手等を考慮した調整（アコモデーション・オーディエンスデザイン・ポライトネスなど）によるもの
②-3 社会的ルール（わきまえ・ドメインなど）によるもの

から論じた菊沢（1933）では，バリエーションを扱う研究領域全体を「位相論」とし，そのなかで，話し手の属性の違いによるバリエーションを対象とする領域を「様相論」，話し手が使い分けるバリエーションを分析する領域を「様式論」と呼んで区別している。

以下，①のバリエーションを「方言」，②のバリエーションを「スタイル」として，その内容を少し詳しく見てみることにしよう。

2.3.1　方言

①の話し手の属性の違いによるバリエーションとは，ある属性を同じくする話し手集団が特徴的に使用する言語形式のことをいう。話し手の属性は，表4に示したように，さらに，①-1（基本的に話者の意志で変更できないという意味で）自然的な属性，①-2 社会的な属性，①-3 心理的な属性などに分けることができる。それぞれの属性に対応して，社会のなかにバリエーションが生じている。社会言語学では，このような，話し手の属性によって特徴づけることができる言語変種やバリエーションを方言と呼んでおり，とくに①-1の出身地によるものを地域方言（regional dialect），①-1の他のものと①-2の社会的な属性によるものを社会方言（sociolect）と呼んで区別している（音声面でのバリエーションが多様である英語等の場合は，「方言」ということばを語彙や文法の違いに特化して使用し，発音上のバリエーションをとくに「アクセント（accent）」ということがある）。①-3の，話し手の心理的属性によることばの多様性は「心理方言」などと呼ぶべきであろうが，社会言語学分野ではあまり取り

上げられていないのが現状である。

2.3.2 スタイル

次に，②の，話し手が使い分けるバリエーションとは，ひとりの話し手が意識的，無意識的に使い分けるレパートリーのことをいう。スタイルや文体などといわれるものがそれである。表4では，これまでの社会言語学的な研究のなかで，スタイルを使い分ける要因として指摘されてきたところを整理した。これは，大きく，②-1 話し手内部の要因，②-2 聞き手等を考慮した調整，②-3 社会的ルールの3つに分けることができる。

②-1 の話し手内部の要因とは，おもに，話し手自身の内部にスタイルを使い分ける要因がある場合である。例にあげた注意度（attention to speech）とは，話し手が話をするとき，自分が使っていることばに注意を払いながら（モニターしながら）話すか，それとも内容に集中して話すかといったことの相対的な度合いのことをいう（Labov 1966 など）。たとえば，親しい人と雑談を交わすときには，できるだけきれいな発音で話そうと考えながら話すようなことはあまりないが，教室であてられて教科書を読む場合などには，書かれている内容を理解するよりも，うまく発音しようとする意識のほうが前面に出てくる。後者のほうがことばへの注意度が高いわけである。次に計画性（planning）とは，話す前に，どの程度，使用することばや話す内容を考えるかということの度合いをいう（Ochs 1979 など）。結婚式で事前に依頼されたスピーチを行うような場合には整った文を使用することが多いが（planned speech），突然指名されたような場合にはその場で考えながら話すことになり，文も整ったものにはならないことがある（unplanned speech）。専門知識（specialist knowledge，卑近な知識でもよい）とは，話題に取り上げることがらについて，話し手がどの程度の知識をもっているかということの度合いであり，話し手になじみのある内容，たとえば自分の専門や趣味に関して話すときは文が整っているが，不得手な話題，たとえば自分の国の将来の経済状況といった話題で話すときは首尾の十分に整わない文が生じるといったかたちで，ことばにバリエーションをもたらすことがある（Whyte 1995 など）。

②-2 の聞き手等を考慮した調整とは，おもに，話し手が聞き手の存在

に配慮するかたちで自分のことばを調整する場合である。聞き手の言語能力などにあわせて自分のことばを変える**アコモデーション**（accommodation　幼児に対する育児者のことばや，その言語を外国語として学ぶ学習者に対する母語話者のフォリナートークなど。Giles 1984），直接の聞き手だけでなく，まわりで聞いている人，あるいはまわりにはいないが自分の話を聞くかもしれない人も思い浮かべて使用することばを選択する**オーディエンスデザイン**（audience design, Bell 1984），さらに，話し手と聞き手の親疎関係や上下関係，聞き手にかける負担量などに応じて会話の最中に自分のことばを操作する**ポライトネス**（politeness, Brown & Levinson 1987）などがその例である。

　②-3 の社会的ルールとは，ある場面でどのことば（あるいは言語や変種）を使用するかが社会的なルールとして固定化している場合で，わきまえ（井出 2006）あるいはドメイン（domain, Fishman 1972）といった概念でことばの選択や使い分けが記述できるような状況をいう。たとえば日本では，講演会などの公の場で話す場合には，標準語の丁寧体を使用するのが社会的なルールである。ここでタメ口で話すなどしてそれに違反することは，聞き手に違和感や不快感をもたらすことがある。

　なお，スタイルをめぐっては，それを捉える基本的なスタンスに，次の2つのものがある（Coupland 2007 など）。

　　②-a スタイルとは，話し手が，社会的な要因に制約されて使い分けるものである。
　　②-b スタイルとは，話し手が，会話のそれぞれの場において，手持ちのバリエーションを言語資源として活用するその現れである。

②-a の立場は②-3 の社会的ルールなどに顕著なもので，このような捉え方のもとでは，言語使用者は，いわば社会に存在している社会的なルールに違反しないように，社会的な制約条件にしたがってことばを使用するという受身的な主体として描き出されることになる。それに対して，②-b の立場は，②-2 のアコモデーションやオーディエンスデザインなどの研究者に観察され，ここでは言語の使用者は，ことばの多様性をフルに活用して場面やコンテクストを構築していくといった見方を採っている。いずれのスタンスもスタイル運用の実態に対応したもので，スタイルの分析に

は両者の視点が必要である。

2.4　歴史社会言語学と言語変種

　本節ではこれまで，社会言語学のなかの言語変種研究が対象とする，言語変種，バリエーション（言語変異），方言，スタイルといった基本的な事象を整理し，また，それぞれにはどのような下位事象があるかを確認した。これらの言語事象については，分析の対象とする時代やデータの種類は異なるものの，歴史社会言語学においても中心的な分析対象となる点で変わりがない。それぞれの時代にはどのような言語変種やバリエーションがあったかといった共時的研究や，それぞれの言語変種やバリエーションは時代とともにどのように変化してきたかといった通時的変化を探ることが主たる課題となる（後者についてはさらに，均質性の仮説（1.4節）が成り立つかどうかを検証する作業も含む）。

　もっとも，歴史社会言語学は，必要であればいくらでもデータを集めることができる現代語を対象とする場合とは異なって，限られた歴史的資料を対象とするために，その研究はさまざまな制約を帯びることになる。その代表的なものをまとめると，次のようなことがある。

　① 各時代に存在したすべての種類の方言やスタイルが解明できるわけではない。文献に残されたことばは，一般に，さまざまな度合いで話しことばから乖離し，標準化された書きことばである。また，文献に話しことばが含まれている場合にも，それは中央や大都市の上層階級のことばにかたより，周辺地域のことばや庶民のことばは残されていないことが多い〔⇨第2章，第4章参照〕。

　② 残された文献のことばは，文献の書き手によって脚色されていることがある。文献によって地域方言や社会方言などのバリエーションを探ろうとするとき，とくに小説等の会話部分を利用する場合には，注意が必要である。たとえばその部分の話し手が女性であったとしても，書き手が男性であれば，その会話で使用されたことばをそのまま女性語として扱ってよいかどうかは検討が必要である（金水2003の役割語参照）。また，書き手と属性を同じくする登場人物の発話でも，それは書き手の自然な発話ではなく，あくまでも書き手の創作活動の結果（使用意識の反映）であるということを考慮する必要がある。また，小説というジャンルの確立が比

較的遅い英語などの場合は，演劇の脚本を言語資料として利用することもあるが，やはり同様の問題があるといえる。残された文献はあくまでも次善の資料として利用しているのであって，限界があることを意識しておくことが重要である。

③（書きことばの）スタイル（文体）について，さまざまな書き手が残した文献によって，その時代にどのようなスタイルがあったかを明らかにすることはある程度できるが，特定個人がもっていたレパートリー（スタイル）については，その個人がさまざまなジャンルやテーマについて作品を残したような場合を除いて〔⇨第4章参照〕，その総体を明らかにすることはむずかしい。

その他，歴史社会言語学的な研究を行う場合には，次のような点にも注意を払っておく必要がある。

④ 1.3節でも述べたように，社会言語学の研究対象には，どの時代にも普遍的に見出せるような事象がある一方で，また一方には，ある時代に特徴的な事象もある。日本語のバリエーションを例にすれば，地域差や性差などはいつの時代にも見出されたものと思われるが，平安時代や江戸時代に顕著であった階層差は，現代社会では目立たない。また，スタイルについても，いま漢文のことはおくとして，明治時代に言文一致運動が行われるまでは話しことばと書きことばが言語的に大きく隔たっており，明治の作家などはいまでは使用されなくなった書きことばの文体（文語文など）をもっていた（夏目漱石の『文学論』など参照）。

⑤ また，地域差や性差，あるいは敬語など，時代をとおして見出される言語事象でも，その評価や運用のしかたは，時代によって異なることがある。たとえば，東日本の方言は，平安時代などには蔑視されていたが，鎌倉に幕府があった鎌倉時代や，江戸・東京が日本の政治や文化の中心となる江戸時代中期以降にはそのステータスを上げている。また，敬語についても，聞き手が誰かということよりも，話題の人物が誰かによって敬語を使用する絶対敬語システムから，聞き手と話題の人物の両者に配慮する相対敬語システムを経て，話題の人物よりももっぱら聞き手に配慮する対者敬語システムへと，運用メカニズムを変えてきたことが指摘されている（井上 1999 など）。

④と⑤を踏まえれば，本節冒頭でも述べたように，歴史社会言語学的な

研究においては，一方では各時代語を現代とは異なった言語システムをもつものとして相対的に見る共時的な視点が必要であり，また一方では，時代ごとに異なった言語システムを史的変化の流れのなかでつないでいく通時的な視点が求められるということになる。後者のためには，Weinreich et al. (1968：183-187) が指摘した，次のような一連の問題に取り組むことになろう。

 （a）制約条件の問題（Constraints Problem）
  起こりうる言語変化とは何か。また，起こった言語変化を制約しうる条件は何か。
 （b）推移の問題（Transition Problem）
  言語は，先行するA状態から後続のB状態へと，どのように移り変わるのか。その間，話し手間で，ことばがどのように受け渡されるのか。また，個々の話し手は，どのような変化の過程を経験するのか（受容，併用，忘却など）。
 （c）組み込みの問題（Embedding Problem）
  その変化は，言語内部（embedding in the linguistic structure）や社会内部（embedding in the social structure）に，どのように組み込まれていくのか。
 （d）評価の問題（Evaluation Problem）
  共同体の構成員は，その変化をどのように評価するのか。
 （e）発動の問題（Actuation Problem）
  その変化は，なぜ，そのときに，その言語に起こったのか。

このような視点をもって過去のことばのバリエーションにアプローチすることは，それぞれの言語が社会の変化と連動していかにダイナミックに変容してきたかを明らかにすることを可能にするものであり，また，バリエーションとはそもそもなぜ存在するのか，その存在理由を解明するのに大きく貢献するところである。いずれも，①～③に述べたような歴史社会言語学の欠点を補って余りがある。

3. 言語接触

次に，本書が設定する2つめの領域である，言語接触（language contact）に話を移そう。言語接触もある言語に変種やバリエーションをもたらすメカニズムのひとつであるが，本書では言語変種とは別に取り上げる（1.3節の表2）。

言語接触をめぐる研究は，現代語を対象としてさまざまな角度から分析されているが，過去のことばについても多くの研究が行われてきた。本節ではまず，これまでに過去のことばを対象として行われた言語接触研究を振り返るとともに（3.1節），その問題点（3.2節），そのなかでもとくに人を中心に論じることの必要性とむずかしさ（3.3節）を整理する。続いて，個別的な問題として，言語接触研究のなかで取り上げられることの多いピジン・クレオール（3.4節）とコード切り替え（3.5節）を例にして，言語接触をめぐる歴史社会言語学的なアプローチのあり方を考えることにする。

3.1　言語接触をめぐる伝統的な研究と歴史社会言語学の視点

1.1節でも述べたように，歴史社会言語学という分野は比較的近年になって成立したものである。しかしこれは，歴史社会言語学という分野の問題であり，1.4節の表3に示したように，歴史社会言語学的な研究テーマへの取り組みは以前からなされていた。本節で取り上げる言語接触についても，その研究には長い歴史がある。たとえば Schuchardt (1884) が，すでに19世紀において，「全く混淆が見られない言語は存在しない」(Schuchardt 1884：5) と述べていることは，よく知られている。Hickey (2001：132) も，言語接触は，歴史言語学の中で常に議論の対象となってきたと述べている。すなわち，言語接触の研究は歴史言語学のなかにしっかりと定着しているのであり，言語接触の視点なしには歴史言語学そのものが成り立たないのである。

このことを，英語を例にして見てみよう。英語を話す人々は，その歴史において，いくどか多言語使用（multilingualism）を経験し，そのたびに英語に少しずつ変化を加えながら今日に至っている。そもそもアング

ロ・サクソン人は，ブリテン島に移住する前からすでにラテン語との接触を経験し，5世紀の半ばに移住したのちも，キリスト教等を通じてラテン語から多くの語を借用した。また，古英語期（移住から1100年頃まで）には，ヴァイキングの侵入により，スカンジナビア語の影響も受けている。1066年のノルマン人による英国征服（Norman Conquest）ののちは，フランス語からの影響も著しい。このような状況を踏まえれば，英語史をめぐる研究は，それがラテン語の写本に付された古英語による行間注（interlinear gloss）の研究であれ，借用語（loan word）に焦点をあてた語彙研究であれ，あるいは，フランス語やラテン語から中英語期（1100年頃〜1500年頃）に翻訳された文献の研究であれ，言語接触とそれをもたらした社会的な要因についての議論を避けて通ることはできないことがわかる。

　なお，英語史研究においても，これまで出版された本のなかには，Baugh & Cable（2013）をはじめとして，その社会的側面に焦点を当てたものが多い。上にも述べたように，歴史社会言語学的な研究は常に行われてきたのであるが，歴史社会言語学という分野が形成されつつあるいま，必要なことは，伝統的な英語史研究をこの視点からあらためて整理し直してみることであろう。

3.2　言語接触の実際と分析の難しさ

　言語接触は，英語のように他の言語との接触を繰り返し経験してきた言語はもちろん，そうでない言語においても，言語変化を語る上できわめて重要な概念である。しかしながら，その分析には困難が伴うことが少なくない。ここでは，まず2つのやや一般的な問題を指摘しておこう。

　① 変化の過程がたどりにくいこと。言語接触の研究が必ずしも容易でない要因のひとつは，言語接触による変化の過程が明確にたどれないことが多いという点にある。具体例を示そう。英語は，古英語期にスカンジナビア語と接触し，前置詞 with の意味を変化させた。本来は「〜に対して」の意味を持っていた with が現在の「〜とともに」の意味に変化し，他方，「〜とともに」の意味で使用されていた mid が衰退するといった変化の一環である。このように競合関係が明らかな場合には，第2節で取り上げたバリエーションを研究する方法で，変化の過程をある程度捉えるこ

とができる（Hittle 1901 など）。しかし，前置詞ではなく，内容語（content word）の場合には，言語接触により導入された借用語が本来語と共存しつつ，スタイルの違いや意味の違いを発達させるために，競合関係が捉えにくいことがある。また，英語のように長期的な多言語使用状況のもとにあって他の言語の影響を細部にまで浸透させた言語では，言語接触の影響が顕在化するまでに時間がかかることがあり，この点もその過程を明らかにすることをむずかしくしている。たとえば，英語とスカンジナビア語の濃厚な接触は古英語期に起こるが，その影響は中英語期全体をかけてゆっくりと浸透する。同様に，英語とフランス語の接触は1066年以降顕著になるが，フランス語からの借用語の数がピークに達するのは，中英語後期である（Jespersen 1905, Dekeyser 1986 など）。なお，文献によって外国語の影響が明らかになる前の状況は，どうしても推定に頼らざるを得ない。

② 影響関係が特定できないこと。2つめの問題は，影響関係があるのかないのかが明確に判断できないことがある点である。言語接触の影響は言語のさまざまな側面におよぶが，そのなかで語彙や綴り字への影響は，比較的特定しやすい。綴り字の例でいうと，フランス語の影響が顕著な中英語では，明らかに古英語とは異なる綴りの習慣を取り入れたことが知られている。たとえば，古英語の u が中英語では ou と綴られるようになり（今日の house は，古英語の hus から中英語の hous に変化した），古英語の cw は中英語では qu と綴られるようになる（今日の queen は，古英語では cwen）。また，ghost の gh に見られるようなやや特殊な綴りが，1476年の印刷技術の導入以降に，オランダ人の印刷工によって導入されたことも知られている。いずれも写本や印刷本の作成に関わった人々がもたらしたという点で，影響関係は明確である。これに対して特定がむずかしいのは，統語面の影響関係である。英語の例でいうと，言語接触を語彙について見る研究は，史的研究がはじまった最初期から多数存在するが，統語面での研究は比較的最近になって盛んになってきたといえる。とくに近年顕著になってきたのは，ケルト語との接触によって生じた英語の統語上の変化についての研究である。ケルト語との接触はアングロ・サクソン人がブリテン島に移住したときに始まるが，伝統的な英語史では，ケルト語の影響は限定的であるとされてきた。しかし近年では，英語の統語上の

発達，たとえば，中英語期末から助動詞 do が急速に発達したことには，アングロ・サクソン人が渡来することによって基層語（substratum）となったケルト語の影響があるとの見方もある（Filppula, Klemola & Paulasto 2008 など）。しかし，統語上の変化は話し手が気づかないところで時間をかけながら進行することが多いうえに，変化の要因として複数の可能性が考えられることも多い。究極的には，言語の影響関係を認めるかどうかは研究者の「信念（belief）」の問題に行きつくとする指摘もあるほどである（Hickey 2001：131）。

3.3　言語接触に関わる社会と人々の意識

　前節（3.2）では，言語接触を研究する際に顕著な2つの問題点を取り上げた。その他，問題とまではいえないが，同様に分析をむずかしくしているもの，あるいは注意を要するものとして，言語接触にかかわる社会と人々の意識がある。本節では，このことに触れておこう。

　Machan（2012：518）が強調するように，言語接触といっても，接触するのは言語ではなく，言語の使用者である。この点は，社会言語学が強調してきた点であり（Milroy 1992 など），言語接触事象に歴史社会言語学の立場からアプローチするとすれば，言語使用者に焦点を当てることが求められるはずである。しかし，過去のことば使用の実態を解明するための理想的なデータを収集することは事実上不可能であり，むしろ資料面での不十分さはある意味で前提となっている。これは，Labov（1994：11）が「データの制約の問題」（bad-data problem）と呼ぶもので，言語接触の問題というよりも歴史言語学全般に共通の障壁である〔⇨2.4節も参照〕。その結果，言語接触をめぐる議論も抽象論に陥りやすく，フランス語やラテン語は上位語で，英語は下位語である，というような，議論の単純化が進んでしまいがちである。以下では，古英語期，中英語期に言語接触を経験した人々が，それぞれの言語をどのような状況でどのような意識をもって使用していたのかを検討しながら，言語接触にかかわる社会と人々の意識について，どこまで掘り下げることが可能かを考えてみることにしよう。

　英語の変化に比較的大きな影響を与えたと考えられている言語にスカンジナビア語，フランス語，ラテン語があるが，英語を使用する人々がこれ

表5　スカンジナビア語，フランス語，ラテン語と英語の関係

	スカンジナビア語	フランス語	ラテン語
接触時期	古英語期	中英語期	古英語期・中英語期
1.　コミュニケーションのタイプ	直接	直接・間接	間接
2.　当該言語を話す人口の割合	比較的多数	少数	少数
3.　当該言語の社会的地位	英語と等位	英語より高位	英語より高位
4.　二言語使用者	なし	一部あり	あり
5.　教育（当該言語のための）	なし	一部あり	あり

(Fischer 2013：24 より，一部改編)

らの言語と接触した状況は，必ずしも一様ではない。一般に，英語の話者がスカンジナビア語と接触したのは日常生活レベルにおいてであり，その結果導入された借用語には日常語が多い。一方，フランス語やラテン語は，英語に対していわば上位の関係にあり，その接触によってもたらされた語彙には文化的あるいは学問的なものが多いと考えられている。Fischer (2013：24) は，このようなスカンジナビア語，フランス語，ラテン語と英語（特に古英語・中英語）の関係を12の視点から整理しているが，表5は，そのなかから，言語使用者と関係のある5つの項目を取り出してまとめたものである。

　このように，当時の言語使用者が使用するそれぞれの言語の社会的な機能や状況には明らかな違いがあり，結果的に今日でも，借用語がもたらされた分野に差異が生じているのは事実であろう。

　しかし，ここで話を終えると抽象論に陥りかねないので，注意が必要である。Lutz (2008) は，英語とドイツ語のなかのフランス語由来の語彙を調べ，その程度や分野に違いがあることを指摘している。たしかに英語だけを見ると，フランス語からの借用語は「より高位の分野」に集中しているように見えるが，ドイツ語とくらべてみると，異なる図式が見えてくるという。ドイツ語ではドイツ語本来のことばを使っているような日常語の領域にも英語ではフランス語が浸透しており，英語とフランス語の接触がきわめて濃厚であったことが明らかになるという。関連して，Burnley (2001：26) は，チョーサー (Chaucer) が fruit と people を，またヨーク公エドワード (Edward, Duke of York) が search を「英語」だとみな

していることに着目し，フランス語からの借用語のなかには日常語として定着し，もはや言語使用者がその起源を認識していない場合もあると指摘している。上のLutz（2008）の指摘と合わせて，フランス語がいかに英語のなかに根づいていたかを示す一例である。このように，言語使用者の意識を探ることで当時の言語状況をよりよく理解できることも少なくない。

3.4 ピジンとクレオール

次に，個別的な現象として，言語接触研究で取り上げられることの多いピジンとクレオール（本節）とコード切り替え（次節）を事例として取り上げて，歴史社会言語学の採る視点と方法をさらに確認しておこう。

複数の言語が接触することによって生じる特徴的な言語に，ピジン（pidgin）とクレオール（creole）がある。ピジンとは，異なる言語を使用するグループが商取引などを（ある程度継続的に）行う際に使用する（創り上げる）言語で，一方の言語が文法構造などを提供する基層語（substratum）に，またもう一方の言語が語彙を提供する語彙提供言語（lexifier）になることが多い。そのようにしてできあがったピジンは，単純化された言語システム（単純な文法や語彙等）をその特徴としている。一方，ピジンを使用する期間が長期に及び，それを母語とする話者が生まれる場合がある。その場合，その母語となったピジンのことを，クレオールと呼ぶ。

ピジンやクレオールの研究は，一般に現代社会で使用されるものを対象とすることが多いが，分析の過程においてはその起源が問題になることも多い。その場合，それらのことばが成立した社会的な背景を考慮する必要が出てくるために，この分野ではすでに歴史社会言語学的な立場によって研究が行われていたといえる。

また，近年では，分析の対象を歴史的な文献にも広げ，ピジン，クレオールの形成過程と一般の言語変化の異同を解明しようとする試みや，過去のことばのなかにピジンやクレオールの特徴を見出そうとする研究なども行われるようになってきた。たとえば前者について，Winford（2012：594）は，そもそもピジンやクレオールで起こっていることは一般の言語変化と共通する部分が多いとして，ピジンやクレオールの特徴とされる単

純化や混合などは，英語を含め，さまざまな言語が史的発達の中で経験してきたことと本質的に変わらないと述べている。

また後者について，英語，特に急速な語尾の衰退を特徴とする中英語はクレオールであるとの議論がある。たとえば Poussa（1982）は，古英語期の後半以降に英語のクレオール化が起こった可能性を示唆しているが，これには反対意見も少なくない（Görlach 1986 など）。一方 Domingue（1977：97-98）は，これらの議論に対してやや達観した立場をとっており，言語をどのように呼ぶかは，結局のところ，その言語を話す人々が自分の言語をどのように捉えているかで決めればよい，としている。Domingue 自身は中英語がクレオールである可能性にも言及しているが，クレオールという用語を自分たちのことばをクレオールと呼んでいる人々の言語，すなわち西インド諸島とインド洋の島々の言語に限定して使用するのも一つの方法であると結論づけている。

どのような言語をクレオールと認定するかということのむずかしさには，いくつかの原因がある。そのひとつは，クレオールの，「単純化された言語システム（単純な文法や語彙等）」という言語的な特徴にある。クレオールを特徴づけるのは，その言語的な特徴ではなく，その発生のプロセスであるとする考え方があるが（Mufwene 2008：1 など），そのプロセスを無視して，できあがった言語の姿だけに注目するならば，クレオールとされる言語の候補は増えることになろう。また，その言語的な特徴にしても，クレオールが，単純な言語システムをもつものから語彙提供言語に近い複雑なシステムをもつものまで連続体（creole continuum）をなしているということも，議論を困難にしている要因である。この連続体のうちのどこからどこまでをクレオールとするか，誰もが納得できるかたちで決めることは容易ではない（van Herk 2012：142 参照）。

3.5　二言語使用とコード切り替え

最後に，二言語使用（bilingualism）とコード切り替え（code-switching）について見ておこう。コード切り替えとは，ひとつの場面のなかで，たとえば英語からフランス語，フランス語から英語というように，さまざまな要因によってことばを切り替えることをいう。2つあるいは3つ以上の言語の使用能力をもつ話者，すなわち二言語使用者（bilingual)，多言語使用者（multilingual）に特徴的に観察される事象である。一見すると，2つの言語を切り離して使用することができない未熟な言語行動のように見えるが，言語の熟達度が高い話者に観察できる傾向があるとの報告もある（van Herk 2012：137 参照）。

　コード切り替えは，おもに話しことばに見られる事象であるため，文献を利用して行うことの多い言語の歴史的研究のなかで注目されることはそれほど多くはなかった。しかし，近年になって，文献資料を用いたコード切り替えの研究も徐々に広がりを見せてきている。英語に関していえば，たとえば中英語期は，3.3節でも述べたように，英語・フランス語・ラテン語が併用された時期である。一般にこの時期の多言語使用は，個々の言語使用者が複数の言語を使用するのではなく，社会全体として見た場合に多言語が併用されている社会的多言語使用（social multilingualism）であったといわれるが，実際には多言語を使用することができる個人が多かったのも事実であり，文献資料のなかでコード切り替えが確認できる場合がある（Ingham 2011 など）。この時期は書きことばの標準化が起こる前であり，写本によっては英語，フランス語，ラテン語のテクストが混在しているなど，社会として多言語をそのまま受容する風潮もあった（Pahta 2003：178）。

　コード切り替えは，この行動が語彙の借用をもたらす可能性があるという点で，ことばの史的研究にとっては大事な事象である（Durkin 2009：174，Hickey 2012：489 など）。たしかに実際にコード切り替えが頻繁に起こる文献を見ると，すでに語彙の借用が起こっているのではないかと思われる状況も多く，コード切り替えと借用を区別することが容易ではないこともある（Schendl 2013：53-54）。コード切り替えが語彙の借用のための，ひとつの入り口になっている可能性を否定することはできない。

4. 言語計画

　ここまで，社会言語学の主要な研究対象として言語変種と言語接触の2つを取り上げ，そこにはいずれも，言語の変化ということがかかわっていることを見てきた。その言語変化は，とくにその使用者が意識して引き起こそうとするものではなく，いわば「自然に起こる」言語変化である。し

かし，ことばの歴史を振り返ってみると，言語変化のなかには，自然な変化だけではなく，ことばの使用者が意図的に引き起こした言語変化も存在することがわかる。たとえば，日本語の歴史的仮名遣いなどのように，数百年の間に発音が変化したために実際の発音のしかたと表記のしかたに大きな違いが生じたような場合には，その表記のしかたを変更することが試みられることがある。また，あまりにも多くの借用語が語彙のなかに取り込まれた場合には，それらを自身の言語要素に置き換えて借用語を廃止するという純化政策が行われることもある。

　本節では，このような，言語，社会，文化などの変化に応じて言語のあり方に人為的に変更を加える試みを**言語計画**（language planning）ととらえて，その概要を整理する。具体的には，言語計画とはなにかをあらためて考えたあと（4.1節），言語計画の主体を分類し（4.2節），これまで提示された言語計画のモデルのなかから Haugen（1987）のモデルを取り上げて言語計画の枠組みを確認する（4.3節）。続いて，ドイツが行った造語による語彙拡充計画（4.4節）と，ドイツの言語計画の影響を受けた明治日本の言語計画（4.5節）の2つを事例として，言語計画の実際を観察してみることにする。

4.1　言語計画とは

　先にも述べたように，言語計画とは，言語の発展に対する人為的な介入を総称する概念である。この用語は Haugen（1959）が使用したもので，Haugen（1972）によれば，言語計画とは，狭い意味では「等質的でない言語共同体において書き手と話し手の手助けとなるように，規範的な正書法，文法そして辞書を用意する活動」（Haugen 1972：133）のことであり，広い意味では「言語育成（language cultivation）として一般に知られる事柄全般」（Haugen 1972：162）のことを言う。インドのパーニニや，古代ギリシャ，ローマ時代に活躍した文法家たちは，意識的な言語計画を行った最初の人たちである。

　Haugen（1987）は，さらに，「近代においては，社会の計画と言語の計画が密接な関係を持って進んできた」（Haugen 1987：627）と述べ，言語計画を社会計画の一部とみなしている。このひとつの事例として，社会全体の動きのなかで展開した，近代ヨーロッパにおける母語の地位の上

昇ということを見ておこう。ヨーロッパにおいて，生きて話されている母語が，すでに使用されることがなくなって久しいラテン語の支配から解放される道を歩み始めたのは，14世紀初頭のイタリアにおいてである。ダンテが『俗語論』(*De vulgari eloquentia*, 1305年以降に完成) を著し，母語の高貴さを訴え，それを理論的に根拠づけたのである。これを契機として，その後，フランス，イギリス，ドイツをはじめとする他のヨーロッパ諸国においても母語に対する評価の目が開かれるようになった（田中 1978：3以下参照）。16世紀初めにルターが，ヘブライ語，ギリシャ語，ラテン語という「神聖な」言語以外の，ドイツ語という「平俗な」母語で聖書を翻訳してからは，神も各国語で語り始めるようになった。次いで，国民国家の興隆という社会的コンテクストのなかで人々は，母語の正書法と文法の統一，語彙と文体の整備などにも取り組みはじめた。フランス革命による旧体制の崩壊以降は，ノルウェー（1814年），ギリシャ（1829年），ベルギー（1831年）などが新たな国家として誕生し，母語の整備に着手した。

以上のような言語計画は，一般に，さまざまな側面に生じている言語的コンフリクトを減少させることを目的としてなされている。ただし，この営みは，一方では抑圧された者たちを解放する民主主義的な手段にもなれば，また一方では抑圧者（もしくは社会的上層）が支配を行うための手段にもなってきた。言語計画ということを考える場合には，このことを念頭においておく必要がある。

4.2　言語計画の主体

さて，言語計画とはそもそも誰が行うものなのであろうか。その実施の主体について整理しておこう。

言語計画を行う主体は，国家であることもあれば，個人であることもある。個人が行った言語計画には，18世紀なかばのイギリスでサミュエル・ジョンソン（Samuel Johnson）が出版した『英語辞典』(*A Dictionary of the English Language*, 1755年) や，19世紀初めにアメリカでウェブスター（Noah Webster）がイギリス本国から独立したアメリカの言語規範を策定しようとして出版した『アメリカ英語辞典』(*An American Dictionary of the English Language*, 1828年) などがある。ウェブスタ

ーは綴り字改革者としても知られており，この辞書は，イギリス英語の綴り字とは異なる綴り字，たとえば color（イギリス英語では colour）を採用した。イギリスの綴り字改革は失敗したものが多いが，ウェブスターが提唱した綴り字の多くは現在でもアメリカ英語で使用されており，比較的成功した改革であったということができよう。

　また，政府と個人の中間的な存在として，各国で設立された言語アカデミーが言語計画の主体になったこともある。たとえば，イタリアのフィレンツェでは，イタリア語の育成と純化を目的として，1582 年にクルスカ学会（Accademia della Crusca）が設立された。「クルスカ」とはイタリア語で「麦かす」のことを意味し，小麦に麦かすがまじらないように純粋に保つという言語純化の意志をメタファー的に示したものである。この学会は，1612 年に『国語辞典』（*Vocabolario degli Accademia della Crusca*）を完成させた。一方，フランスでは，1635 年にアカデミー・フランセーズ（Académie française）がルイ 14 世により国家機関として設立された。ここでは，フランス語の育成という目的を果たすために，規範的な辞典，文法書，修辞学書，詩学書を作成することが計画され，このうち辞書については，1694 年，その製作に 55 年をかけた『アカデミー・フランセーズ辞典』（*Dictionnaire de l'Académie française*）が完成し，これによってフランス語の文章語が確固たるものとなった。この辞典は多くの語彙を収集するというよりも，「よきフランス語」を収集することを意図している。なお，この辞典は，その後，1718 年，1740 年，1762 年，1798 年，1835 年，1878 年，1932-1935 年，そして 1992 年に改版された。

　その他，イギリスでも英語アカデミーを設立する動きがあり，17 世紀末には国民のあいだにアカデミーに関する思想が広く浸透していた。『ガリバー旅行記』（*Gulliver's Travels*，初版 1726 年）の作者であるスウィフト（Jonathan Swift）も，フランスの事例を念頭に置いて，1712 年に『英語を矯正し改良し確定するための提案書』（*A Proposal for Correcting, Improving, and Ascertaining the English Language*）を公表している。これが英語アカデミー設立運動の頂点であったが，成果が得られるまでには至らなかった。イギリスでは，先に述べたように 1755 年にジョンソンの『英語辞典』が刊行され，また，18 世紀以降多数の規範文法書が執筆されて英語のあり方に少なからぬ影響を与えるといったこともあった

が〔⇨第10章参照〕，歴史を振り返ってみれば，イギリスには「上」からの規制（言語計画）をあまり好まないという傾向があった。

4.3 言語計画のモデル

Haugen（1987）は，Kloss（1969）の提案した「地位計画」（status planning）と「本体計画」（corpus planning）というアイディアを取り込んで言語計画のプロセスのモデルを作成した。このモデル（表6）によって，言語計画の対象となる具体的な内容を見ておこう。

表6　言語計画のプロセスのマトリクス（Haugen 1987：627）

	形式 （政策計画）	機能 （言語育成）
社会 （地位計画）	（1）選定 　（決定の手続き） 　　（a）問題の特定 　　（b）規範の選定	（3）遂行 　（教育による普及） 　　（a）矯正の手続き 　　（b）フィードバックと評価
言語 （本体計画）	（2）成文化 　（標準化の手続き） 　　（a）文字化 　　（b）文法書編纂 　　（c）辞書編纂	（4）精緻化 　（機能的発展） 　　（a）用語の近代化 　　（b）文体の発展

このモデルのヨコ軸は，言語計画を，言語の形式に注目する「政策計画（policy planning）」と，言語の機能に注目する「言語育成（cultivation）」の2つに分けるものである。一方タテ軸は，言語計画を，社会における行動に関わる「地位（席次）計画（status planning）」と，言語そのものに関わる「本体（実体）計画（corpus planning）」とに分けるものである。そしてこの2つの軸をクロスさせることによって，言語計画は4つのカテゴリーに区分される。なお，表6でそれぞれのカテゴリーに付けられている番号は，実際に行われる（行われた）言語計画の流れではなく，論理的に考えられる順序を示している。その順序に従えば，言語計画は次のように進行することになる。

（1）問題の特定と規範の選定（selection）

　まず言語に関して変更を加えるべき問題を特定する。その上で，（多く存在しうる）言語や言語変種のなかからどれを言語規範とするかを選定する（政策に関わる地位計画）。

（2）規範の成文化（codification）

　使用する文字を確定したうえで，（1）で選定された言語規範を文法書と辞書の形にして成文化する（政策に関わる本体計画）。

　文字に関しては，1924年にトルコのケマール・アタテュルク大統領がアラビア文字を廃してラテン文字（ローマ字）に切り替えた文字改革がよく知られている。また，レーニン時代のソビエト連邦では連邦内のさまざまな言語がラテン文字で文字化されたが，スターリン時代になると，ロシア語学習の容易化という名のもと，シベリア地域で使用される言語の表記がキリル文字へと変更された。もっとも，文字の確定は，このようにいつも意識的に行われるとはかぎらない。多くのヨーロッパ言語では，文法書や辞書が成立するよりもはるかに早い時期に，ローマとの接触等によってラテン文字が導入されていた。たとえば英語では，イギリスにラテン文字が導入されたのは，キリスト教の導入時期（6～7世紀）にまでさかのぼる。これ以降，それまで使用されていたルーン文字に替わって，ラテン文字が使用されるようになった。

　一方，文法に関しては，ヨーロッパで最初の平俗語（各国語）の文法書として，イスパニアでネブリハ（Antonio de Nebrija）が『カスティリア語文法』（*Gramática castellana*）を書き上げた（1492年）。それ以降，イギリス，フランス，ドイツなどでもそれぞれの言語の文法書が作成されている。この時期の文法書は，ことばをありのままの姿で捉える記述文法書ではなく，規範文法書である〔⇨第9章参照〕。また記述文法書でさえ，いったん編纂されると，編纂者の意図がどうであれ，規範的な役割を果たすことになる可能性が高い。その意味で，文法書の編纂は言語計画の一環を構成するのである。

（3）遂行（implementation）

　成文化された言語規範を学校教育により普及させる（言語育成に関わる

地位計画)。

　Haugen (1977) によれば，(2) で策定された言語規範を普及させるに当たっては，「コミュニケーション上の規範」と「修辞上の規範」とを区別する必要があるという。前者はおもに日常的な話しことばをめぐる規範であり，使用することばにある程度の幅を許したり，ことばを省略することを前提としたりするゆるめの規範である。一方，後者は，記録として残す文書を書くときや多くの人の前で話すときの規範である。

（4）精緻化 (elaboration)

　学問や技術などに関わることがらを表す用語を整備するとともに，さまざまな目的（機能）に対応できるように言語の表現力や文体を発達させ，精緻なものにする（言語育成に関わる本体計画）。

　たとえば，英語圏以外の国では，とりわけ英語圏で増加した科学技術の用語を借用もしくは言い換えという形で自らの言語に導入し，近代科学を論じるための用語を獲得した〔⇨ドイツ語の場合については4.4節参照〕。

　Haugenの精緻化と関連する概念に，プラハ学派のHavránek (1932 [1964]) が提唱した「知的化」(intellectualization) というものがある。知的化とは，社会の多様化に伴って生じるさまざまな目的に合った機能を果たす文体（言語スタイル）を発展させることである。たとえば近代ヨーロッパでは，教育の普及と民主主義の成長にともなって，それまで排除されていた話しことばの形式が書きことばのなかに取り入れられるようになった。ここで導入された話しことばの形式には，方言から借用されたものもある (Haugen 1966：19-20)。

　なお，Vikør (1993：280-284) は，言語の本体計画を行う際の原理（選択肢）として，次の4つをあげている。

　　(ア) 言語内的原理
　　　　形態論的に一貫させるか，簡易さを求めるか，語源を重視するか，など。
　　(イ) 他の言語（の形式）に対する態度に関わる原理
　　　　他の言語（の形式）を友好的に受け入れるか，それとも，それを排除する純化主義的な態度を採るか。

（ウ）言語と言語使用者との関係に関わる原理

　　多くの人々によって使用されている言語形式を採用するか，違った言語形式を使用する人たちをそのままにしておくか，社会において威信を持つ言語形式を優先するか，言語における美的な部分を考慮するか，など。

（エ）社会的イデオロギーに由来する原理

　　過去の栄光をふりかざして言語のナショナリスティックな性格を強調するか，すべての集団と個人に民主主義的に社会的平等性を与えるか，近代の文化とテクノロジーの要請に応えるよう努めるか，など。

4.4　ドイツの造語による語彙拡充

　次に，前節の Haugen（1987）のモデルをより具体的に理解するために，ドイツ語を対象とした，用語の近代化（4-a）という精緻化のプロセスを事例として取り上げて見てみることにしよう。

　近代ドイツ語が幅広い文化的活動に対応できる言語へと発展するためには，豊かな語彙をもつことが必要であった。この目的のためにドイツ語は，自身の言語要素を利用して複合語を形成するという方法を採用してきた。単語を造る力，すなわち造語力が，ドイツ語が発展するための命綱であった。

　ドイツ語は古高ドイツ語の時代（850-1050 年）からすでに他言語の語を数多く受け入れてきたが，その一方でさまざまなかたちで借用語を自言語化することにも努めてきた。たとえば，4.2 節で述べたクルスカ学会の会員であったアンハルト=ケーテン侯ルートヴィッヒ（Fürst Ludwig von Anhalt-Köthen）は，クルスカ学会をモデルにして，1617 年にワイマールに「実りを結ぶ会」（Fruchtbringende Gesellschaft）を設立し，その会員たちを中心にしてドイツ語を活用した多くの複合語を造り出している。このときに造られた語には，Briefwechsel（文通，Brief〈手紙〉＋Wechsel〈交換〉。Korrespondenz の言い換え）や，Grundsatz（原則，Grund〈基本〉＋Satz〈設定〉。Prinzip の言い換え）などのように，今日のドイツ語で一般的な語も多く含まれている。

　また，ライプニッツ（Gottfried Wilhelm Leibniz）は，自らの思想と

認識を表現するのに，母語のドイツ語ではなく，ラテン語もしくはフランス語を使わなければならないことにもどかしさを覚え，『ドイツ語の鍛錬と改良に関する私見』(*Unvorgreiffliche Gedancken, betreffend die Ausübung und Verbesserung der Teutschen Sprache*，1697 年頃に例外的にドイツ語で執筆，1717 年公刊) を著して，ドイツ語の語彙を精緻化するためのシナリオを描いた。この背景にあるライプニッツの認識は，次のようなものである。事物の認識は，そもそも単語が存在してはじめて可能になる。ドイツ人がヨーロッパで受け入れられる学問を行うためには，すべての事物に対して，自前の言語を利用して的確な単語をあてがい，語彙を拡充する必要がある。「具象的なものや技術や手工業に関わる物において，ドイツ語はすでに充実している。［…］しかし他方，［…］感情の動きや美徳・悪徳を表現するときや，倫理学や政治学に関わるさまざまな事柄を表現しようとする場合」(ライプニッツ 2006：43-44) ドイツ語には不足がある。この認識に基づいてライプニッツは，語彙を拡充する方法として，とくに古今の良質な単語を探し出せない場合には，ドイツ語を活用した造語によって新たな語を造り出すことを提案している。そしてその実践として，『私見』のなかでは，Sittenlehre（倫理学，Sitten〈道義〉＋Lehre〈論〉），Wesenlehre（形而上学，Wesen〈本質〉＋Lehre〈論〉），Denkkunst（論理学，Denk〈思考〉＋Kunst〈術〉），Hauptstück（範疇，Haupt〈主要〉＋Stück〈項目〉）などの哲学関係の専門的な用語が使用されている。

　さらに，19 世紀には，カンペ（Johann Heinrich Campe）が，『われわれの言語に無理強いされた外来の語を説明しドイツ語化するための辞書』(*Wörterbuch zur Erklärung und Verdeutschung der unserer Sprache aufgedrungenen fremden Wörter*，1801) を公刊した。この辞書には，Minderheit（少数派，minder〈少ない〉＋heit〈であること〉。Minorität の言い換え），folgerichtig（首尾一貫した，Folge〈帰結〉＋richtig〈適切な〉，konsequent の言い換え），fortschrittlich（進歩的な，fort〈先へ〉＋Schritt〈歩み〉＋lich〈の性質の〉，progressiv の言い換え）のような，現代ドイツ語で欠かせない単語が多く収録されている。その後，1871 年にプロイセンによる統一で成立したドイツ帝国においても，Fernsprecher（電話，fern〈遠くで〉＋Sprecher〈話すもの〉），einschreiben（書留便にす

る，ein〈中へ〉＋schreiben〈書く〉），Rundfunk（ラジオ放送，rund〈ぐるりと〉＋Funk〈火花〉），Fahrgast（乗客，fahr〈乗る〉＋Gast〈客〉）などのように，郵便用語や鉄道用語が組織的にドイツ語に置き換えられている。今日，テレビのことをドイツ語で，ヨーロッパの多くの国で用いられるtelevisionではなくFernseher（fern〈遠くで〉＋Seher〈見るもの〉）のようにいうのも，この置き換えの歴史の結果である。

4.5 明治以降の日本における言語計画

ドイツの言語計画に触れたところで，最後に，その影響を多分に受けている明治日本の言語計画〔⇨第9章も参照〕も見ておくことにしよう。

日本では，明治のはじめから長期にわたって，近代的な文化言語となったドイツ語を精魂込めて学習し，ドイツの優れた文化と学問を摂取しようとした。「国語」をいかに育成していくのかという問題についても，ドイツは日本にとって見習うべき手本であった。1890（明治23）年にドイツとフランスへの留学を命じられた上田万年は，4年後，規範的な文法を創り上げ，国語の語彙を十分に発達させることの重要性を認識して帰国した。帰国の年に行った講演「国語と国家と」のなかで，上田は，ドイツを例に出して，次のように述べている。

> 如何に亦現今の独逸が，其国語を尊奉し，其中より外国語の原素を棄て，自国語のよき原素を復活せしめつつあるかを見よ。此事は現に科語〔専門用語〕を外国語に借る事多き，科学の上にまで進みつつあるなり。（上正 1894：102）

また，上田の教え子である保科孝一も，文部省嘱託として，1911（明治44）年から2年間，国語国字問題の調査のために同じくドイツとフランスへ留学した。この保科が帰国後に行ったヨーロッパ各国における国語事情の報告のなかで多くを占めたのは，やはりドイツに関するものであった。保科は，1913（大正2）年に論文「独乙における国語国字改良問題の趨勢」を著し，そのなかで，日本語の文字や表記法が抱える問題にくらべれば些細なものにすぎないドイツ文字とラテン文字の並用をめぐって，ドイツでは「国家の一大損失」としてその解決に腐心していることを，羨望のまなざしをもって紹介している。保科はさらに，のちに国語審議会会長な

どもつとめた安藤正次とともに，外国における国語事情の調査を続けた。保科と安藤は，1919（大正9）年に『外国に於ける国字問題』を著し，ドイツ，ロシア，アルバニアの状況を紹介しているが，そこでも，全57ページのうち49ページをドイツに充てている。「外国に於いて，国字問題の最も盛に議論されているのは独逸である」（保科・安藤 1919：2）という認識がそこにある。

　なお，ドイツでは，その後，1941（昭和16）年に，ドイツ語を世界的に普及させることを目的として，ヒトラーの命令によってドイツ文字（亀甲文字）が廃止された。このことに関連して菊沢季生（1941）は，「ドイツ軍占領地帯の住民の間では，ドイツ語独特のヒゲ文字（亀の子文字）が読みづらいとの声が相当あるので，これらの地方に行くドイツ語新聞は，最近ローマ字書体に転向しつゝある」という朝日新聞の記事（1941年4月20日付）を紹介している。この菊沢の論は，日本人が外国人に日本語を教える場合も，ドイツと同じように，相手方の都合を考慮して，ローマ字で教えるくらいの「雅量」（菊沢 1941：189）がなければならないと述べるものであった。このような，国粋的な理念よりも，効率性，合理性を重視する考え方は，ほかに，荘司武夫（1941）の論文「国語と国防国家」などにもうかがうことができる。荘司の論は漢字の制限とかなづかいの簡易化を主張するもので，このような政策が実現すれば，一方では事務能率が向上し，そこで生じた余力を国防のための知識の吸収に充てることによって，ドイツのような豊かな科学的知識やドイツ兵のような優れた技量を得ることができ，また一方では，日本文化の進展に必要とされる日本語の海外普及を障害なく行うことができると述べている。

　以上のような合理的な方向を目指す言語計画を主張したのは，菊沢や荘司が最初ではない。その10年前の1931年にも，かなづかいを簡易化する案が出されていたが，この案は当時は伝統を破壊する危険な思想として採用されなかった。しかし，戦争という緊迫した状況にあっては，日本語を取り巻く状況が変わり，世論も一転したのである。1940（昭和15）年に陸軍省が複雑な兵器の名称の簡易化を求めたことなども含めて，ドイツも日本もともに，合理性を追求したわけである。

5. 本書の構成

　本章では，まず1節で，歴史社会言語学とはどのような分野であり，どのような下位領域を含むのか，また，どのような経緯を経て成立したのか，その概要をまとめ，本書では，歴史社会言語学の下位領域のうち，言語変種，言語接触，言語計画の3つの領域を取り上げることを述べた。続く2節から4節においては，その3つの領域について，それぞれ，これまでの研究の流れ，歴史社会言語学の立場から見たときの問題のありか，具体的な事例などを整理した。

　以下，本書では，第2章「文献と言語変種 ── 文献に残されたことばの多様性が意味するところ」（金水敏）において，おもに日本語を事例としつつ，文献に残されたことばにはどのような種類のものがあり，それはどのような歴史社会的な背景をもっているのか，幅広く概観する。ここまでが第1部「序論」である。続いて，上の3つの領域ごとに部を分け，それぞれ，2ないし3つの個別論やケースを取り上げて，詳細な分析を加えていく。

　第2部「言語変種」では，第3章「下からの言語史 ── 19世紀ドイツの「庶民」のことばを中心にして」（シュテファン・エルスパス）において，19世紀にドイツからアメリカに移住した人々が残した資料をもとにして，当時の庶民の社会方言の実態を明らかにすることを試みる。続く第4章「山東京伝の作品に見るスタイル切り替え ── 音便形・非音便形を事例に」（渋谷勝己）では，江戸時代に執筆活動を展開した作者，とくに山東京伝が残した作品をもとに，当時の人々はどのようなスタイル能力をもっていたかを明らかにする。

　第3部「言語接触」では，古代における中国語と日本語の接触（第5章「中国語と日本語の言語接触がもたらしたもの」（乾善彦）），中世における英語とフランス語の接触（第6章「15世紀の英語とフランス語の接触 ── キャクストンの翻訳を通して」（家入葉子・内田充美）），近代における日本語と様々な言語の接触（第7章「多言語接触の歴史社会言語学 ── 小笠原諸島の場合」（ダニエル・ロング））などをケースとして取り上げて，その社会的な背景を描き出しつつ，そのなかで言語がダイナミックに変容す

る姿を分析する。

　第4部「言語計画」では，いずれも，近代国民国家が形成される過程において，国家レベルで推進された日本，ドイツ，イギリスの言語計画を取り上げる。第8章「近代国民国家の形成と言語計画」（山東功）では，明治維新を経た日本が近代国家を形成するなかで行ったさまざまな言語計画を整理する。また第9章「19世紀の学校教育におけるドイツ語文法 ── ドゥーデン文法（1935年）にまで受け継がれたもの」では，とくにプロイセンにおける学校教育と文法書の関連について詳細に考察を加える。第10章「英語における「言語計画」とは？ ── 規範化に向かった時代（18〜19世紀）」（池田真）では，これも18世紀から19世紀にかけて生じた，英語の規範化の流れについて，その社会的な状況を考慮しつつ分析する。

　以上の，3つの言語についての8つのトピックは，歴史社会言語学の膨大な課題群のなかでは文字どおり氷山の一角をなすものにすぎない。これらのトピックを手がかりにして，それぞれの言語について，多くの歴史社会言語学的な課題を掘り起こしていただければと思う。

●引用テクスト

上田万年（1894）「国語と国家と」吉田澄夫・井之口有一編『明治以降国語問題論集』風間書房，1964年，96-107.

菊沢季生（1941）「ローマ字運動」『国語文化講座第一巻　国語問題編』朝日新聞社，175-194.

荘司武夫（1941）「国語と国防国家」『国語文化講座第一巻　国語問題編』朝日新聞社，195-206.

保科孝一（1913）「独乙における国語国字改良問題の趨勢」『國學院雑誌』19-3：206-222，4：275-290.

保科孝一・安藤正次（1919）『外国に於ける国字問題』文部省.

ライプニッツ，ゴットフリート・ヴィルヘルム（2006）『ライプニッツの国語論 ── ドイツ語改良への提言』高田博行・渡辺学編訳，法政大学出版局.

◆第2章◆
文献と言語変種
文献に残されたことばの多様性が意味するところ

金水　敏

1. 本章の目標

　言語の歴史的研究にとって，過去の文献は欠かすことのできない最も重要な資料であるが，資料に現れる言語の有様は実に多様であり，その利用法を間違えると，正しい結論にたどり着かない場合もしばしばである。なぜ文献の言語は多様であるのか，このことはそれ自体が，歴史社会言語学的な関心を呼び起こす。この章では，もっぱら日本の文献によりながら，この問題の実態と本質について考えていきたい。日本の文献の場合，世界にも類を見ない文字・表記体系の複雑さという特殊事情がついて回るが，一方で文字の使用法や表記体系が文献の言語の性格とも密接にリンクしていることを知ることができる点で，格好の素材であると言えるであろう。
　以下，本章では，「各時代の文献の特徴」「表記の日本化と文語の成立」「口頭語への接近」「まとめと総論」の各節に分けて考察していく。

2. 各時代の文献の特徴

　上代（6〜8世紀）：日本人（倭人）が漢字・漢文を受け入れて，文献を作り始めた時期。日本人はおそらく，固有の文字を持たなかった。持つ必要もなかったのだろう。それがこの時期に急速に漢字・漢文を受け入れたのは，朝鮮半島・中国との外交的な緊張が高まり，文明的な国家としての体裁を整える必要に駆られたからであろう。
　今日まで残された当時の文献は，政治的な支配関係を象徴する剣や鏡等

の遺物，宗教的遺物に残された金石文の類いや，経典，歴史書，和歌集，政治的文書等の写本，そして記録文書・廃棄文書・書簡としての木簡である。ここに，古代において文字・表記が真に求められた場面が明らかとなる。すなわち，統治関係の強化，宗教，統治の正当性の根拠を示す歴史書，共同体の精神的な紐帯となる詩歌，そして主として朝廷の周辺における実用的な文書である。これは，音声的コミュニケーションだけではまかなえない，広範囲で継続的な情報の伝達と保持が必要とされたからである。

　しかし，性急な文明化の中で利用可能な文字・表記体系は漢字・漢文のみであり，日本語とは音韻，形態，統語構造とあらゆる面で異なる言語のための文字を使いこなすのは並大抵のことではなかった。朝鮮半島や大陸からの渡来人の力を借り，またごく一部のエリート貴族，官人，僧侶のみが漢文をなんとか使いこなしていた。また日本語の表記のために，和化漢文や万葉仮名が発生した。漢文は訓読が始まっていたはずであるが，直接的な訓読の証拠は求められず，日本書紀の訓注や古事記その他に痕跡として残されている〔⇨第 5 章参照〕。

　なお，正訓（漢字の意味を取って訓読される漢字）と，仮名書きされた助詞・活用語尾・助動詞等を交用する宣命体と呼ばれる書記システムも生まれた。

　中古（9〜12 世紀）：中国から将来された大量の漢訳仏典，中国古典が上流階層の知識人によって熱心に学習された。漢文訓読のための記号＝訓点が発明され，発達し，訓読は後進の学習者に伝承されるようになった。漢文訓読は単に読解の技術にとどまらず，訓読の結果に生じた文章が権威ある文体として尊ばれるようになった。また，行政文書，公家の日記等では和化漢文が広く用いられた。

　中古において特筆すべきは，もちろん仮名の発生である。日常的な万葉仮名の使用の中で連綿体・草書の仮名が流通し，平仮名となった。平仮名は日常に近い場面での文書，消息（＝手紙），そして和歌を書くために用いられた。女性の使用も社会的に容認されたので，一定以上の階級の女性は平仮名を用いて手紙や和歌をしたためた。そして，平仮名は新しい散文を生み出す媒体ともなり，日記，随筆，物語と多くの文学作品が仮名を用いて生み出された。今日の私たちにとって平安時代の仮名文学は輝かしい

遺産だが，しかし当時にあっては仮名で書かれたものは漢文の威光にはるかに及ばなかったことを忘れてはならない。平安時代の漢文訓読資料は数千点のオーダーで今日に伝えられているが，平安時代の仮名資料として確かなものはきわめて少なく，また有名無名を問わず，平安仮名文学の同時代写本はほとんど残っていない。

　さて，片仮名が発生したのも中古である。片仮名は，漢文読解のための記号＝訓点の一部として生まれ，発達した。片仮名はやがて漢字と交えて散文を書くことにも用いられ，『今昔物語集』などの説話集が片仮名で書かれた。

　中世前期（13～14 世紀前半）：平仮名主体の手紙や文書，漢文訓読は平安時代に引き続いて受け継がれる一方で，片仮名は文字として発達を遂げ，僧侶は，経典の学習のみならず日常的な書記活動のほとんどを片仮名で済ませる者も多かった。盲目の琵琶法師が語る平家物語が流行したが，この平家物語は和文体と漢文訓読体が入り交じった，和漢混淆文と呼ばれる文体で構成されていた。

　この時期は，話し言葉と書き言葉の乖離が進んだと言われることが多いが，親鸞のような新仏教の僧侶のみならず，明恵や慈円など，旧仏教の僧侶の周辺でも優しい文体で教義を説いたり，聞き書きを話し言葉のまま書き取ろうとするなど，新たな文体の模索もあった。

　中世後期（14 世紀後半～16 世紀）：京都五山を中心に漢籍や漢詩文の講義が行われ，話し言葉のままにその講義を書き取った『史記抄』『蒙求抄』といった「抄物」と呼ばれる文献が多く作られた。これは禅宗において，解脱への助けとして，話し言葉による表現を重んじたことによる。なお，禅宗であるのに漢籍の講読が多いのは，漢詩・漢文の表現が解脱の境地の表現に役立つと考えられたからである。

　平安時代に生まれた猿楽能が観阿弥・世阿弥親子の改革によって大いに発展した。能は歌舞を中心とする演劇で，和歌を下敷きにした流麗な文語の詞章を骨子とし，鎌倉時代の話し言葉も取り入れた。一方，同じく猿楽能の流れを汲む狂言は永らく固定した脚本を持たなかったが，これは同時代の話し言葉による即興性の強い台詞を用いたためで，江戸時代になると脚本が書き残されるようになり，16 世紀末期の話し言葉が色濃く残った台詞が今日でも用いられている。

16世紀後半から17世紀初頭にかけては，ポルトガルからやってきたイエズス会のキリシタンが盛んに布教活動を行った。キリシタンは出版に力を入れ，教義書，文学書，語学書など多岐にわたる出版物が35点ほど刊行された。文語のものも多いが，『天草版平家物語』『天草版伊曽保物語（イソップ物語）』は同時代の話し言葉による翻訳であり，国語資料として貴重である。彼等が話し言葉による翻訳を行ったのは，ヨーロッパ人の宣教師の語学・歴史教材として利用することを配慮したことによるが，宗教が話し言葉を志向する一つの現れとも取れる。

　近世前期（17〜18世紀前半）：戦国時代が終わり，江戸幕府の統治のもと，貨幣経済が発達することで上方（京・大坂）を中心に町人文化が栄え，識字率も飛躍的に上昇して，娯楽文学や大衆演劇が発達した。話し言葉の語法を自由に取り入れた雅俗混淆体と呼ばれる文体で書かれた井原西鶴の浮世草子や，上方の人々の話し言葉を活写した近松門左衛門の世話浄瑠璃がこれに当たる。連歌に俗語を取り入れた俳諧の連歌（略して俳諧）に新たな境地を切り開いた松尾芭蕉もこの時代である。

　一方で，武士は漢学（特に朱子学）を統治の思想的基盤として重んじ，各藩の藩校で教育・研究が進められた。日本全体として漢学の素養が最も高まり，人々の生き方の問題として認識されたのは，江戸時代をもって頂点とする（斎藤2007a，2007b）。漢詩文および漢文訓読文体の文書が数多く作られた。

　また，法律文や，行政・商業・個人的通信には「候文」と呼ばれる疑似漢文が広く用いられた。町人や農民の教育のために，規範的な手紙の文章を集めた「往来物」と呼ばれる教科書が各種出版された。

　近世後期（18世紀後半〜19世紀前半）：計画都市として出発した江戸の街はこの時代，経済が大いに発展し，学術出版や町人の娯楽小説の出版，また大衆演劇など，文化の中心も江戸に重心が移った（文運東遷）。江戸の町は17世紀には各地から集められた人々による方言雑居の状態であったが，下層町人を中心に関東方言を基盤とする江戸言葉が形成され，広く用いられるようになっていった。この江戸言葉は，江戸で出版された洒落本，黄表紙，滑稽本などの戯作（大衆小説）に写されるようになり，また歌舞伎でも江戸言葉を生かした作品が上演され，人気を博した〔⇨第4章参照〕。一方で，学者や心学の先生などの知的エリートは，講演やその記

録などにおいて上方風の話し方を維持しており、そのようなスタイルを「江戸（近世）スタンダード」と呼ぶことが提唱されている（野村 2013）。

　近代（19世紀後半〜20世紀前半）：明治維新によってさまざまな分野で近代化が進められたが、国語もその例外ではなかった。漢文脈に対するアンチテーゼとして、漢文を原文としない漢文訓読文体（漢字片仮名交じり文）が学術文書や法律文、外交文書で幅広く用いられ、この分野における候文体を駆逐した。この漢文訓読文体の語彙を易しくしたものを「普通文」と呼び、マスメディアで広く用いられた。なお候文体も日常的な書簡文としては引き続き活用されていた。言文一致への希求も明治初年から叫ばれていたが、これは簡単に進んだわけではなく、一旦明治20年代に停滞が見られたが、小説文体の改良運動として明治30年代から再び進み、明治末年から大正時代にほぼ完成した（山本 1965）。言文一致体は小説だけでなく、新聞社説、教科書、学術論文などさまざまな分野に浸透していったが、一方で法律文などでは依然として漢字片仮名交じりの文語体が用いられ続けた。なお、国会の討論を記録するための速記術がいち早く落語の速記に適用され、まず、三遊亭円朝の『怪談牡丹燈籠』が出版された。これは二葉亭四迷の言文一致体にも影響を与えたと二葉亭自らが述べているが、新しい技術・メディアが新しい文体の創出に影響を与えた点は注目に値する。

　現代（20世紀後半〜）：8年間の連合国軍による占領時代を経て、新生日本では大戦への反省もあって、さまざまな国語改革が一気に進められた。現代仮名づかいが制定され、それに基づいた、日本で初めての漢字平仮名交じり、口語体、句読点・濁点付きの法律文として日本国憲法が制定された。教科書やマスメディアもこぞってこの方式にならった。言文一致体が一般的となり、文体間の差異はずっと縮まったと言えるが、それでも純然たる話し言葉と書き言葉にはずいぶん違いがあり、また話し言葉的な要素を多く持つジャンルと少ないジャンルの違いは依然としてある。漢語を多く使うジャンル、外来語を多く使うジャンルなどの違いもある。1990年代から顕著になってきたITの発達に伴い、話し言葉、書き言葉のどちらでもない「打ち言葉」というべき文体の存在があらわとなり、話し言葉に近く、また話し言葉とも違う新しい語彙や語法が生じたりもしている。

3. 表記の日本化と文語の成立

　文章を書くということの起源は，音声言語を書き写すことから始まる，と多くの人が考えるかもしれない。しかしそうではないことは，前節の日本の状況を見れば明らかである。文章は，まず外から外国語としてやってくる。そのあと，日本語化され，さらに音声言語へと近づいていくという過程を経ている。これは日本だけの特殊事情とは言えない。朝鮮半島でも，チベットでもベトナムでも同じである。またヨーロッパの多くの国や地域でも同様のことが言える。つまり，表記は外からやってくる，というのが世界の通例なのだ。漢字の生まれ故郷の中国ですら，表記体系が確立した時代の文章はすでに文語であり，当時の人々にとっては外国語も同然の，日常言語とはかけ離れた言語であり，習熟するまでには多大な時間を要したのだ。

　さて，日本の状況をもう少し細かく検討してみよう。7世紀に，多くの漢籍・仏典を輸入し，渡来人の力を借りてそれらを読解することが盛んに行われるようになった。しかし字音直読，つまり中国語で読み，理解することは大変ハードルが高いので，これを部分的にせよ日本語として読む方法が開発された。それが漢文訓読である。漢文訓読が通常の翻訳と異なるのは，翻訳は完成するともとの外国語の文章がなくても翻訳文だけで意味が通じ，流通が可能となるのに対し，漢文訓読は完成しても原文がそのまま残るという点である。さらに，漢文訓読文は，意味が通じればいいので，かならずしも音声化の方法が一意には定まらないという点が重要である。分かりやすいのは漢字を音読みするか訓読みするかということが必ずしも決定されない場合だろう。たとえば「昨夜飲酒」とあった場合，「飲酒」の部分を「飲酒す」と漢語サ変動詞として音読みしてもいいし，「酒を飲む」と訓読してもよい。どちらかが指定される場合もあるが，指定されていない場合が多く，指定されていなくても意味は同じになるので何ら問題はない（こうした，音声に対する未決定性は，今日に至るまで日本語表記の特質の一つとして引き継がれていくことになる。例えば，国号の「日本」でさえ，「にほん」と読むか「にっぽん」と読むかが決まっていないことなど，この状況をよく象徴している〔⇨第5章参照〕）。

さて，訓読の方法がある程度固定化されてくると，それに伴って漢文の和化が始まる。語順の日本語化，敬語など日本語固有の要素の混入，万葉仮名による日本語の語句の挿入などである。また，漢文訓読文がすなわち文語文として流通していく。つまり口語文ができるより先に，漢文訓読文を源泉として文語文が先にできたことになる。

4. 口頭語への接近

9世紀に，万葉仮名から平仮名・片仮名が生まれ，音声言語を自由に書き留めることができるようになった。書き言葉に話し言葉的な要素を自由に取り入れていく基盤ができたが，その契機としていくつかの要素を挙げることができる。それは以下のようなものである。

1. 音声パフォーマンスのテキスト化
2. 宗教的テキスト
3. テキストの大衆化・娯楽化
4. 言文一致・標準語普及運動
5. テキストのIT化

それぞれについて具体的に検討していこう。

4.1 音声パフォーマンスのテキスト化

和化漢文で書かれた『古事記』，正格漢文をめざした『日本書紀』ともに，歌謡の部分は一字一音の万葉仮名で書かれていた。『万葉集』ではさまざまな表記体が用いられたが，大伴家持が編纂した部分を中心に，仮名書きの比率が高く，そこには防人歌など東国歌も含まれていた。歌謡・和歌が仮名で書かれるのは，朗唱されたものだからである。これらは口頭語そのものという訳ではないが，口頭語表記への道をまず切り拓いたと見ることができよう。祝詞，宣命といった宣読する散文でも仮名が活用された。

中世に入ると抄物が作られる。これは宗教的な観点からも見る必要があるが，教室における講義もまた音声パフォーマンスの一種と言ってよい。また能・狂言の詞章が書き残されるようになり，特に狂言は，台本化は能

より遅れるが，生き生きとした中世語による台詞が書き写された点は重要だろう．近世に入ると，浄瑠璃の台本（床本）が読み物にもなり，また落語の台本を出版した噺本も作られる．近代になって，落語速記本が言文一致体を準備した点も重要である．

4.2 宗教的テキスト

　宗教的なテキストは，保守的な文語文を保存する方向性と，革新的な口頭語性の強いテキストを生み出す方向性と，両面を持っている．保守的な側面は，テキストの威信や神秘性を高めたいとする欲求によって現れる．革新的な側面は，多くの信者に分かりやすくメッセージを届けたいとする欲求や，尊師の肉声をそのまま伝えたいとする欲求による．テキストの大衆化ともつながっていく方向性である．例えば鎌倉時代の明恵講説聞書は，明恵の人となりに深く引かれた弟子たちが明恵の口ぶりまで再現しようとして，当時の口頭語を多く取り入れた聞き書きを作った（土井2007）．その他，鎌倉時代の親鸞や慈円など，新旧仏教の高僧は易しい分かりやすい文体で多くの人に思想を伝えようと工夫した．室町時代の抄物については先に触れた通りである．日本に来たイエズス会のキリシタンが出版した平家物語やイソップ物語の口語訳も，宗教活動における口頭語への志向の表れと見ることができる．

4.3 テキストの大衆化・娯楽化

　江戸時代，識字率の上昇や貨幣経済の発達に支えられて，町人の読み物としての戯作が発達した．西鶴の浮世草子，芭蕉の俳諧，遊郭での会話を中心に構成された洒落本，絵入り読み物の黄表紙，落語の影響を受けた滑稽本など，口頭語を大胆に取り入れたり，会話を微に入り細を穿って描写したりするなどの読み物が大量に作られた．特に戯作は，近代の言文一致の基盤の一つであると言える．近代に入って，小説が言文一致運動を牽引する立場に立ったのも，小説が娯楽読み物として認知されたという側面を無視することはできない．

4.4 言文一致・標準語普及運動

　近代に入り，国民国家の言語としての「国語」の概念が導入されると，

欧化政策としての言文一致運動，さらに音声言語としての標準語の確立がめざされることとなった。標準語普及運動が，一方で方言撲滅運動という，生きた音声言語の抑圧として働いたことも忘れてはならない〔⇨第8章参照〕。

4.5 テキストのIT化

2バイト文字の標準化，日本語の仮名漢字変換技術やインターネットの発達等の技術革新で，日本語も大きな影響を受けた。日本語から漢字は減少する一方かと思われたが，むしろ漢字の使用率は増加に転じたと言われる。携帯メールやインターネット上で高速で日本語が入力できるようになった結果，話し言葉よりは整っているが，書き言葉ほど堅苦しくなく，俗語も積極的に取り込んでいく「打ち言葉」と言われる文体が発生した（田中 2001，2010 など）。この打ち言葉を主な舞台として，自分の方言やよその方言を，親しみを込めたり，楽しげな遊びの雰囲気を醸し出す目的で用いることも盛んに行われるようになった（田中 2011）。

5. まとめと総論

ここで改めて，文献に残されたことばがなぜ多様化していくのかという問題について，言語のコストと効果の観点から考えてみよう（金水 2011 a，2011 b）。

古代，日本人は漢文を自国に導入したが，これは中国語というまったく異質な外国語でしかも古代語で習得が難しいという，大変コストの高い言語であった。それにも関わらず，渡来人の助けを借りてまでして，急いで取り入れなければならなかったのは，第一には国力を増強し，中国の脅威をはねのけるという安全保障上の目的があったからであろう。仏教の導入でさえ，鎮護国家という目的が与えられていたことを考えると，やはり安全保障の一環であったと言える。

しかし漢文の導入に成功すると，その運用上のコスト軽減のために漢文訓読という技術が開発され，連動して和化漢文という学習・運用コストの低い文体が創出された。また万葉仮名が平仮名・片仮名を産みだし，表記のコストも下げることとなった。しかし漢文の威信は失われることがな

く，最高の文化的価値を保ち続け，その下に和化漢文や仮名文，漢字片仮名交じり文などの変異体が目的に応じて発達した。このような和化に加えて，先の節で見た口頭語への接近も，むろんコストの低減につながり，文献のバリエーションを増やしていくこととなった。

　近代国家になると，国語政策は産業，軍事，教育等国家のあらゆる面の基盤となるという意味で重要な戦略の一つとなる。言文一致，標準語化は教育のコストを下げ，全国的なコミュニケーション上のパフォーマンスを向上させる点で有効な施策であった。しかし一方で，漢字を廃止することができなかったこと，歴史的仮名遣いを採用したことなど，むしろコストを上げ，パフォーマンスを下げる流れもあり，一概に経済的な効果だけでは国語政策は動いていないことに注意しなければならない。戦後の国語改革によっても必ずしも経済原理が貫徹されなかった点には，日本独自の文化的な選好原理が働いていることを否定しきれない。

　以上，日本という個別事例に着目して，文献の言語の多様性について考えてきたが，大変よく似た状況に置かれながら，最終的に全く異なった道を選んだ朝鮮・韓国の例や，ヨーロッパ各国の例なども比較・対照しながら考えることによって，より一般的・総合的な考察が可能となろう。本稿がその礎となれば幸いである。

◆第2部◆

言語変種

◆第3章◆

下からの言語史
19世紀ドイツの「庶民」のことばを中心にして

シュテファン・エルスパス　　　　　　　　　　　　　　　　　　［佐藤 恵 訳］

1. 新たな言語史記述のアプローチ

　「歴史社会言語学」という研究分野の姿が国際的なレベルで明確に見えてきたのは，ちょうど21世紀に入った頃である。この新たな研究の方向が打ち出されたのは，従来の言語史の描き方に不満足な点があったからである。では，どのような点が問題であったのであろうか。ひとつには，従来の言語史記述が用いる史料があまりにも偏っていて，特定のジャンルないし特定の階層の書き手しか分析対象とせず，実質的にはほぼ文学テクストしか扱われてこなかったことがある。ドイツ語史の場合，言語の歴史とは結局のところ，文学語の歴史と同義であった。従来の言語史が対象としてきたのは，書きことばであり，プロの文筆家，あるいは少なくとも書くことに熟練した人たちが書いたテクストに重点が置かれてきた。1500年以降のドイツ語史に関して言えば，それは印刷されたテクストである。不満足に感じられたもう一つの点は，目的論的な記述の仕方である。言語の歴史的発展が必ず標準語の形成と結びつけられて，すべてのプロセスが標準語の「前史」として記述された。ミルロイによれば，このような目的論的な視点が言語史研究に持ち込まれたのは，標準語が形成された19世紀以降に，ひとはすべからく標準語を習得するべきだという「標準語イデオロギー」が支配的となったからである。

　　たいていの記述言語学，理論言語学，また歴史言語学がそれぞれ方法論を確立する際に依拠した言語は，標準語形成という文化的背景をも

つ言語であり，標準的で正統で権威ある言語形式の存在が自明視された。19世紀の歴史言語学が依拠したのは，確固たる形式をすでに持ち，基本的に変容することのない古典語であった。(Milroy 2001：543-544)

　古英語（700-1100年），中英語（1100-1500年），初期近代英語（1500-1700年），古高ドイツ語（850-1050年），中高ドイツ語（1050-1350年），初期新高ドイツ語（1350-1650年）等，さまざまな段階の言語に関して書かれた文法や辞書には，基本的にこのような標準語イデオロギーが見て取れると言えよう。Durrell（2000）によれば，中高ドイツ語の時代にすでにドイツ語が標準化していくプロセスが観察されるのだという考え方が，ドイツ語史研究にはあった。

　ワッツとトラッドギルが編集した論集『英語史の代案（*Alternative Histories of English*)』(Watts & Trudgill 2002) には，従来とは違った視点で言語史を記述しようという精神が如実に表れている。この論集の表紙の折り返し部分で，この二人の編者は英語史に関する従来の本を次のようなことばで批判している：

> 英語史に関する本の多くは社会言語学から見て不十分であり，英国中心で標準英語に焦点を当てている。そのため，中英語期以降の時代を，標準的なひとつの方言がいわば偏狭なトンネルのなかを通っていく歴史としてみなしている。(Watts/Trudgill 2002，表紙折り返し部分の文章より)

ここで言われている「トンネルビュー（偏狭なトンネルの見方）」(tunnel view) というメタファーが表しているのは，言語変化が一方向にしか起こらないこと，特定の言語変種やバリエーション（あるいは——冒頭で批判した意味で言うなら——特定のジャンルや特定の階層の書き手）にしか目を向けないこと，そしてまた言語が抽象的で啓蒙的な（！）目的を志向して発展すると捉えていることである。

　ワッツは，2012年の『歴史社会言語学のハンドブック（*Handbook of Historical Sociolinguistics*）』に寄稿した論文「ことばの神話（Language Myths)」のなかで，tunnel view ということばをもじって，funnel view

図1　「言語史に関する漏斗の見方」（Watts 2012：586 による）

（漏斗 {ろうと，じょうご} の見方）ということばを使って説明している。（図1を参照。Watts 2012：586 より。）

　この漏斗の図では，さまざまなバリエーションが，液体あるいは細かな粒状の物質のように漏斗の中に集まって，最終的に標準語というひとつのバリエーションに収斂し抽出されていくように見える。しかし，この捉え方は歴史的な言語の現実を反映していないと，ワッツは考える。

> 現実には，広く大きく開いているように見える漏斗上部にはいくつも穴が開けられていて，この穴を通れない非標準のバリエーションは最初からはじかれてしまう。（Watts 2012：586）

　ドイツ語史に即して考えてみても，この漏斗の見方は的確とは言えない。最近のドイツ語史記述では，超地域的な新高ドイツ語文章語として選択されることがなかった言語変種，言い換えるならば，漏斗の抽出液のなかへ流れ込むことができなかった「残り物の言語変種」にも注意が払われる。では，このような残り物の「非標準」的な言語変種とバリエーションは，どのようにすれば言語史記述において描くことができるのであろうか。

　そのためには，言語史を「下から」描かねばならない。従来の「上からの」視点の言語史記述には，次の5つの問題点があったと言うことができる（Elspaß 2005：6；Elspaß, Langer, Scharloth & Vandenbussche 2007：3）。

1) 各地域におけるローカルな言語変種とバリエーションの発展，さらに一般的な言い方をすると，各地域におけるローカルな書記慣用の発展，および各地域におけるローカルな標準の形成に目を向けて

いない。

2) 分析対象が書きことばのテクストに偏っており，話しことばや，特にこの両者の相互作用について顧慮していない。メジャーな言語の場合に，話しことばの歴史に関する記述が根本的に欠如している。

3) 近代においてさまざまな層の書き手によって書かれたテクストが相当に多く残っているのに，全く無視している。

4) いつ頃から標準語が「話された」のか，標準語とされたものはどの程度実際に等質的なもので，誰がどのような目的で標準語を書いて（話して）いたのかという問いに答えていない。

5) 従来の言語史記述では，標準語が形成されていく時代の言語史を，同時代の規範的な文法および辞書の言説に依拠して描く傾向が強い。18世紀以降のドイツ語史を記述する際に，その時代の規範文法に書かれた内容を現実の書きことばと同一視する傾向がある。そうではなく，実際の言語使用に依拠して言語史を描くよう努めることが重要である。この時代の文法書と辞書は，国民国家形成の時代に国語形成というイデオロギーも動機になって統一的なことばを追求したのであるが，これらの文法書と辞書が実際にどの程度書き手に受け入れられたのか，つまりどの程度実際に言語使用に影響を与えたのかは実のところまだあまりわかっていない。『1640年から1700年までの文法と言語の現実』（Takada 1998）のように，言語の理論と言語の現実（言語実践）の関係に関する研究はようやく最近になって行われてきたもので，まだ希少である。

2.「下からの言語史」の基本思想と目的

「下からの言語史」は，「社会史としての言語史」の一部をなす。言語史を見る視点を「上」から「下」へ転換するということは，いわば「鳥の視点」から「虫の視点」へ転換することになる。ここで言う「下からの」という言い方には，2つの意味がある。

「下からの」言語史というひとつめの意味は，「庶民の」言語史である。大多数の人々がふつうに用いている日常語，もしくは，従来（伝統的に）

「下層」に数えられる広範なひとびとの言語使用を対象とすることを意味する。このようなひとびとは，今も昔もどの社会でも全人口の圧倒的多数を占めている。上流階級もしくは上層の中流階級は，西洋社会では全市民の5％を上回ったことはないであろう。人口の多数派を占めていた人々としては，労働者，兵士，船乗り，荷物運搬人，そして圧倒的多数をなす農民と職人を挙げることができる。これら多数派を占める人々は，従来の言語史研究においては言及されることはほとんどなく，言及されたとしても，せいぜい歴史的方言研究において，書くことができず方言を話す「大衆」として登場したにすぎない。近代初期以降には，カトリックかプロテスタントかによっても異なるが，ヨーロッパの各国や各地域における識字率は比較的高かったと考えられる（Maas 2003 を参照）。上層に属する人々のほうが多くのテクストを生み出し，それを早くから保存し記録していたのは当然であるが，過去数十年に発見された史料を見てみると，「庶民」の手によるテクストが驚くほどたくさん残されていることがわかる。したがって，「下からの言語史」は，プロの書き手やエリートの書き手のテクストばかりを重視してきたアンバランスを是正すべく，人口の多数派である庶民が実際に書いたテクストに注目しようとするものである。「下からの言語史」は，このような社会言語学的観点を持つが故に，民主的なアプローチであると言うことができる。

「下からの」言語史というときのふたつめの意味は，「話しことばの」言語史である。すなわち，文化の中で作り上げられた「書きことば性の高い」主要な言語変種を見るだけでなく，社会・コミュニケーションの基礎をなす話しことばという立ち位置からも言語史を描こうとするものである。したがって，「下からの言語史」は過去の話しことばの歴史であり，言い換えると，過去の「近いことば」の歴史のことである。この「近いことば（Nähesprache）」，「遠いことば（Distanzsprache）」という専門術語は，コッホ（Peter Koch）とエスターライヒャー（Wulf Oesterreicher）のモデルに依拠した概念である。

コッホ＆エスターライヒャーのモデルは，「音声」か「文字」かというメディアの観点（図の下半分が音声，上半分が文字）と，「近いことば的（話しことば的）」かそれとも「遠いことば的（書きことば的）」かという「コンセプト（了解事項）」の観点（図の左の極が近いことば，右の極が遠

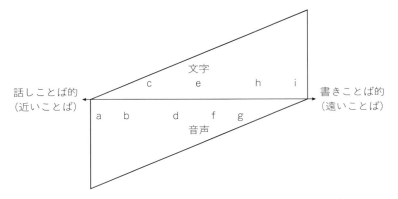

a：打ち解けた談話，b：電話での談話，c：個人的手紙，d：面接時の談話，
e：新聞のインタビュー記事，f：説法，g：学術的講演，h：論説記事，
i：行政上の規定文

　　図2　コッホ゠エスターライヒャーの近いことば―遠いことばモデル
　　　　（Koch/Oesterreicher 1994：588）

いことば）で，二重の区別をしている。近いことばという概念で了解されるのは，コミュニケーションの相手と距離・関係が近く対話的であること，遠いことばという概念で了解されるのは，コミュニケーションの相手と距離・関係が遠く，形式性が高くモノローグ的であることである。近いことばか遠いことばかというのは相対的で，連続的な横軸のどこに位置するかでその程度が決まる。

　このモデルに依拠して言えば，「下からの」言語研究は，可能な限り近いことば的なテクストから出発するべきだということになる。社会構築主義の Burger & Luckmann（1967）（『現実の社会的構成』）にとって，日常世界の現実を解釈し認識する際に日常語が根本的に重要であった。これと同様に，「下からの」言語史記述にとっては近いことばが根本的に重要である。言語学的記述を近いことばの変異形とレジスター（言語使用域：社会的状況に応じて使い分けられる言語変種）から出発するべき理由は，近いことばの方が個体発生的にも系統発生的にも遠いことばよりも早期に現れるものであるからである。したがって，認知という観点から見ると，話し手と書き手にとっての負担は，近いことばのほうが遠いことばより少なくて済む。また，圧倒的多数の人々に観察できる近いことばのほうが，

存在する発話の量も多い。近いことばの言語形式（日常語）は無標であるとみなせ，コミュニケーションの通常形あるいはデフォルト形とみなせる。遠いことばは，個体発生および系統発生の観点から見て，このデフォルト形があって初めて存在し得る。コッホ＆エスターライヒャーのモデルにおいて近いことばの典型として設定されるのは，打ち解けた談話である（図2のa）。打ち解けた談話は，バーガー＆ルックマンの理論の「対面状況」に対応するものである。遠いことばの典型例としては，法律のテクスト（行政上の規定文）（図2のi）が考えられる。20世紀以降は話されたことばを録音したテープが使用できる時代となったが，歴史社会言語学が関心を寄せるのは，コンセプトとしての話しことば性が最大限に現れているような書かれた文字史料である。上に挙げたモデルのcに当たる「個人的手紙」というジャンルがその例となるであろう。個人的手紙や，それと同じ程度の話しことば性がある私的文書（日記もこの部類に入る）は，過去において近いことばがどのようなものであったかについて情報を与えてくれ，「文字で書かれた形ではあるが，限りなく実際の会話に近いもの」（Sević 1999：340；Elspaß 2012 を参照）を入手したいという要求にかなう。

　近いことば性の高いテクストは，Labov（1994 等）が定義した「下からの言語変化」にとっても特別な価値がある。ラボフが記述する言語変化は，近いことばのレジスター（言語使用域）（ラボフは「日常語（vernacular）」という言い方をする）に端を発し，まったく話し手の意識レベルにのぼることなく進行する体系的な言語変化である。その際ラボフが強調しているのは，「下からの言語変化」はどの社会階層からも起こり得るが，「社会的地位が最も高い社会集団が言語の改新者の役目を務めるという例は見られない」（Labov 1994：78）ということである。したがって，書かれたものに関して考えると，「自然な言語変化」はまずは，不慣れな書き手たちが書く近いことば的なテクストにおいて現れることになる。熟練した書き手が書く遠いことば的なテクストの場合には，ある言語変化が生じていることを書き手がすでに意識している場合でも，旧来の書き方や形式にどうしても固執するものと考えられる。

3. ケーススタディ：「下から見た」19世紀のドイツ語史

　Elspaß（2005）の中で私は，「下から見た言語史」という視点から19世紀のドイツ語史について考察した。以下では，まずElspaß（2005）で用いたコーパスについて簡潔に説明を加え，そのあとでElspaß（2005）の研究成果のうち最重要な事柄をいくつか示しておきたい。

　「下から見た言語史」という研究を行うに当たって，私の最初の課題は，できるかぎり広い層の日常語的・近いことば的な言語使用を代表するテクストコーパスを作成することであった。そこで私が言語分析の史料としたのは，近代における大きな人口移動のうねりの中でアメリカ北部に移住したドイツ人，オーストリア人，スイス人の個人的な手紙である。その史料の中には，自ら移住はしなかった親戚縁者たちの手紙もある。コーパスとして選び出したのは，273名の書き手による648通の手紙であり，総語数は約60万である。それらの手紙のうち20パーセント弱が女性の手によるもので，80パーセント以上は男性の手によるものであった。約90パーセントの手紙は，初等教育しか受けておらず，主として下層階級，下層の中流階級に数え入れられる書き手によるもので，残りの10パーセントは中等以上の教育を受けた者によって書かれたものである。19世紀には，全人口の少なくとも95パーセントが社会的下層に属していたと考えられるので，私の分析対象とした手紙の書き手の社会層が上のような分布をしていることは，およそこの時代のドイツ語圏における社会層の構成のされ方と対応している。移民の手紙は，ドイツ語の歴史的言語研究においてそれまでほとんど注目されていなかったが，実際に私が史料として使ってみて，移民の手紙は，量の点でも，コンセプトとしての話しことば性に近いものであるという点でも，またさまざまな地域的および社会的バリエーションが見出せるという点でも，20世紀より前の新高ドイツ語の歴史を解明するのに非常に貴重な史料であることがわかった。

　ドイツでは19世紀初めには人口のおよそ半数，19世紀末にはほぼ全員が読み書きができた（ただし，書く能力よりも読む能力の方が常に高かった）と推測される。その際，もちろん地域差，また男女による差が大きかった。例えば，傾向として，プロイセンのカトリック地域における文盲率

はプロイセンのプロテスタント地域よりも高く，また男性よりも女性の文盲率の方がまずは高かった。19世紀には人口の大部分が，簡単な手紙を書く能力があったと推測される。いったん書くことを習得しても，多くの者は日常生活において実際に筆を取る必要があまりなかったが，戦争と人口移動によって自らの書く能力を実践に移す機会を得た人々が少なからず出て来た。

　教育をほとんど受けていない書き手による個人的手紙は，話しことば性が明らかに高いジャンルであると基本的にみなすことができる。ただし，このような手紙を分析してわかってきたのは，手紙を実際に書くときの状況，書きことばの伝統，話しことばの影響，そして言語の「自然な」発展傾向というさまざまな要因が絡み合うなかで，手紙に書き留められた19世紀の日常語にはさまざまに相異なった特徴が見られることである。語用論的観点から書き手にとって何よりも重要であったのは，「コミュニケーション上の目的をもっともよく達成できるように話し（書き）なさい」というコミュニケーションの原則であった。この原則があるからこそ，手紙の受け手との接触を確保したり，受け手に情報を提供したりするといった機能が手紙というテクストにとって重要であった。手紙に書かれたことばを分析するに際して必要となることとして，書きことばの伝統に従った定型的なことばなのか，それとも書き手自らが自主的に書いたことばなのかを区別することがある。定型的な表現は，書くことに不慣れな書き手たちにとって重要な役割を演じていた。定型的な表現があるおかげで，例えば呼びかけ，結びの決まり文句（結句）といった，「手紙」というジャンルに不可欠な儀式的表現が容易になり，また定型的な表現という枠組みのなかに情報をはめこむことで，書き手は実際の状況における語用論的な要請に対処することができたのである。このような手紙のテクスト構成にとって重要な定型的な表現は，ドイツ語の手紙だけに見られる特徴ではない。同時代の英語，デンマーク語，オランダ語の手紙にも，ドイツ語の手紙の例と逐語的に対応する言い回しが見られる（例の（1）から（4）に，対応例を添えておく）。

　（1）a． ich ergreife die Feder um euch wissen zu lassen ...
　　　　b． I now take my pen in hand to let you know ...（英語）

　　　　c．ik zal de pen opvatten ... wij laeten uw weten ...（オランダ語）
　　　　d．Jeg skriver dig til for at lade dig vide ...（デンマーク語）
　　　〈あなたに以下のことをお知らせするために，私はペンを取ります〉
（2）a．das wier Eüren Brief in Guter gesundheit Entfangen haben
　　　b．dat wij die briever ... hier in goede gesondhijd ontfangen（オランダ語）
　　　〈私たちが無事あなたの手紙を受け取ったことを…〉
（3）a．hoffe daß der Brief so gesund eintrifft wie er verläßt
　　　b．hoping this will find you in good health as this leaves us all at present（英語）
　　　〈この手紙が私の手を離れる今，この手紙が無事に届くことを祈ります〉
（4）a．hiermit muss ich mein Schreiben schließen
　　　b．Nu maa jeg slutte min korte brev for denne gang（デンマーク語）
　　　〈これで私は手紙を終えなければなりません〉

　定型的な表現には，慣用語法や常套句も含まれる。諺や聖書からの引用句，言い古された決まり文句のような常套句を書き手たちは，とりわけ自己弁護，謝罪，相手を説得するようなコンテクストで使用した。そこに見て取れるのは，このような「真実味のある」ことばがもつ説得力を書き手が一所懸命に利用しようとしていることである。

　文法的な特徴という観点で注目するべきは，古めかしい，ないしは日常語の手紙では普段ほとんどお目にかからないような構造がこれらの手紙文に部分的に見られたことである。例えば慣用句において与格語尾のeが（5），結びのことばにおいては属格目的語支配の動詞がよく使われた（6）。

（5）a．das wir unsere Sachen im stand*e* krichten
　　　〈私たちが私たちの持ち物をよい状態で受け取ったこと〉
　　　b．wer auf Gott vertraut wird nicht zu Grund*e* gehn.

〈神を信じる者は滅びはしない〉
　　c． das mier die Zunge aus dem hals*e* hing
　　〈私の舌がしゃべり立てたこと〉
（6）a． ***Denkt Eures*** Euch ewig liebenden ***Sohnes*** Johann
　　〈あなたを常に愛する息子ヨハンのことを思って下さい〉
　　b． Grüße dortige Freunde & Bekannte die ***meiner*** noch ***gedenken***
　　〈私のことをまだ覚えているその地の友人と知り合いによろしく〉

　手紙の中でさまざまに異なった定型的な表現が折衷的に用いられているのは，いくつもの異なった書簡伝統の流れが不慣れな書き手たちに影響しているからであろう。具体的に何を手本にしてこれらの定型的表現が用いられたのかは，ほとんど解明できない。Fitzpatrick（1994：501-502）が19世紀のアイルランドの移民が書いた手紙に関して確認したことだが，手紙の書き手たちは学校教育において，また家に伝承されている文書の中に定型的表現の手本を見出して，それに教理問答書や説教文，また新聞や大衆向きの書物などにあった表現をさらに書き足して，ことばを立派にしたのである。当時印刷本として発行されていた手紙文例集は，これらの書き手の個人的な文通には比較的小さな影響しか与えなかったようである。19世紀ドイツの市民階級が大事にした高尚な名言成句も，大部分の移民にとってはあまり重要ではなかった。

　文字の形で残されている19世紀の日常語を19世紀の高尚な文章語と比べてみると，言語使用と発展傾向の点で両者には著しい相違があることが最近の研究でわかっている。最近の研究成果によれば，次のような一般的な発展傾向がある。

　19世紀における遠いことば（書きことば）のテクストに統一的な傾向性が見られるのは明らかで，高尚な文章語の諸規則を成文化し，正誤の判断を示してくれる文法書の存在によってこの統一性は促進されている。一方，文字の形で残されている日常語の場合は，文法形式に不統一性が目立つが，この不統一性には特定の方向性がある。すなわち，日常語においては，一つの文法形式にいくつもの機能を担わせて分析的な形式が充実している傾向がある。これは実は，普通によく見られる言語変化のプロセスで

ある。
　進行相および習慣相を表す tun 構文（7）（「不定詞＋tun」，tun は英語の do に相当），肯定ではなく強い否定を表す「二重否定」（8），「所有を表す与格付加語」の使用（9）は，規範的な目によって常に蔑視されてきた統語構造であるが，文字の形で残されている 19 世紀の日常語には頻繁に見られる。

　　　（7）***Essen*** und ***Trinken thun*** wir hier, ...
　　　　　〈食べたり飲んだり，私たちはここでしてる〉
　　　（8）***kein*** Geld kann ich weiter ***nicht*** aus geben ...
　　　　　〈これ以上金を遣うことなんかできねえ〉
　　　（9）***dem Lotiig*** sein Schwager Heinrich Kohl dem geht es sehr gut.
　　　　　〈ロティヒの義理の兄，ハインリヒ・コール，奴はとても元気だ〉

これらの構文の起源は古いが，規範的な文法や文体論によって誤りという烙印をずっと押されてきた。にもかかわらず，これらの構文は日常語のなかで使用され続けてきたのである。これらの構文は今日でも，コンセプトとしての話しことば性の高いテクストに見られ，話された音声メディアのなかだけでなく，書かれた（ないしはキーボードで打たれた）文字メディアのなかでも一部見られる。誤りという烙印を押された形式のなかに，現代まで残っているものと，途中で消え去ったものとがあるのはなぜであろうか。文法形式の場合，当該の文法形式がどれくらい頻繁に用いられたか，卓越性があったのか，どれほどの機能性があったのかが，淘汰の過程において決定的な要因であったと推測される。ただし，正確に答えるためには，さらなる通時的な個別調査と，それに基づいた比較研究が必要である。
　19 世紀の近いことばのテクストを分析したところ，日常語に起源をもち，今日の日常語にまで残っている新しい形式が見出された。例えば am 構文（10）（am＋不定詞＋sein という構文，英語に当てるならば，be＋at＋the〜ing），接続詞 weil 等の後の定動詞第二位（11）（標準では定動詞後置），また不連続な代名詞的副詞（davon〈それについて〉という代名詞的副詞が，文中で da ... von もしくは，da ... davon のように離される）

などがそうである。

 (10) Wir ***sint*** jetz auf der Eisenbahn ***am Arbeithen***
   〈私たちはいま，鉄道で働いてる〉
 (11) ***weil*** das ***ist*** nuhr meine freude …
   〈これは，単なる私の楽しみなんで……〉

これらは，19世紀の遠いことば（書きことば）のテクストには出現しないので，19世紀のドイツ語記述においては「存在していなかった」ことになっている。

　以上のような調査結果から明らかなのは，「下からの言語史」が現代ドイツ語の発展傾向やバリエーションを記述し説明する上できわめて重要な意味をもつということである。例えば am 構文による進行形や不連続の代名詞的副詞，あるいは weil の後の定動詞第二位語順が現代ドイツ語において出現する状況を説明しなければならなくなった時に，文法書はなかなかよい説明ができず，漠然とそれは話しことばの影響であるとすることが多い。現代語の構造や発展傾向を説明する目的で歴史社会言語学の知見を活用しようとする場合（例えば Nevalainen & Kahlas-Tarkka 1999 と Beal 2007 を参照），「下からの」テクストは欠かすことができない。Ágel（2001）は，現代語の記述が言語史的な記述と整合的であることを要請している。

 言語学的記述（説明）は，記述（説明）されるべき現象の歴史の記述（説明）と合致するものでなければならない。文法構造に関して言えば，現在の文法構造の記述（説明）が当該の文法構造の歴史の記述（説明）と合致するときに，現在の文法構造の記述（説明）が実行可能となる。（Ágel 2001：319）

4. 展望

　以上，19世紀のドイツ語を例として見てきたわけであるが，「下からの言語史」というものがそれ以外の時代についても記述可能であるのかという疑問が当然わいてくるであろう。近年，「下からの」のアプローチを初

期新高ドイツ語期（Graser 2011，Graser & Tlusty 2012）や古高ドイツ語期（Ernst & Elspaß 2011）に，またさらにはスカンジナビア語の歴史（Schulte 2008, 2009）に適用した研究が出て来ている。

　言語史研究者と社会史研究者との共同研究である Graser & Tlusty (2012) は，初期近世のヨーロッパにおいて最も重要な都市のひとつであったアウクスブルクのテクストを分析している。具体的には 16・17 世紀の誹謗の歌，嘲笑の歌，風刺文書，短い認可状，飲み屋の勘定書き，ユダヤ人通行許可書などである。これらのテクストによって，当時アウクスブルクに住んでいた広い住民層の読み書き能力がわかるとともに，従来は書籍印刷（Fujii 2007 等）に関してしか解明されていないアウクスブルクにおける初期新高ドイツ語の統一性と不統一性に関しての事情が明らかになる。

　Ernst & Elspaß (2011) によれば，古高ドイツ語は，「文章語としてはラテン語（これが遠いことばであることは明白）が支配し，民衆語には今日の標準語に少しでも匹敵するようなドイツ語の『遠いことば』の変種が欠けており，また文字化の状況も特別であることからして，総体として『近いことば』性が強いと考える必要がある」(Ernst & Elspaß 2011：274)。ラテン語テクストの行間に書かれた古高ドイツ語による注釈には，音声的・書記素的バリエーションが見られるが，これらは実際に話されたことばを文字化したものであり，「中高ドイツ語への発展史という観点からは進歩的な性質をもつとみなすことができる」(Ernst & Elspaß 2011：271-273)。

　Schulte (2009) の研究によると，古形として 24 個あったルーン文字（フサルク）が初期のノルド語で 16 個に削減されたのは，研究文献で長い間言われてきたような意図的な「ルーン文字改革」，つまり「上からの」介入ではない。それよりはむしろ，この削減は音素配列論レベルの変化に基づく「段階的なプロセス」として生じたものであり，このプロセスによって「書記素体系の多機能性が組織的に拡張されることとなった」(Schulte 2009：247)。

　「下からの言語史」に関する今までで最大のプロジェクトは，17・18 世紀のオランダ語史に関するものである。このプロジェクトは，約 1 万 5 千通の私的な手紙のうち約千通を分析している。プロジェクト名は「戦利品

としての手紙」で，ライデン大学で行われている（van der Wal 2006, Nobels 2013, Simons 2013 を参照）。現行のプロジェクトとしてもう一つ挙げるべきは，ブリストル大学（イギリス）とフレンスブルク大学（ドイツ）における共同研究「19世紀のシュレースヴィッヒ＝ホルシュタインにおける言語コンフリクト——言語交替，言語変化，言語政策」である。このプロジェクトでは，シュレースヴィッヒ＝ホルシュタイン地域における低地ドイツ語，デンマーク語，フリジア語，高地ドイツ語の使用状況と地位に関して，とりわけ「下からの」史料を使って解析が行われている。

　ハンドブックへの寄稿である Schneider（2002：75-77）と Elspaß（2012：162-163）には，「下からの」研究が可能である私的文書のコーパスおよび関連研究についての概観が示されている。そこにはまだ掲載されていないコーパスの計画を挙げておくと，ヘルシンキ大学の「スコットランド書簡コーパス（*Corpus of Scotish Correspondence*）」（CSC）と，エストレマドゥーラ大学（スペイン）とベルゲン大学（ノルウェー）の「アイルランド英語書簡コーパス（*Corpus of Irish English Correspondence*）」（CORIECOR）がある。

　最後に総括をしておこう。歴史社会言語学的研究にとって，「下からの言語史」という観点は必須のアプローチである。今日の文化言語が標準語を獲得するに至るプロセスの「下」もしくは「向こう側」で起こっていた言語発展を知るには，そのような「下からの」テクストに特別な価値がある。この種のテクストは豊富に伝承されているにもかかわらず，言語史研究によって長い間注目されないまま，いわば記録文書館のなかに眠っていたが，このような「下からの」テクストを掘り起こして初めて，近世の言語史に関する「もう一つ別の」見方が可能となるわけである。

◆第4章◆
山東京伝の作品に見るスタイル切り替え
音便形・非音便形を事例に

渋谷勝己

1. はじめに

　話しことばでは，会話の相手や，会話が行われている場面，話題，発話行為などによって，話し手がその使用するスタイルを切り替えることはよく知られている。また，誰もが日常的に経験することでもあるので，イメージしやすいだろう。

　一方，このようなスタイルの切り替えは，書きことばにも観察されるものである。たとえば，われわれは，大学のレポートを書くときや，多人数に宛ててサークル関係のメールを書くとき，一人の友人にプライベートなメールを書くとき，日記を書くときなどで，やや違ったことばを使うことがある。同様にして，過去に日本語を使用してさまざまな書記活動を行った人々も，多様なスタイル（文体）を駆使してそのような活動に従事した〔⇨第2章参照〕。

　この章では，ことばのバリエーションを研究の対象とする歴史社会言語学の課題群のなかから，2つめのケースとして，江戸時代後期に著作活動を行った書き手がもっていた言語変種，すなわち書きことばのスタイルにスポットライトを当てて考えてみることにしよう。

　江戸時代後期に活動した作者は，漢文や古文（和文・和漢混淆文など），当代語（後期江戸話しことば）などの能力をもち，それらを巧みに活用しつつ著作活動を行った。たとえば次の3つの文章は，本居宣長（1730～1801，伊勢松坂生まれ）が書いたものである[1]。

(1) 天地は，阿米都知(アメツチ)の漢字(カラモジ)にして，天(アメ)は阿米(アメ)なり，かくて阿米(アメ)てふ名義(ナノココロ)は，未(イマ)ヾ思(シヒ)ヒ得ず。抑 諸(モロモロ)の言(コト)の，然云本(シカイフモト)の意(ココロ)を釋(トク)は，甚(イトカタ)難きわざなるを，強(シヒ)て解(トカ)むとすれば，必僻(ヒガ)める説の出来(イデク)るものなり。

(古事記伝三之巻，神代一之巻)

(2) すべてゐなかには，いにしへの言ののこれること多し。殊にとほき国人のいふ言の中には，おもしろきことどもぞまじれる。

(玉勝間七の巻 ゐなかにいにしへの雅言ののこれる事)

(3) 歌ト云物ハ人ノ心ガタネニナツテ イロイロノ詞ニヽナツタモノヂヤワイ

(古今和歌集序遠鏡)

(1)の『古事記伝』は古典研究（註釈），(2)の『玉勝間』は随筆，(3)の『古今集遠鏡』は『古今和歌集』を当代語に訳したものである。

本章では，このように多様なジャンルの作品を残した江戸後期の作者のなかから，洒落本(しゃれぼん)や読本(よみほん)，黄表紙(きびょうし)，合巻(ごうかん)などの作品（2.3参照）を著した山東京伝（2.1参照）をケースとして取り上げて，その書きことばの実態を見てみることにしよう。一人の作者が行ったことばの切り替え（使い分け，書き分け）という視点を前面に出して，そのスタイル切り替え事象を捉えることを試みる。具体的には，以下のような問題を課題として設定する。

(a) 山東京伝の，ジャンル（洒落本，読本，黄表紙，合巻）ごとの言語使用の実態を明らかにする。（実態の記述，第2節）

(b) 上の(a)の結果をジャンル間のスタイル切り替えとして把握し，それがどのようなメカニズムで行われているかを分析する。また，同じジャンルや作品のなかでも，たとえば登場人物の属性などによって使用する（登場人物に使用させている）形式を切り替えている場合には，そのメカニズムについても考察する。（スタイル切り替え行動の記述，第3節）

(c) 上の(a)と(b)の記述を踏まえ，山東京伝がもっていたと思われるスタイル能力をモデル化する。（作者のコミュニケーション能力の解明，第4節）

---

1) 以下，引用は本章末尾記載の資料による。以下に取り上げる黄表紙や合巻は，原典ではひらがなを主体として書かれているが，資料の表記によった。ただし，一部変更を加えたところがある。

（d）山東京伝，あるいは一般に当時の作者たちは，その使用することば，とくに日常的に耳にすることのない文語文を，どのようにして身につけたのか，京伝（師）と師弟関係にある馬琴（弟子）の使用することばを比較しつつ，その習得のメカニズムを推測する。（習得メカニズムの解明，第5節）

2. 山東京伝の使用した書きことば

まず，山東京伝の使用したことばの実態を整理してみることからはじめよう。最初に，京伝の生い立ちなど，その使用することばにかかわる背景を確認したあと（2.1），それぞれのジャンルのなかで京伝が使い分けたと思われる言語事象を整理し（2.2），そのなかからとくに五段動詞の音便形・非音便形に注目して，スタイル切り替えの実態を捉えてみることにする（2.3）。

2.1 山東京伝の言語的背景

山東京伝は，本名を岩瀬醒（いわせ さむる），俗称を京屋伝蔵という。1761（宝暦11）年に深川の木場に生まれ，1816（文化13）年，56歳で没している。京伝の祖父信篤は伊勢一志郡の人で，その子（京伝の父親）の信明は幼いときに江戸に移った（『日本古典文学大辞典』岩波書店による。以下，文学関係の記載はこれによる）。京伝は信明が40歳のときの子であり，江戸への移民二世ということになる。こういった状況から判断すれば，京伝は，ある程度の伊勢方言の知識をもっていた可能性があるが，母方言は江戸方言だったと思われる。

京伝が著した作品のジャンルには，以下，本章で取り上げる洒落本，読本，黄表紙，合巻のほかに，風俗・人物・絵画・演劇等の考証を行った著述（『近世奇跡考』『骨董集』など）もある。その他，京伝は，北尾政演の名で浮世絵師としても活躍しており，きわめて多芸の人であった。

2.2 スタイル切り替えが観察される言語事象

京伝は，上にも述べたように，洒落本，読本，黄表紙，合巻などのジャンルにおいて多くの作品を残した。これらの作品のなかで，京伝が，ジャ

第 4 章　山東京伝の作品に見るスタイル切り替え　73

ンル間，作品間，作品内で，何らかのかたちで使い分けた（あるいは無意識のうちに複数の形式を混在させた）と思われる言語事象には，文法形式に限っても，次のようなものがある。一部を除き，基本的には，当代（江戸後期）の口頭語（以下，便宜的に「口語」とする。ハイフンの左）と古典語（以下，便宜的に「文語」とする。ハイフンの右）との使い分けである。

- 動詞の活用：一段動詞―二段動詞，音便形―非音便形
- 形容詞の活用：音便形―非音便形
- 格助詞：デ―ニテ など
- 使役形：セル・サセル―シム
- アスペクト形式：テイル・テアル―タリ・リ・ツ・ヌ
- テンス形式：タ―キ・ケリ
- 比況の助動詞：ヨウナ（ル）―ゴトキ
- 意志の助動詞：ウ・ヨウ―ム・ン
- コピュラ：ダ―ナリ
- 係り結び：不使用―使用，など

本章ではこのなかから，五段動詞[2]の音便形・非音便形の使用実態に注目して，京伝が使用したスタイルの実態の一側面を明らかにすることを試みる。五段動詞の音便形・非音便形は作品のなかでも用例数が多く，また意識的な使い分けができる項目であるので，京伝がどのような社会的，言語的な要因に配慮してスタイルを切り替えたかが比較的捉えやすい項目である。

2.3　スタイルの実態：五段動詞の連用形を事例に

以下，本項では，はじめに京伝が使用した音便形と非音便形を体系面から整理したあと（2.3.1），洒落本，読本，黄表紙，合巻の順に，その使用実態を見てみることにする（2.3.2～2.3.4）。ただし，この順番は，必ずしも京伝がそれぞれのジャンルの作品を書き表した年代を反映するもので

---

[2]　読本などには「四段動詞」と呼ぶべき実態があるが，ここでは「五段動詞」という用語に統一する

はない。もっとも多くの口語形式が使用されているジャンル（洒落本），もっとも文語形式が優勢なジャンル（読本），その中間（黄表紙，合巻）の順に配列した。歴史社会言語学的にはさまざまな形式が混用される黄表紙や合巻のことばを分析するのがおもしろいのだが，ここではそれぞれの形式を使用した理由が比較的理解しやすい洒落本と読本を中心に分析を行い，黄表紙と合巻については実態のみを観察しておこう。

なお，本章では，とくに断らない限り（例外は4.2），音便形と非音便形が対立する環境で用いられる連用形のみを便宜的に「連用形」と呼ぶことにする。「書キ（ツツ）」「書キ（中止形）」なども連用形ではあるが，この環境で音便形が使用されることはないので，本章のいう連用形には含めない。

2.3.1　山東京伝の使用した連用形

京伝が使用した五段動詞の連用形には，つぎのような形式がある（例は，音便形—非音便形の順）。それぞれの動詞のタイプごとに，テに続く形をあげる（下接形には，テのほかに，タ，タリ・タルなどがある）。

- イ音便動詞：行クを除くカ行動詞（書イテ—書キテ），ガ行動詞（凪イデ—凪ギテ）
- 促音便動詞：行ク（行ッテ—行キテ），タ行動詞（勝ッテ—勝チテ），ラ行動詞（切ッテ—切リテ）
- 撥音便動詞：ナ行動詞（死ンデ—死ニテ），マ行動詞（読ンデ—読ミテ），バ行動詞（並ンデ—並ビテ）
- 促音便・ウ音便動詞：ハ行動詞（笑ッテ・笑ウテ—笑ヒテ）

促音便・ウ音便動詞（本章ではハ行五段動詞をこのように呼ぶ）については，促音便形（笑ッテ）・ウ音便形（笑ウテ）・非音便形（笑ヒテ）の3つが使用されている。なお，サ行動詞については，調べた範囲においては，『平家物語』から引用された箇所を除いてイ音便形は使用されていなかった（あとに述べる曲亭馬琴も同じ）。したがって，サ行イ音便形は京伝の知識にはあっても，使用形式ではなかったようである。

2.3.2 洒落本

　最初に，洒落本のことばを見てみる[3]。本章で取り上げる作品は，『通言総籬』(1787)，『傾城買四十八手』(1790)，『錦之裏』(1791) の 3 作品である。洒落本には，遊里における客と遊女のあいだのやりとりを描いたものが多い。内容は当時の風俗をうがつもので，基本的には次のような口語文で書かれている。以下は，遊郭（店）ごとのはやり言葉について登場人物が述べている箇所である（〔　〕内は筆者。その記載にあたっては資料の注を参照したところがある。以下同様）。

> （4）はやり言葉もあぢなものだ。ちよつといいだすとむしやうにはやるよ。此ごろのはやりは扇屋の「きかふさん〔初回で名前のわからない客〕」。丁字やが「はてな」，「ぶしやれまいぞ」，「おたのしみざんす」。松ばやが「じやあおつせんか」。玉やの「おにのくび」，大文字やの「しらアん」もよくいふよ。「さま」といふ事を「せ」といひやす。（通言総籬）

　表 1 に，これうの洒落本のなかで用いられた連用形を示した（作品名は一部省略して示す。以下同様）。

　この表および個々の例からは，次のことが理解できる。

　（a）洒落本においては，会話文，地の文ともに，基本的に音便形が使用されている。

---

[3] 用例の分類と整理に当たっては，以下の方針を採用した。以下の表でも同様の措置をとっている。
- 動詞の活用タイプは，上に記した分類・名称を使用する。
- 音便形の表記には，たとえば「笑フテ」と「笑ウテ」，「笑ヒテ」と「笑イテ」などのゆれが見られるが，前二者をウ音便形，後二者を非音便形としてまとめ，ここではその区別は行わない。
- 用例は，会話文と地の文にわけて示す。なお，両者を含むカテゴリー名として，本章では「モード」という用語を採用する。
- 用例数が少ないことから，便宜的に，心内表現は会話文に，手紙は地の文に含めた。
- 他の書物からの引用部分，および，「書て」「付て」など音便形か非音便形かが不明のものは省いた。
- 「～において」や「～をもって」などの複合格助詞については個別的な特徴が観察されるので，別に取り出して整理する (2.3.5)。

表1　洒落本の連用形

	動詞\モード	イ音便動詞		促音便動詞		撥音便動詞		促音便・ウ音便動詞		
		イ音便形	非音便形	促音便形	非音便形	撥音便形	非音便形	促音便形	ウ音便形	非音便形
総籬	会話文	12		88		2		26		
	地の文	17		26	1	3		5		1
四八手	会話文	14		41		3		30		
	地の文	18		40	4	7		11	2	
錦之裏	会話文	8		60		3		16	1	
	地の文	10	2	19	2	8		9		1
合計	会話文	34		189		8		72	1	
	地の文	45	2	85	7	18		25	2	2

（b）わずかに用いられた非音便形はすべて地の文で使用されているが，その使用された理由は作品によって違いがあるようである。

(b-1) 『総籬』の2例は，「七ツのひやうし木もなりて時うつり」「玉やにては，もふ大戸をあけ，こうしをきれいにあらいて」のように，状況を説明する地の文で用いられたものである。ただし，状況説明文には基本的に音便形が使用されているので，ここでは，前後の連用中止形という文章語的な形式と合わせて，とくに場面が切り替わることをフォーマルにマークしたものかもしれない。

(b-2) 『傾城買四十八手』では，「評ニ曰（いはく）」として一座のやりとりが終わったあと，その内容についての京伝の評価が示されるところで使用されている。この部分はそもそも文語が基調となっている。

(b-3) 『錦之裏』では，「〜ト口々にわめきて」「おしろい所々に雪のきへのこりたるがごとし」「是も此里にかぎりたることばなり」「所々べにのつきたる，さらしの手ぬぐい」「ゆふべ人めをうかがいて，〔男を〕二かいへ上ゲ，戸棚へかくせし折わるく」のように，やはり状況説明の地の文において使用されている。タリ，ゴトシ，ナリ，中止形等が共起している例が目立つが，複数の文語形式を使用して，（作品全体ではなく，作品の当該箇所だけの）ローカルな表現効果（厳かさ，あるいはその逆として，些細な出来事を描くのに厳かさを持たせる形式を使用することからくる滑稽さなど）を意図しているものと思われる。

2.3.3 読本

次に，読本，『昔話稲妻表紙』(1806) の実態を見てみよう。読本とは近世小説のひとつの様式であり，絵本に対置されるものである。絵も挿入されるが，文章を主とし，勧善懲悪，因果応報などを説くものが多い。文章には，いわゆる雅俗折衷の和漢混淆文が用いられている。次のような文章である。

(5) 今は昔人皇百三代，後花園院の御宇，長禄年中，足利義政公の時代，雲州尼子の一族に，大和の国を領す，佐々木判官貞国といふ人ありけり。兄弟二人の男子をもてり。兄は桂之助国知といひて，今年二十五才なり。弟は花形丸とて十二才なり。

(巻之一冒頭)

この『昔話稲妻表紙』で使用された動詞の連用形を整理すると，表2のようになる。

この表および個々の例から理解できることは，次のことである。

(a) 基本的に非音便形が使用され，音便形はごくまれに使用されるにすぎない。これは，先の洒落本の特徴とは対照的である。

(b) 音便形は会話文，地の文の両方で使用されているが，以下のような場合に用いられている。

(b-1) イ音便形が使用されている5例は，抜イテ3例，ソムイテ1例，泣イテ1例である。このうち抜イテはすべて「刀を抜いて」の例である。一方，抜クの非音便形は抜キテが1例，引キ抜キテが1例使用されているが，これらは「一刀を抜きて」「首引き抜きて」の形で使用されている。次の例では，非音便形と音便形が近接して使用されており，少なくとも抜イテについては，「刀を抜いて」の固定した形で使用されていること

表2 読本の連用形

動詞 モード	イ音便動詞		促音便動詞		撥音便動詞		促音便・ウ音便動詞		
	イ音便形	非音便形	促音便形	非音便形	撥音便形	非音便形	促音便形	ウ音便形	非音便形
会話文	2	28	1	142		12		2	38
地の文	3	112	4	252		56		8	95

（6）なむ右衛門手ばやく息杖に仕こみたる_て，刀を抜て相むかひ
(巻之三 10)

(b-2) 促音便形については顕著な傾向は見出されないが，「虚空をにらみて立つたりけり」「火花ぱつと飛散たり」「泥助がさぐりよつたる刀のきつさき，三郎左衛門が刀に丁ど打合」のように，戦いの場面での使用が多い（ただし，戦いの場面では音便形のほうが多用されるということはない。非音便形のほうが多用されている）。

(b-3) 促音便・ウ音便動詞（ハ行五段動詞）については，京伝の全作品のなかでは促音便形・ウ音便形・非音便形の3項対立だが，この作品では促音便形の使用がない。音便形はウ音便形が排他的に使用されている。ウ音便形は，古典では使用される形式であるが，当時の江戸口頭語ではほとんど使用されることがない（表1の洒落本の用例分布参照）。それに対して江戸の口頭語形式である促音便形は，古典では一部を除いて使用されることのない東日本の方言形式であるので，読本に使用する形式としては相応しくないと考えたのだろう。なお，本作品で使用されるウ音便形（10例）は，アフテのようなテ形3例のほかは，ムカフタリ（2例），ウチアフタリ，オモヒアフタル，ウシナフタルのような助動詞タリが後接した形，あるいは「いかほどいふてもかへらぬ事」，「ねがふてもなき幸也」のようなテモが後接した形が使用されている。これは，非音便形がテ形に偏って使用されているのとは対照的である（133例中123例。残り10例はタリが後接）。ウ音便形は，その出来事をとくに浮き立たせるといった談話構成的な機能や（タリが後接した場合），事態に対する話し手（作者）の評価といったモーダルな意味（テモが後接した場合）を担う有標形式と考えるべきであろう。

2.3.4　黄表紙および合巻

黄表紙と合巻のことばも見ておこう。

まずは黄表紙である。黄表紙は，それに先行する赤本，黒本，青本（いずれも表紙の色による命名），および，黄表紙が長編化した合巻とともに，草双紙と呼ばれるジャンルを構成する。黄表紙は，表紙と本文5丁（紙5

枚）を 1 冊とし，3 冊程度から成るもので，毎丁絵を大きく描いて，その周辺（余白）に説明的な文（詞書。以下，便宜的に「本文」とする）と登場人物等のセリフ（同じく「吹き出し」とする）がおもにひらがなで書かれるといった体裁をとっている。内容的には風俗や世相を滑稽にまた批判的に描いたものが多く，社会的な評価は，文章を主体とする読本などの本格的な読み物よりも低い。例（7）は，寛政の改革によって朱子学の教えが広まり，よい行いをする人（ここでは（追剥ぎに対する）追剥がれ）が増えたということを皮肉を込めて描いている部分である（上 4 行が本文，その下が吹き出し）。

（7）大音寺前なぞは物騒になり，夜ふけになると，追剥がれといふもの出でて，ゆききの人をまちうけ，とつつかまへて，おのれはまつ裸になり，衣服・大小〔の刀〕・金銀をくくしつけて〔無理におしつけて〕にげる。
　　（追剥がれ）「追剥がれといふものは，さてさてはりあいのないものだ。こふしたところが，別ァねへ〔なんのことはない〕，丁半のくずれ〔丁半ばくちに負けた者〕が駈っ込み訴訟にゆくようだ〔急を要する訴訟で，直接奉行所に訴えるもの。走って逃げるさまをたとえたもの〕」。（略）
　　（しばられた男）「金銀は申うけましやうが，せめて衣服・大小は御免なさりまし。かなしやかなしや。もうしもうし。」
（孔子縞于時藍染）

表 3 に，京伝の黄表紙 7 作品で使用された連用形をまとめた。取り上げた作品は，『米饅頭始』（1780），『御存商売物』（1782），『江戸生艶気樺焼』（1785），『三筋緯客気植田』（1789），『孔子縞于時藍染』（1789），『玉磨青砥銭』（1790），『心学早染艸』（1790）である。なお，黄表紙と合巻の会話文については，本文に埋め込まれた部分と吹き出しの部分を分けずに示している。

この表からは，先の洒落本や読本と異なって，音便形と非音便形が混在していることが見て取れよう。

この両形式の混在ということは，合巻でも同じである。合巻は，寛政の改革（1787〜1793）を経て敵討ちなどを題材にとるようになった黄表紙が

表3　黄表紙の連用形

	動詞	イ音便動詞		促音便動詞		撥音便動詞		促音便・ウ音便動詞		
	モード	イ音便形	非音便形	促音便形	非音便形	撥音便形	非音便形	促音便形	ウ音便形	非音便形
米饅頭	会話文			4		1		1	1	
	地の文			1	6					1
商売物	会話文	1		4		1			1	
	地の文	4	1	6	1	1		1	1	
江戸生	会話文	6		9		1		4		
	地の文	6	2	5	1	1	1	3		1
三筋緯	会話文	5		25				9		
	地の文	6		11	3	4		7	4	1
孔子縞	会話文	2		9		1		7	1	
	地の文	2		3	2			1		
青砥銭	会話文			8		2		5		
	地の文	1		7			2	6		
心学	会話文	3		4				1	1	
	地の文		1	9	2	3	1	5	3	
合計	会話文	17		63		6		27	4	
	地の文	19	4	42	15	9	4	23	8	3

自然と長編化し，何冊かを合冊するようになったものである。したがって，文章の構成（本文と吹き出し）などは黄表紙と類似するが，黄表紙よりも本文の部分（会話を含む）が長くなっている。次のような文章である。

　　（8）外記左衛門，〔先祖伝来の主君の刀を盗まれて〕申訳立難くとや思ひけん，ある夜，書置を残し，切腹して相果てぬ。人々の嘆き言葉に尽くされず。殿これを聞給ひ，我が言ひ付けを待たず切腹せしは，益々粗忽なりとて，家財を取上げ，外記左衛門が妻片瀬，久方・丹二郎・雪野〔外記左衛門の子と孫〕らを阿房払ひ〔着の身着のまま追放すること〕にぞせられける。
　　（丹）「お唸り声で気が付きました」

第 4 章　山東京伝の作品に見るスタイル切り替え　81

表 4　合巻の連用形

	動詞	イ音便動詞		促音便動詞		撥音便動詞		促音便・ウ音便動詞		
	モード	イ音便形	非音便形	促音便形	非音便形	撥音便形	非音便形	促音便形	ウ音便形	非音便形
於六櫛	会話文	2		12	4	2	1	3	3	2
	地の文	3	10	3	36		9		2	13
衛玉川	会話文	3	2	17	11	1	1	1	3	3
	地の文	6	14	2	33		8	2	1	16
安積沼	会話文	5	1	20	4	2		1	3	2
	地の文	4	11	5	30	1	6			8
岡崎	会話文	1	2	15	2	1	2	1	4	2
	地の文	4	8	4	46		9		1	12
合計	会話文	11	5	64	21	6	4	6	13	9
	地の文	17	43	14	145	1	32	2	4	49

（片）「まだ息があらば，せめて一言，言葉を交して下されいのふ」
（久）「お母様，こりやまあ夢ではござりませぬか。悲しや悲しや」

(於六櫛第二巻)

　表 4 に，合巻の連用形の使用実態を示す。ここでは，『於六櫛木曾仇討』(1807)，『敵討衛玉川』(1807)，『安積沼後日仇討』(1807)，『敵討岡崎女郎衆』(1807) の 4 つの作品を取り上げた。

　表 3（黄表紙）と表 4（合巻）を比べれば，黄表紙に使用された連用形の実態は洒落本に近く，合巻のそれは読本に近いことが見て取れる。

2.3.5　複合格助詞

　最後に，使用傾向が異なるために表 1 ～表 4 の用例数からは除外した，複合格助詞（「格助詞＋動詞＋テ」のように複数の形式が結びついて 1 つの格助詞のように使用されるもの）の用例分布を見ておく。表 5 のような分布状況である（他に合巻に，「～にいたりて」の非音便形 1 例（地の文）などがある）。

　この表からは，次のようなことが理解できよう。

表 5 複合格助詞の実態

動詞		イ音便系				促音便系			
		〜につきて		〜におきて		〜をもちて		〜によりて	
	モード	音便形	非音便形	音便形	非音便形	音便形	非音便形	音便形	非音便形
読本	会話文		3	3	3	26			10
	地の文		2	3	2	15			4
洒落本	会話文			1					
	地の文			1					
黄表紙	会話文								
	地の文					2			
合巻	会話文		1			1			1
	地の文		2			4		3	1
合計	会話文		4	4	3	27			11
	地の文		4	4	2	21		3	5

（a）「〜につきて」の非音便形，「〜をもちて」の促音便形（〜ヲモッテ）が排他的に使用されていて，それぞれ，イ音便形や非音便形とのジャンルごとの使い分けがない。

（b）一方，「〜におきて」は，読本では会話文，地の文ともに音便形と非音便形が併用され（洒落本では音便形のみが使用される），「〜によりて」は非音便形が専用されるが，合巻では音便形も使用されている。

以上，山東京伝の使用した連用形を整理したところで，この実態に，歴史社会言語学的な観点から分析を加えてみよう。ここでは，京伝の行ったスタイル切り替え（第3節），京伝がもっていたスタイル能力（第4節），スタイルの習得（第5節）の3つのトピックを取り上げる。

3. 山東京伝のスタイル切り替えのメカニズム

最初に，第2節の実態を，京伝が行ったスタイル切り替えという観点から捉えてみることにしよう。

表1〜5に示したように，京伝は，音便形もしくは非音便形のいずれか一方を作品ごとに排他的に使用しているのではなく，同じ作品のなかに混

在させている。では，その使い分けの基準や動機，要因は何であろうか。

　京伝を含めて当時の作者は，あるいは今日の作者も，最初に身につけるのは日常的な話しことば（vernacular）である。一方，書きことばは，読み書きを学ぶなかで文字とあわせて習得するもので，いわば第二言語に相当するものである（第5節参照）。

　本章で分析の対象としている音便形は，当時の話しことばで日常的に使用する形式であり，幼少時から言語を獲得するなかで身につけたものである（日本語の歴史のなかで音便形は平安時代初期から用いられはじめ，江戸後期においてはすでに一般化している）。一方，非音便形は書きことばを習得するなかで身につけたもので，ある程度意識的に使用する言語形式であったと思われる。したがって，第2節で見た実態については，（ウ音便形を除く）音便形が京伝のもっとも使い慣れた，その使用がいわば自動化された形式であり，非音便形（およびウ音便形）は意識的に使用する形式である。逆にいえば，読本のような非音便形を基調とするジャンルの作品を執筆する過程においては，意識が及ばない/途切れたところ，あるいは習得が十分でないところに，当時の日常語である音便形が入り込む（転移する）といったことが起こりうる。

　さて，このことを念頭においたうえで，京伝が使用した音便形，非音便形の実態を見直すと，その使用には，次のようなタイプがあると思われる。

　　（a）ある要因/基準によって両者を意識的に使い分ける場合。
　　（b）無意識のうちに能力的に優位なスタイルの形式（音便形）が入り込む場合（読本に散発的に用いられる音便形のいくつかはこの例かもしれない）。
　　（c）慣用的に音便形か非音便形のいずれか一方の形式しか使用しない場合，あるいは非音便形の習得が十分でないために音便形しか使用しない場合（複合格助詞の〜ヲモッテなど）。

　このうち，無意識のうちにスタイルが切り替わる（b）と，スタイルの切り替えということがかかわらない（c）はおくとして，歴史社会言語学的にもっとも興味のある（a）について，どのような切り替えのメカニズムがうかがわれるだろうか。京伝は，次のようなレベルを複合的に考慮

して，音便形，非音便形のいずれかの形式を選択しているように思われる。

 (a-1) ジャンル（洒落本・読本・黄表紙・合巻）
 (a-2) モード（会話文，地の文）
 (a-3) とくに会話文における話者属性（男女，年齢，階級など）
 (a-4) 文章のそれぞれの箇所におけるローカルな表現効果

このうち（a-1）は作品全体に適用されるグローバルな制約である。前節で見たように，洒落本ではほぼ排他的に音便形を使用しているのに対し，読本ではほぼ排他的に非音便形を使用していた。

（a-2）も作品の多くの箇所にかかわる比較的グローバルな制約である。たとえば黄表紙と合巻では，音便形と非音便形がやや混在的な姿を呈しているが，そのなかでも吹き出し部分（会話文）においては基本的に音便形が使用されており，（a-2）のモードによる使い分けが見られる（ただし本文においてはそれほど明確な使い分けは見出せない。本文の会話文においてはむしろ非音便形が優勢で，ここでは（a-2）の制約は機能しないようである）。

一方，（a-3）の話者の社会的属性を表示するための形式の選択や，（a-4）のローカルな表現効果を求めての形式の選択は，作品全体のなかでは局所的に行われるものである。（a-3）は，連用形についてはそれほど明確には現れないが，先の洒落本の例（4）の話し手がどのような属性をもつかがことばから推測できるように，会話文の文末などに明確に現れる。また，（a-4）のローカルな表現効果については，2.3.2や2.3.3の（b）項で指摘した。

（a-1）と（a-2）は，作者の自由にはなりにくい執筆上の慣習的制約要因であり（第1章2.3節のわきまえやドメインによる変種の選択に類似する），一方，（a-3）と（a-4）は作者の裁量において独創性を発揮できるところである（同じくアコモデーション，オーディエンス・デザインなどに類似する）。京伝を含め，それぞれの作者は，以上のような少なくとも4つのレベルの切り替えを巧みにこね上げて，それぞれの作品のグローバルな，またローカルなスタイルを創り上げたものと思われる。

4. 山東京伝のスタイル能力

次に，第2節と第3節の分析をベースにして，本節では，京伝のもっていたコミュニケーション能力，そのうちでもスタイル能力とはどのようなものであったのか，その一端を推測してみることにしよう。

4.1 スタイル能力とは

Canale & Swain（1980）によれば，ある言語を適格かつ適切に運用する言語使用者は，次のようなコミュニケーション能力（communicative competence）をもっているという（コミュニケーション能力の他の分類については Bachman 1990：ch.4 参照）。

① 文法能力（grammatical competence）
② 社会言語能力（sociolinguistic competence）
③ 談話能力（discourse competence）

このうち音便形と非音便形の使い分けにかかわる能力は②の社会言語能力であり（①の文法能力は適格な文を作る能力，③の談話能力は文を適切に連鎖させて談話やテキストを構成する能力である），そのなかでも，さらに次のように下位区分したときの，

②-1 語用能力（発話行為能力，含意推論能力など）
②-2 変種能力
　②-2-1 （地域・社会）方言能力（話者の属性等と相関する変種についての能力）
　②-2-2 スタイル能力（聞き手や場面，ジャンル等と相関する変種についての能力）

②-2 の変種能力である。この変種能力をめぐっては，（ア）言語使用者の頭のなかには，それぞれの変種がどのような情報とともにどのようなかたちでストックされているかという心理的な問題と，（イ）そのようにストックされている変種が，会話や執筆活動のなかで具体的にどのように運用されるのかという社会心理的な問題がある。次に，この問題について考え

てみることにしよう。

4.2 スタイル能力のモデル

ここでは，音便形，非音便形の対立がある動詞の連用形だけに限定せず，京伝がもっていた動詞連用形の知識一般（五段動詞，一段・二段動詞や変格活用動詞の連用形全般）に考察の対象を広げることにする（ただしここでも，「書キツツ」「書キ（中止形)」などの形式は除外する)。京伝は，連用形について，次のような知識をもっていたと思われる。テ形を例にして示す。

〔五段動詞〕
　書ク：書イテ・書キテ
　指ス：指イテ・指シテ（ただし前者は理解語）
　勝ツ：勝ッテ・勝チテ
　読ム：読ンデ・読ミテ，など
〔一段・二段動詞〕
　着ル：着テ
　寝ル：寝テ
　起ク：起キテ
　開ク：開ケテ，など
〔変格動詞〕
　来ル：来テ
　スル：シテ

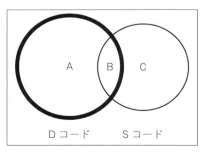

図1　京伝のスタイル能力

これらの知識についての京伝の能力をごく模式的に示せば，図1のようになる（このモデルの詳細は渋谷2008，2013など参照)。ここで，太線のD（Dominant）コードは話者のもっとも強いコード（無意識に使用可能な日常生活のことば，母変種)，細線のS（Subordinate）コードは弱いコード（あとで学習によっ

第4章　山東京伝の作品に見るスタイル切り替え　87

て習得した，意識的に使用しなければならない第二変種など）のことである（図では2つのコードだけを示してあるが，3つ以上のコードをもつケースが一般的である）。この能力モデルを参照枠として，京伝が使用した連用形を整理すれば，次のように考えることができる。

- DコードやSコード（正確にはそれぞれのA部分とC部分）は，京伝の頭のなかに，社会的にニュートラルなかたちでストックされているのではなく，それまでに経験した言語習得や（執筆活動を含む）言語行動の結果，ある社会的な情報が焼きつけられてストックされているものである。
- 音便形はDコードのA部分に属し，洒落本で多用されるインフォーマルな形式である。一方，非音便形はSコードのC部分に属し，読本で多用されるフォーマルな形式である。両ジャンルで京伝は，両形式を，基本的にわきまえ的に使用している。
- しかし，一方で京伝は，両ジャンルにおいて，先に第3節（a-2）〜(a-4) としてあげたような，モード（会話文，地の文），話者の属性（階層，性，年齢，出身地，アイデンティティなど）やローカルな効果を表示するところとして，当該ジャンルの非主流形式（洒落本における非音便形，読本における音便形）を創造的に使用しているところがある。本章では立ち入ることはしなかったが，音便形と非音便形を混用している黄表紙と合巻では，音便形と非音便形が，さまざまな社会的な意味を担うものとして，さらに自在に活用されていることが推測される。
- なお，図のB部分は，DコードとSコードが共用している部分であり，動詞連用形については一段・二段動詞や変格動詞の連用形がここに属する。この部分はすべてのタイプの書きことばに汎用される部分であり，スタイル切り替えにはあずからない。

最後に，1点，このモデルについて補足しておく。図のA，B，Cの部分や，AとCの形式に焼きついた社会的な情報は，新たな言語データ（古典語文献や同時代の他の作者が書いた作品など）に触れたり，さまざまな言語行動（執筆活動）を行うなかで，変更が加えられていく（再構築されていく）といった性質をもつものである。たとえばCの部分を例に

すれば，京伝がもっていた古典語動詞の語彙目録はさまざまな古典に接するなかで拡大したであろうし，京伝がウ音便形などに担わせている社会的な意味も，執筆経験を積むことによって変化した可能性がある。図1に示したスタイル能力は，動的に捉える必要がある。

5. スタイルの習得

では，京伝をはじめとする江戸の人々は，そもそも，図1のSコード，そのなかでもとくに日常生活のなかであまり使用することのない，読本や黄表紙，合巻等で使用される文語（C部分）を，どのようにして身につけたのだろうか。

ここでその一端を探るための基礎的な作業として，京伝と師弟関係にあり（京伝が師匠），後には競い合うこととなった曲亭馬琴（1767-1848，江戸深川生まれ）が用いたことばと比較してみることにしよう。ここでは，多彩なことばが用いられているために作者の個性が出やすい合巻を取り上げる。

表6に，表3で取り上げた京伝の合巻4作品と，馬琴の合巻『牽牛織女願 糸竹』(1827) で使用された連用形を示す。

この表から，京伝と馬琴が使用した連用形の類似点と相違点について，以下のようなことが見てとれる。

〔類似点〕
・京伝，馬琴ともに，すべての動詞タイプについて音便形と非音便形を用いている。

表6　京伝と馬琴の合巻の連用形

	動詞 モード	イ音便動詞		促音便動詞		撥音便動詞		促音便・ウ音便動詞		
		イ音便形	非音便形	促音便形	非音便形	撥音便形	非音便形	促音便形	ウ音便形	非音便形
京伝	会話文	11	5	64	21	6	4	6	13	9
	地の文	17	43	14	145	1	32	2	4	49
馬琴	会話文	7	20	37	41	9	14	2	30	8
	地の文	6	44	15	77	5	32		22	14

- 京伝，馬琴ともに，イ音便動詞，促音便動詞，撥音便動詞で非音便形の使用率が高い。

〔相違点〕
- イ音便動詞については，京伝のほうが音便形を多用している。
- 促音便・ウ音便動詞については，馬琴のウ音便形使用率が極めて高く，68.4％を占めている（京伝は20.5％）。

なお，馬琴が使用した複合格助詞は，

 イ音便系：〜ニツキテモ 3
 促音便系：〜ヲモッテ 6（その他京伝に使用のない〜ヲモテ 22），イヨイヨモッテ 3；〜ニヨリテ 13，〜ニヨッテ/ヨッタ 4

といった実態である。〜ニツキテが非音便形のみの使用であること，〜ヲモッテが促音便形のみで使用されていること，〜ニヨリテに非音便形が多いことなど，複合格助詞については全般的に京伝と同じ使用傾向が観察される。

　以上，京伝と馬琴の合巻における連用形の使用実態から当時の作者たちの文語の習得過程をやや大胆に推測すれば，以下のようなことがいえるであろう。

　（a）各作者は，藩校・寺子屋等の教室や家庭で行われるフォーマルな教育のほか（教室学習），古典や同時代に執筆された他の作者の作品を自発的に読むことによって（自然習得），文語的なことばを第二変種（Sコード）として習得した。

　（b）その習得は，ある程度の年齢に達してから行われた第二変種習得である。とすれば，習得された変種には，習得目標とした変種の特徴（いわゆる正用）のほかに，作者間でその現れ方が異なることもある，次のような特徴が含まれていることが推測される。

 （b-1）　母変種（日常生活のことば，Dコード）から転移した特徴（結果的に図1のB部分となる）
 （b-2）　習得者（作者）が独自に創り出した中間言語的な特徴や使用傾向

上のうち（b-1）については，読本や合巻の地の文で用いられた音便形のなかにそのような例があるかもしれないことは第3節で述べた。また（b-2）については，馬琴がウ音便形を多用したことなどがその例になる。（b-2）についてはその他，補助動詞ウ，助動詞ル，副詞エ，カナフ，ナル，デキル，可能動詞など歴史的に多くの形式が交替した可能表現のような表現領域において，作者間の独自性が顕著に現れる。たとえば京伝と馬琴の読本では，一方では両者ともに，（実際に使用された年代はさまざまであるものの）江戸後期の人々の目から見て古語に属すると認識されたものを使用し，比較的新しいとみなされた形式（可能動詞やデキル）の使用を避けるという特徴が観察されるが，また一方では，

- 京伝がアタフを使用するのにたいして馬琴は使用しない。
- 逆に馬琴は副詞エを多用するのにたいして京伝はほとんど使用しない。
- 文法的にはほぼ同じ使い方をするカナフとナルについても，京伝は後者を多用し，馬琴は前者を多用する。

といった違いが観察される（渋谷 2008）。さらに，以上の形式のなかには，古典語の意味とは違った，作者独自の意味で使用されているものもあるかもしれない。

　以上のようなＳコードに見られる作者間の相違は，当該変種が双方向になされるコミュニケーションの道具として頻用されるようになればレベリング（平準化）が生じて淘汰され，作者間で類似するコードへと収束していくはずである（コイネー化）。しかし，このコードはそのようには用いられていない。そこに，各作者の独自性が存分に発揮される余地がある。各作者は，一方では先行する作品等のことばを社会的な慣習や制約として受動的に身につけながらも，また一方では自身が作品を執筆するのに使用できる複数の変種やバリエーションを（選択的に）身につけて，その言語材を自在に活用しながら，それぞれの作品を独自のことばで執筆しているということができる。

6. まとめ：スタイルと歴史社会言語学

　以上，本章では，山東京伝が書き残した多様なジャンルの作品を事例とし，そのなかで使用された連用形を分析の対象として取り上げて，作品のなかでの音便形と非音便形の使用実態（第2節），その使い分けのメカニズム（第3節），作者のもつスタイル能力（第4節），その習得のあり方（第5節）などの観点から分析を加えてみた。

　テーマが多岐に渡り，個々の分析がやや浅くなったが，ここでは個別の事象を深く分析するよりも，過去に生きた人々の使用したスタイルを対象として行う歴史社会言語学の課題群を広く提示することを優先した。この種の研究が，今後，より活発に展開されるようになることを期待したい。

●資料

本居宣長：『古事記伝』『玉勝間』（岩波文庫），『古今集遠鏡』（『本居宣長全集3』（筑摩書房）

山東京伝：『通言総籬』『傾城買四十八手』『錦之裏』『御存商売物』『江戸生艶気樺焼』『孔子縞于時藍染』『心学早染艸』（岩波日本古典文学大系），『昔話稲妻表紙』『米饅頭始』『三筋緯客気植田』『玉磨青砥銭』（岩波新日本古典文学大系），『於六櫛木曾仇討』『敵討衛玉川』『安積沼後日仇討』『敵討岡崎女郎衆』（『山東京伝全集6』ぺりかん社）

曲亭馬琴：『牽牛織女願糸竹』（『馬琴草双紙集』国書刊行会）

◆第3部◆

言語接触

◆第5章◆
中国語と日本語の接触がもたらしたもの
7〜8世紀の事例に基づいて

乾 善彦

1. 中国語との出会い

　日本語が，いつどのようにして初めて中国語と接したか，それはわからないけれど，個別のさまざまな接触が，ことば自体に及ぼす影響は微々たるものであり，社会的な接触が言語変化には必要である。日本語と中国語との場合，東アジアの共通語としての「中国古典語」（いわゆる漢文）による接触が，まずは考えられなければならない。

　後漢の王充『論衡』には，周の時代（紀元前）に倭人が暢草（薬草の一種）を献上したという記事がみえるし，同じく後漢の班固『漢書』（前漢の歴史書）には，倭人の国が百余国にわかれており，歳時に使いを送ってきていたことが記されている[1]。さらに，正式な朝貢の記事は，後漢の建武中元二（57）年のことであり[2]（後漢書），九州志賀島で発見された金印がその時のものとされている。当時の東アジアにおいて，巨大な中国との交渉は，自分たちの国をまもるために不可欠であったし，その高い中国文化を輸入することは，東アジアでひとつの国としての地位を保つためには必要不可欠であった。

　応神天皇の時代（4世紀）に，王仁博士とともに論語と千字文とが百済から伝えられたという『古事記』の記述[3]は，千字文が5世紀の成立なの

---

1) 「楽浪海中有倭人，分為百余国，以歳時来献見云」（『漢書』地理志）
2) 「建武中元二年（A.D.57年），倭奴国奉貢朝賀使人自称大夫，倭国之極南界也。光武賜以印綬。」（『後漢書』東夷伝倭国条）

で，史実を語るものではないが，これは中国の典籍伝来にまつわることがらを象徴的に語るものとみられる。論語と千字文は，8世紀の律令官人たちの基礎教養であり，各地から7・8世紀の習書木簡が出土していることがそれを裏付ける。つまり，国家体制の基盤となる教養としての典籍が，国家間のレベルで朝鮮半島を経由してもたらされたということであり，まさに，国家の形成とかかわって，東アジアの共通の書きことばとしての「中国古典語」およびそれを書き記すための漢字との接触があった。

中国語との接触ということでは，もう一つ，仏教経典との出会いがある。『日本書紀』（欽明天皇13年）は，6世紀に，やはり百済から仏教経典が伝えられたことを記す[4]。仏教経典（仏典）は中国古典文による典籍（漢籍）と異なり，もともとサンスクリットで書かれたものを中国語に翻訳したものであり，翻訳の時期によって，伝統的な語法とは異なる口語的要素を多く含む。また，翻訳方法には仏教語を中国語に意訳する場合と，現代の外来語のように語形を音訳する場合とがあり，他言語を中国語に翻訳する場合のさまざまな方法が用いられている。つまり，書きことばとしての漢文にも，典籍か仏典かによって，さまざまな差があった。

しかし，それらを日本列島において学習するとき，共通する学習法があった。それが「漢文訓読」という方法である。漢文訓読の方法は，日本列島に限らず中国周辺の東アジア全体に共通することを，金（2010）が指摘するが，日本列島においては，それが，日本語自体に大きな変化をもたらした点で，以下に詳しく見るように，きわめて重要な事象であったと思われる。

2. 漢文訓読

日本における漢文訓読は，基本的に逐字訳であり，漢字訓に中国語にない助詞や活用語尾を読み添えて，中国と日本語とで異なる語順（字順）を日本語に即した順に読み下して，日本語として理解するというものであ

---

3)「又，科賜百済国，若有賢人者貢上。故，受命以貢上人，名和迩吉師。即論語十巻・千字文一巻，併十一巻，付是人即貢進。」（『古事記』中巻，応神天皇条）

4)「冬十月，百済聖明王，〈更名聖王〉遣西部姫氏達率怒利斯致契等，献釈迦仏金銅像一躯・幡蓋若干・経論若干巻」（『日本書紀』欽明天皇十三年）

る。その読み添えや字順，あるいは和訓を示したものを訓点という。

　具体的に訓点が記入された文献は，9世紀末にならないとあらわれないとされているが，7世紀に漢文訓読が行われていたことは，滋賀県北大津遺跡や奈良県飛鳥池遺跡から出土したいわゆる音義木簡によって知られる[5]。

　（1）a　詿〈阿佐ム加ム移母〉
　　　　b　體〈ツ久羅布〉/贊〈田須久〉/慕〈尼我布〉/櫝〈久皮之〉/鑠〈汗ツ〉
　　　　c　采〈取〉/披〈開〉　　　　　　　　　　　　　　　　　（北大津遺跡）
　（2）・熊〈汗吾〉羆彼〈下〉迺〈ナ布〉戀〈累尓〉寫〈上〉横〈詠〉営詠
　　　　・蜚〈皮伊〉尸之忰懼　　　　　　　　　　　　　　　　（飛鳥池遺跡）

　（1）のa「阿佐ム加ム移母（あざむかむやも）」は，漢字一字に対していわゆる文節単位の読み方が記されているが，これは漢文の文脈に従った読み方であったと思われる。一方で，bのように活用語終止形で示す方法や，cのように同義あるいは同訓字による方法もあり，和訓が漢文の訓読とともに成立していたことをうかがわせる。（2）には，一字ごとに字音が示されているが，「汗吾（ウグ）＝ng韻尾」「ナ布（サフ）＝p入声」「累尓（レニ）＝n韻尾」など，有韻尾の字音が漢字二字で示されている。つまり，二字目で韻尾の発音を示している。このような分析は，開音節構造である日本語の音節構造の特徴を示すものであり，ここは，厳密な漢字音でなく和音が示されているとおぼしい。これらからは，漢文の学習によって，和訓と和音が形成されていったことがうかがわれるのである。平安時代に行われた「文選読み」は，たとえば『千字文』の初句「天地玄黄」を例にとると「天地(テンチ)の天地(あめつち)は玄黄(ケンクワウ)と玄(くろ)く黄(き)なり」のように，音読と訓読とを併用する特殊なものであるが，漢字の学習も兼ねて，このような訓読方法が7世紀から行われていた可能性が考えられる。

　漢文訓読によって，和訓と和音とが成立したことで，日本語の書記に大

---

[5]　木簡の挙例は『木簡黎明──飛鳥に集ういにしへの文字たち』（2010，飛鳥資料館）による。〈　〉は小字割書，/は別項目，・は表裏の始まりを示す。

きな展開をもたらした。つまり，散文文体（厳密には表記体）の成立と仮名の成立である。以下，日本語の書記用散文文体の形成過程をたどることで，漢文訓読を媒介した日中言語接触の実態をみてゆくことにする。

3. 語彙面における言語接触

3.1 正倉院文書における漢語の処理

　どのような言語接触でもそうだが，まず語彙の輸入がある。語彙面における影響をみると，当然，漢語語彙の増加が挙げられる。たしかに，「馬（うま）」や「梅（うめ）」のように，ものとともに日本語の中に輸入された漢語というものも多くあったものと思われるが，それ以上に，漢籍の学習によってもたらされた漢語の量は膨大なものであったと思われる。ただ，万葉集の歌うたには，歌という性格もあり，漢語語彙はそれほど多くない。巻16に餓鬼，法師，壇越といった仏教語や双六，力士などが見えるにすぎない。しかし，表記面に注目すると，「僧」を「ホフシ」と読ませたり，仮名の用法で，数字の「二」を「ニ」，「四」を「シ」と読ませる[6]など，字音語が相当定着していた様子がうかがえる。また，仮名としての「師」は音の環境にも訓の環境にも用いられるが，「手師（てし），薬師（くすし）」などの語が想定されるところから，字音語として和語の中に定着していたと考えられる。

　さらに，一字一訓に定まった訓（定訓）だけでなく，「諍競（あらそふ）」や「清潔（さやけし）」など，一字一訓が可能にもかかわらず，二字以上の漢語を利用した表記は，書記者の漢語能力の高さをものがたる。彼らには，日常的に，少なくとも理解語彙としては，漢語があった。ただ，漢語（字音語）がどの程度，「ことば」として受け入れられていたかという面については，その検証は容易ではない。漢文訓読という習慣があったためである。

　たとえば，「辛苦」という語がある。律令官人ならばごくありふれた漢語であるが，それが正倉院文書に次のようにあらわれる（（　）内は補

---

6)　万葉集中に戯書と呼ばれる用字法があり，九九を利用して「二二」で「シ」と読ませる。九九の唱えも音読みでなされていたと考えられる。

入）。

（3）坂合部浜足解　申請依病不参向状事
　　右，比日之間，冷病強起，身（体）腫疼，不便立坐，辛苦（侍）。
　　依此，過請暇五箇日，不得参向。仍注日遅怠状謹以解
　　　　　　　　　　　　　　　　　宝亀元年十月十日（続修 22-12）
〈坂合部浜足解す，申し請ふ，病に依りて参向せざる状の事。右，比日の間，冷病強く起こり，身体腫疼，立ち坐に便ならず，辛苦に侍り。此に依りて，請ひし暇の五箇日を過ぐも，参向を得ず。仍て日の遅怠の状を注し謹みて以て解す。宝亀元年十月十日〉

　この「辛苦」を，和語「くるし」と読むか漢語「シンク」と読むかは決めがたい。なぜならば，この種の正倉院文書は，いわゆる変体漢文という日本語文であり，その背景に漢文訓読があることが指摘されているからである。現に，万葉集では「くるし」の表記に「辛苦」が用いられる[7]。
　桑原ほか（2005）では，ここを「苦」と表記された個所と区別するために，「くるしく侍り」ではなく「シンクし侍り」と音読する（引用の（　）の数字は，同書の文書番号）。その前にある「身体」も同じように，

　初め「身腫疼」と書いていたのを，後から「體」を右横に追記して「身體」としている。従って「身體」は音読みが適当かと思われる。何故「體」を追記したのか。前後が四字句なので，四字句にするために追記したのか，「身（ミ）腫れ」と和語で表現するより「身體（シンタイ）腫れ」と音読のほうが，役所に出す解文らしいと考えたのか。（28 注 4 身體）

という具合に漢語と認定して音読する。このような例は，当該の報告書の随所にみられる。

・訓読するならハハ・チチであろう。しかし，親母・親父はともに漢語としてもあるので，音読の可能性は充分にある。親をつけない母（68・71），父（69）の例もあり，ここでは「母」とせず「親母」と

---

7)　在京　荒有家尓　一宿者　益旅而　可辛苦（巻3，440）
　　（都なる荒れたる家にひとり寝ば旅にまさりて苦しかるべし）

表現したことを重くみて，音読とする。また，姑（10・30・302）の例もあるので，継母や姑と区別するための積極的表現とみて，音読が適当かと考える。（8注2，親母）
- 「申・啓・解」をすべてその義を重視して「マウス」と訓読すると原文を復元することができなくなるので，文字の相異を重くみて「啓・解」は音読を採用する。（9注5，以申）
- 奈良時代の和語にあてるとすれば「シマシノアイダ」であろう。請暇解の中に「須臾間」は二例ある（45，222）。ここでは音読を採用する。類例は65「暫之間」」である。（45注2，須臾間）
- 「祭祀」は，漢語としての例があるので，音読した。（176注4，私祭祀）

　従来，訓読されてきた漢語を積極的に音読しようとするのが，当該報告書の姿勢である。たしかに，書記者の脳裏には漢語があったに違いない。しかし，それが日本語表現の語彙として定着していたかどうかは検証しがたいのである。現に，「身体」の場合には，はじめ「身」とだけ書いて，あとで「体」を補っている。ということは，最初にあった「ことば」は「身（み）」なのであり，それを「身体」に書き改めたのである。このとき「身体」が「み」とは異なることば「シンタイ」あるいは「シンテイ」だったという保証はない。和語「み」を表記する手段として「身」ではなく「身体」を選んだことも考えられる。とすると，単に和語を漢字でどう表記するかというだけの問題となるのである[8]。

3.2　続日本紀宣命と漢語

　同様のことは続日本紀宣命にもいえる。宣命書きをとる宣命は，宣読されたものと考えられているが，その中には，多くの漢語がみとめられる。今，本居宣長『歴朝詔詞解』が音読する漢語をあげると以下のようなものがある。

　　（4）続日本紀宣命の音読漢語語彙[9]
　　　〈官職等〉

---

[8]　これについては，乾（2011）において詳しく検討している。

陰陽寮・乾政官・職事・大（太）師・太政大臣禅師・大臣禅師・大保・大法師・大律師・鎮守副将軍・内相・法参議・法臣・法王
〈年号〉
慶雲・神亀・神護景雲・天平・天平神護・宝亀・和銅
〈仏教関係〉
講読・経・行・観世音菩薩・悔過・袈裟・護法・護法善神・最勝王経・三宝・師・四大天王・浄戒・舎利・勝楽・諸聖・諸天・世間・善悪・禅師・帝釈・智行・知識寺・弟子・読誦・如来・人天・不可思議・菩薩・菩提心・梵王・盧舎那・王法正論品・威神
〈仏典の引用〉
悪業王・業・現在・国人・国王・護持・正理・順・治擯・報・王位
〈典籍の引用〉
百行・百足・景雲・神亀・瑞書・大瑞・仁孝
〈律令関係〉
无位・力田
〈その他〉
魘魅・進退・大逆・禰宜・博士・辺戍・謀反

　これ以外にも，官職名として「太政大臣，右大臣，大納言，参議」といった官職名がある。『和名類聚抄』には，

　　太政大臣　於保万豆利古止乃於保万（部欠か）豆岐美（おほまつりことのおほまへつきみ），大臣　於保伊万宇智岐美（おほいまうちきみ），大納言　於保伊毛乃万宇須豆加佐（おほいものまうすつかさ），参議　於保万豆利古止比止（おほまつりことひと）

といった和訓がみとめられ，訓読された可能性は残るが，通常の場面でこれらが和語で唱えられたとは考えにくい。『日本書紀』の訓に，巻名を「まきのついでひとまきにあたるまき」といった数え方があったり，『土左日記』冒頭に日にちを「しはすのはつかあまりひとひのひ（十二月二十一日）」と数えるのがあったりするが，はたしてこれらのような言い方が通

9）続日本紀宣命の引用は，北川（1982）により，本居宣長『歴朝詔詞解』，『新日本古典文学大系　続日本紀』（岩波書店）を参考にした。

常なされたのだろうか。これらも訓読すればこのようになるという程度であって，それぞれに事情がありこのように表記されるが，通常は音読でことたりたと思われるのである。ここに，漢文訓読の習慣の持つ意味がある。

同じく『歴朝詔詞解』が，二字熟合した漢語に一つの和訓あるいは熟合した和語を与えているものには次のような語がある。

(5) 続日本紀宣命の訓読漢語語彙

詿誤（あざむく），明日（あす），鴻業（あまつひつぎ），宝位（あまつひつぎ），国家（あめのした），天雨（あめふる），示顕（あらはす），示現（あらはす），発覚（あらはる），顕見（あらはる），示現（あらはる），勢力（いきほひ），引率（いざなふ），抱蔵（いだく），妄語（いつはりごと），祈祷（いのる），今時（いま），令感動（うごかす），慈哀（うつくしぶ），伝駅（うまや），子孫（うみのこ），蝦夷（えみし），自然（おのづから），曽祖（おほおほぢ），祖父（おほぢ），大新嘗（おほにへ），勅命（おほみこと），詔命（おほみこと），勅旨（おほみこと），詔旨（おほみこと），公民（おほみたから），百姓（おほみたから），人民（おほみたから），身体（おほみみ），御所（おほみもと），先霊（おやのみたま），如此（かく），如是（かく），愚頑（かたくな），愚痴（かたくな），昨日（きのふ），黄金（くがね），諸国（くにぐに），今日（けふ），今年（ことし），頃者（このごろ），比来（このごろ），承前（さき），進退（しじまふ），御宇（しらしめす），天官御座（たかみくら），輔佐（たすく），献奉（たてまつる），仮令（たとひ），円満（たらふ），先考（ちちみこ），百官（つかさつかさ），百官司（つかさつかさ），使人（つかひ），歳時（とし），年実（とし），定省（とぶらふ），平善（なぐし），作成（なる），卒爾（にはか），至誠（ねもころ），親母（はは），匍匐（はふ），祝部（はふり），兄弟（はらから），養治（ひだす），布施（ほどこす），厭魅（まじわざ），祭祀（まつり），惑乱（まとはす），朝廷（みかど），国家（みかど），宝位（みくらゐ），京都（みやこ），唐国（もろこし），臣下（やつこ），所由（ゆゑ），豎子（わらは）

これらはむしろ，和語を漢語でどのように表記するかという問題として

とらえられよう。あるいはこのように言い換えてもよい。漢文的に発想された「ことば」を文章に書きあらわしたとき，このような漢語と和語との対応が考えられたのだと。

逆に，漢字表記に応じて逐字的に訓読することで「ことば」があらわれるようなものもあったであろう。

(6) 続日本紀宣命における逐字対応した漢語語彙
a. 老人（おいびと），赤丹（あかに），旦夕（あさゆふ），朝夕（あしたゆふへ），厚恩（あつきうつくしび），天地（あめつち），御宇（あめのしたしらしめす），奇異（あやしくことに），新造（あらたにつくれる），顕出（あらはれいづ），兵士（いくさびと），軍丁（いくさよぼろ），頂受（いただきうく），戴持（いただきもつ），詐奸（いつはりかだめる），祈願（いのりねがふ），出家（いへいで），家門（いへかど），集侍（うごなはりはべる），討治（うちおさむ），氏門（うぢかど），罸滅（うちほろぼす），麗色（うるはしきいろ），負荷（おひもつ），大瑞（おほきしるし），大寺（おほてら），大嘗（おほにへ），官寺（おほやけでら），同国（おやじくに），書写（かきうつす），固辞（かたくいなぶ），姓名（かばねな），君臣（きみおみ），事立（ことだつ），辞立（ことだつ），事謀（ことはかる），謀庭（ことはかるところ），別宮（ことみや），事行（ことわざ），塩汁（しほしる），白衣（しろきぬ），進入（すすみいる），扶拯（たすけすくふ），輔導（たすけみちびく），忠浄（ただしくきよし），立双（たちならぶ），遍多（たびまねし），貴瑞（たふときしるし），官人（つかさびと），継隆（つぎひろむ），常人（つねひと），罪人（つみびと），精兵（ときいくさ），年月（としつき），殿門（とのかど），遠長（とほながし），中今（なかいま），流伝（ながしつたふ），和銅（にきあかがね），新城（にひき），墾田（はりた），日月（ひつき），一心（ひとつこころ），昼夜（ひるよる），日夜（ひるよる），諂欺（へつらひあざむく），僧尼（ほふしあま），罷出（まかりいづ），罷退（まかりいます），政事（まつりごと），忠赤（まめにあかき），忠明（まめにあかき），導護（みちびきまもる），本忌（もといみ），諸人（もろひと），山川（やまかは），八方

(やも），夜昼（よるひる），夜日（よるひる），万世（よろづよ），弱子（わくご），教導（をしへみちびく）
b． 天下（あめのした），生子（うみのこ），慈政（うつくしびのまつりごと），鎮兵（おさへのいくさ），風病（かぜのやまひ），柵戸（きのへ），地祇（くにつかみ），国社（くにつやしろ），国法（くにののり），先帝（さきのみかど），瑞雲（しるしのくも），瑞宝（しるしのたから），節刀（しるしのたち），豊明（とよのあかり），冬至（ふゆのきはみのひ），皇位（みかどのくらゐ），帝位（みかどのくらゐ），年号（みよのな），私兵（わたくしのいくさ），後世（のちのよ）
c． 毎〻事（ことごと），随〻神（かむながら），同〻心（こころをおなじくす），終〻身（みのをはり）

aは熟合語に対して逐字的に和訓を与えたもの，bは「の」などの連体格助詞で和語をつないだもの，cは反読をともなうものである。ここまでくると，漢語語彙と和語とのかかわりは，文章作成の問題，つまり書記の問題なのか訓読の問題なのか，その境界がかなりあいまいになってくる。律令官人たちは，漢語が音読されても理解できたであろうし，訓読されてもその背景に漢語を思い浮かべることはできたであろう。したがって，書かれたものからだけでは，それが音読みされたか訓読みされたか，あるいは音読みすべきか訓読みすべきか，その判断は難しいし，また，どれほどの音読みの漢語が日本語の語彙の中に定着していたかも，はっきりと音読みされたとわかる資料が出現しないかぎりは，わからないとしかいいようがないのである。当時の日本語の語彙の中に，どの程度，音読みされるべき漢語が存在したのかは，今後の大きな研究課題である。

4. 語法面における言語接触

4.1 正倉院文書と訓読

語法面においても，同様のことが言える。漢文訓読は，先に述べたように，基本的に逐字訳である。したがって，語法的には漢文に引かれた語法が登場する。ちょうど，明治以降，英語翻訳文体というのが英語の影響で

生じたのと同じ現象が古代に行われたとおぼしい。それは，不自然ではあっても，日本語として十分に通じるものであったはずである。具体的な語法については，山田（1935）の先駆的研究に多数の例があげられている。

4.1.1　日用文書の文法

　正倉院文書の中に，写経所を中心とした律令官人たちの日用文書の一群がある。それらは，漢文の格と日本語の格とが入り交じる（中には，助詞の要素を仮名で書き入れるものもある）いわゆる変体漢文で書かれている。

　（7）正倉院文書請暇解
　a　大原国持謹解　請暇日事
　　　合伍箇日
　　　　右請穢衣服洗為暇日
　　　　如前以解
　　　　　　天平宝字二年十月廿一日（続修20）
　　〈大原国持，謹みて解す。請ふ，暇日の事。合せて伍箇日。右，穢し衣服を洗はむが為に暇日を請ふこと，前の如し。以て解す。天平宝字二年十月廿一日〉
　b　美努人長謹解　申請暇日事
　　　合三箇日
　　　　右為療親母之胸病
　　　　請如件謹以解
　　　　　　天平宝字四年九月十六日美努人長（続修20）
　　〈美努人長，謹みて解す。申し請ふ，暇日の事。合せて三箇日。右，親母の胸の病を療ぜむが為に，請ふこと，件の如し。謹みて以て解す。天平宝字四年九月十六日，美努人長〉

　写経所における休暇願の文書の中の二通である。aの文書では，原因をあらわす「為（ために）」が日本語の序順にしたがって原因の後におかれているが，bの文書は漢文の格にしたがって原因の前におかれる。aの文書が全部日本語的に書かれているかというとそうではなく，「請（こふ）」は漢文の格にしたがって，請う内容の前におかれている。つまり，ここに

は書くための文法は必要なく，漢文の文法にしたがおうと日本語の格にしたがおうと，「ことがら」さえ伝わればそれでよしとする，そんな文章のあり方がみてとれる。まさに，和漢の混淆した「表記」となっている。そこにどのような「ことば」があったのかは定かではないが，おそらくは，漢文訓読という習慣に支えられたひとつの「ことば」が背景にあったであろう。それが表記としては漢文的な語法と日本語的な語法とがまじりあってあらわれる。そこに，ひとつの和漢の混淆があった。

4.1.2　宣命書き文書の「ことば」

正倉院文書の中に，「他田日奉部直神護解」という文章全体が宣命書きで書かれた文書がある（〈　〉内は小字割書，/は改行部分）。宣命書きがとられていることで読み上げるための文書であろうと考えられる。郡司の登用試験において「申詞」が課せられた，その教習に使われたものの写し，もしくは手本か草稿のようなものと思われるが，そこに用いられているのは，日常の「話しことば」とは異なるものであることが指摘されている[10]。

（8）他田日奉部直神護解（正集44）
【原文】
謹解　申請海上郡大領司仕奉事
中宮舎人左京七條人従八位下海上国造他田日奉/部直神護〈我〉下総国海上郡大領司〈尓〉仕奉/〈止〉申故〈波〉神護〈我〉祖父小乙下忍難波　朝庭/少領司〈尓〉仕奉〈支〉父追廣肆宮麻呂飛鳥/朝庭少領司〈尓〉仕奉〈支〉又外正八位上給〈弓〉藤/原朝庭〈尓〉大領司〈尓〉仕奉〈支〉兄外従六位下勲/十二等国足奈良・朝庭大領司〈尓〉仕奉〈支〉神／護〈我〉仕奉状故兵部卿従三位藤原卿位分資/人始養老二年至神亀五年十一年中宮舎人/始天平元年至今廿年　合卅一歳　是以祖父/父兄〈良我〉仕奉〈祁留〉次〈尓〉在故〈尓〉海上郡大領/司〈尓〉仕奉〈止〉申
【訓読】
　　謹んで解す　申し請ふ海上郡の大領司に仕へ奉らむ事

---

10)　奥村（2010），乾（2003）。

中宮の舎人，左京七條の人，従八位下海上国造他田日奉部直神護が，下総国海上郡の大領司に仕へ奉らむと申す故は，神護が祖父，小乙下忍，難波の朝庭に少領司に仕へ奉りき。父追廣肆宮麻呂は飛鳥の朝庭に少領司に仕へ奉りき。又，外正八位上を給はりて藤原の朝庭に大領司に仕へ奉りき。兄外従六位下勲十二等国足は奈良の朝庭に大領司に仕へ奉りき。

神護が仕へ奉る状は，故兵部卿従三位藤原卿の位分の資人，養老二年より神亀五年に至るまで十一年，中宮の舎人，天平元年より今に至るまで廿年，合せて卅一歳。

是を以て祖父・父・兄らが仕へ奉りける次でに在るが故に海上郡大領司に仕へ奉らむと申す。

　もちろん，訓読のとおりに読まれたかどうかはわからないが，文章全体が，「〜と申す故は，〜が故に〜と申す。」という構文となっており，きわめて漢文訓読的な語法といえよう。つまり，内容を包む形で前後に「申す」と「故」が二度あらわれる。これは，よくいわれる漢文訓読的な「〜いはく〜といふ」という形式に通じるものである。漢文の「曰「〜」。」という会話引用形式は，漢文訓読では，「曰く「〜」といふ。」というふうに，発話動詞を会話内容の前後にもちいる。これは漢文では，発話内容の前に発話動詞がくるのに対して，日本語では，発話内容の後に「〜といふ」という形で発話内容がくるのを反映したものである。「故」についても，自然な日本語文では二度使われる必要はない。つまりこの文書には，漢文ないし変体漢文の文書を訓読したかたちの「ことば」が背景にあると考えられるのである。

　また，都での勤務年数を述べる後半の部分は漢文的な語序となっている。「始養老二年至神亀五年」「始天平元年至今」といった時間の幅をあらわす形式については，自然な日本語だと「〜から（より）〜まで」であるが，これを訓読すると「〜より始めて〜に至るまで」という読みが考えられる。ただし，時間の幅をあらわす漢文表現は，この他にも「起・自〜」「迄・及〜」があり，すべてに同じ訓を与えるならば「〜から（より）〜まで」ということになる。実際に続日本紀宣命には「今に至るまで」の例があり，ここでは試みに「養老二年より神亀五年に至るまで」「天平元

年より今に至るまで」といった折衷の訓み方を採用したが，この部分は読み上げられる文章であっても，構文としては漢文的に書かれており，そのかぎりでどうよまれたかは確定しがたいのである。その意味では，冒頭の「謹解　申請海上郡大領司仕奉事」も通常の解文の形式であり，その訓み方には諸説あって確定しがたい。

　つまり，この文書は，日用の変体漢文文書を基盤において，それを訓読するかたちで文章がものされ，それを読み上げるための形式で書かれた文書だと考えられる。

4.1.3　正倉院仮名文書と漢文訓読

　正倉院に残された二通の仮名文書にも，漢文訓読的な要素が含まれることが指摘されている[11]。そこには，他の変体漢文の日常文書と同質の「ことば」が想定されるとする。

（9）正倉院仮名文書（続修別48）
【甲文書】
布多止己呂乃己乃己呂美乃美/毛止乃加多知支々多末部尓多/天万都利阿久レ之加毛与祢波/夜末多波多万波須阿良牟/伊比祢与久加蘇部天多末不部之/止乎知宇知良波伊知比尓恵/比天美奈不之天阿利奈利〈支気波/加之古之〉/一　久呂都加乃伊祢波々古非天伎/一　田宇利万多己祢波加須

〈二所の<ruby>御許<rt>みみもと</rt></ruby>の<ruby>様子<rt>かたち</rt></ruby>聞きたまへに奉りあぐ。しかも米は山田はたまはずあらむ。いひねよく数へてたまふべし。十市氏らは櫟に酔ひて皆ふしてありなり。〈聞けばかしこし〉。
　一　黒塚の稲は運びてき。
　一　田うりはまだ来ねばかす。〉

【乙文書】
和可夜之奈比之可波/利尓波於保末之末須/美奈美乃末知奈流奴/乎宇気与止於保止己/可都可佐乃比止伊布之可流/可由恵尓序礼宇気牟比/止良久流末毛太之米/弖末都利伊礼之米太末/布日与祢良毛伊太佐/牟

11）奥村（1978 a，1978 b，1988）。

之加毛己乃波古美/可牟毛阿夜布可流可/由恵尓波夜久末可利太/末布
日之於保〔止〕己可ツ可佐奈/比気奈波比止乃太気太可比止/□
(序?)己止波宇気都流
〈我が穀の代うには大坐南の町なる奴を請けよ，と大床が所の人云ふ。然るが
故に其請けむ。人等車持た令めて進納れ令め給ふ日，米等も出さむ。然も此櫃
見置かむも危かるが故に早く罷り給ふべし。大床が所《奈比気奈波比止》の長
上ぞ，ことは請けつる。〉

奥村によると甲文書の「様子」「奉りあぐ」や乙文書の「穀」「請く」
「進納る」などは，正倉院文書の多くの変体漢文文書のようなものを念頭
に置いたところにはじめて可能な表現であったと結論付ける。ここは，語
彙的な部分の指摘ではあるが，やはり仮名書された文書であっても，そこ
に反映された「ことば」は，漢文ないし漢文訓読によって発想されたもの
なのである。

4.2 古事記の文章とことば
4.2.1 古事記と漢文訓読

本居宣長は『古事記伝』において，古事記を読解するにあたり，訓読を
旨とした。日本書紀が「漢意（からごころ）」で書かれたものであるのに
対して，古事記に「やまとことば」が反映されていると考えたからであ
る。しかし，実際には，「故名其子云木俣神」というような漢文的な措辞
が交じるのであり，宣長はこれについて次のように語る。

> (10) 又漢文に引かれて，古語のさまにたがへる處も，をりをりは無
> きにあらず。名ヶテ其ノ子ヲ云フ木俣神トとあるたぐひ，古語にかゝ
> ば，其ノ子ノ名ヲ云フ木俣神トとか，其ノ子ノ名ハ木俣神トとか有るべ
> し。（文體の事）

そして，そのような個所でも，

> (11) 又全く一句などひたぶるの漢文にして，古語にはいと遠き書ざ
> まなる處も，往々にあるなどは，殊に字には拘はるまじく，たゞ其
> 意を得て，其事のさまに随ひて，かなふべき古語を思ひ求めて訓べ
> し。（訓法の事）

と，文字にかかわらず，ひたすら古語のすがたを求めるのである。

　したがって，古事記冒頭の部分「天地初発之時」の訓みは，「あめつちのはじめのとき」となり，「発」の字があっても万葉集の「天地のはじめのとき」によって，「はじめてひらくる」などの訓みを退けるのである。

　しかしながら，現在の研究水準では，むしろ古事記の文章に，漢文訓読的な要素をみとめる[12]。すなわち，「名其子云木俣神」は，そのまま「その子を名づけて木俣の神といふ。」と訓み，冒頭の「天地初発之時」を「あめつちはじめてあらはれしときに」（神野志・山口 1997）や「あめつちはじめておこりしときに」（西宮 1986）などと，逐字的に訓む。その背景には，古事記の文章が，正倉院文書のような変体漢文の日用文書を基盤としていることがあげられる。

　古事記の文章の中に漢文訓読的な要素を見出すことは容易である。冒頭の「天地（あめつち）」でさえも，宣長の慧眼が，

　　（12）己前（オノレサキ）に思へりしは，阿米都知（アメツチ）と云ふは，古言に非じ。其故は，古書どもを見るに，凡て阿米（アメ）に對へては，必久爾（クニ）とのみ云て，都知（ツチ）とは云はず。（神代一之巻，天地初発の段）

と疑ったように，翻訳語である可能性が高い。また，会話表現にも，

　　（13）於是，問其妹伊耶那美命曰「汝身者如何成」，答曰「吾身者，成成不成合処一処在」。（27-11）[13]

のような漢文的表現が一般である中で，

　　（14）爾，天皇，問賜之「汝者誰子也」，答白，「僕者大物主大神，娶陶津耳命之女，活玉依毘売，生子，名櫛御方命之子，飯肩巣見命之子，建甕槌命之子，僕意富多多泥古」白。（110-12）

のように，会話文の前後に発話動詞「白」を置く箇所が見える。これは，漢文の語法としては破格であるが，また，日本語の語法としても不必要な

---

12) 近年の研究課題については，「討論会　古事記の文章法と表記」『萬葉語文研究』第 9 集（2013.10，和泉書院）によくまとめられている。
13) 以下，古事記の引用は，西宮（1986）により，頁数と行数を示すが，旧字体を新字体に改め，また，訓みは省略した。

繰り返しであり，漢文を訓読する方法をそのまま表記したものと考えられる。このように，古事記において漢文的に書かれる部分と日本語的に書かれる部分とが入り交じって，漢文訓読的なことばの表記がみとめられるのである。

4.2.2 古事記仮名書部分のことば

古事記には，序文に「是以，今，或一句之中，交_用音訓_，或一事之内，全以_訓録_。」といわれるように，漢文的ないし変体漢文的な用法が主体になって書かれる中に，仮名で書かれた部分がままみとめられる。歌謡と訓注，固有名以外，訓字主体で書かれる中に借音仮名が用いられるのには，次のようなものがある。

(15) 古事記の仮名書き部分
那迩妹（なにも）32-12，天之波士弓・天之加久矢（あめのはじゆみ・あめのかくや）67-6　〜語の構成要素
刺左之御美豆良（ひだりのみみづらにさし）35-2，堕迦豆伎而滌（おちかづきてすすき）38-6　〜複合語の後部要素
多迩具久白言（たにぐくのまををしく）62-10，各宇気比而生子（おのもおのもうけひてこうまむ）42-1　〜一語
酔而吐散登許曽（ゑひてはきちらすとこそ）44-7，布刀御幣登取持而（ふとみてぐらととりもちて）46-1　〜助詞
久美度迩興而（くみどにおこして）28-8，山佐知母（やまさちも）80-4　〜体言＋助詞
如先期美刀阿多波志都（さきのちぎりのごとくみとあたはしつ）56-12，宇気比弖貢進（うけひてたてまつりき）78-11　〜用言＋助動詞・助詞
阿那迩夜志　愛袁登古袁（あなにやし，えをとこを）28-6，伊多久佐夜芸弖有那理（いたくさやぎてありなり）65-7　〜文全体

これらは概して，漢文化すれば「ことば」が伝わりにくい部分であると思われる。仮名書が会話部分に多いのもそれを裏付けよう。とするならば，これらはことばの「かたち」をことさら保存しようとして，仮名書きされたものと考えうる。それらは，漢文訓読のことばとは区別される，伝

承されたことば，あるいはカタリのことばではなかったか。
　冒頭に近い部分に，次のようなくだりがある。

　　(16) 古事記　天地初発条
　　　　次国椎如浮脂而，<u>久羅下那州多陀用弊流之時</u>〈流字以上十字以音〉，如葦牙因萌騰之物而成神名，宇摩志阿斯訶備比古遅神〈此神名以音〉。次天之常立神〈訓常云登許，訓立云多知〉。此二柱神亦，並独神成坐而，隠身也。(26-4)

ここの「なす」は比況の意味であり，同じ語は，

　　(17) 古事記　天の石戸条
　　　　於是，万神之声者，<u>狭蝿那須</u>〈此二字以音〉満，万妖悉発。(45-2)

にもみえる。さらに，この表現については，

　　(18) 古事記　三貴子の分治条
　　　　是以，悪神之音，<u>如狭蝿皆満</u>，万物之妖悉発。(40-6)

という例がある。(18)の下線部を，従来，(17)にしたがって，「さばへなすみなみち」と訓じてきたが，近年は，仮名書きの「なす」と訓字の「如」を意図的な書きわけと見て，「さばへのごとくみなみち」と訓まれている（たとえば『日本思想大系』『新編日本古典全集』など）。
　また，(16)の「くらげなす」の前後には，「如浮脂」「如葦牙」のように「如」が用いられている。これを「うけるあぶらのごとくして」「あしかびのごとく」と訓むとすると（そして，そのように訓まれることを意図していたとすると），「如」は「ごとし」ということばに対応することになる。だとすると，比況をあらわすいい方として「なす」と「ごとし」と，二つの似たような意味をもつことばが並存していることになる。「ごとし」は，のちの時代に，漢文訓読語として和文語「やうなり」と対立的にとらえられるが，だとすると「ごとし」は漢文訓読的なことば，「なす」はまさに和文的なことばととらえうるのではないか[14]。それが一方は漢文的に

---

14) 平安時代の「ごとし」に対立する和文語「やうなり」は字音語であるので，むしろ古い時期に和語「なす」との対立があったと考えるのは自然なように思われる。

訓字で，一方は日本語としてよめるように仮名で示されているということになる。

亀井（1957）が，古事記の書きようの本質を「ヨメなくてもよめるかきかた」としたが，まさに（18）の「如狭蝿」などはそのような例として考えることができる。

さらにいうならば，「ごとし」は漢文訓読を基礎とする書きことば的な語法，「なす」は生活のことばを基礎とするような話しことば的な語法であって，後者になにがしかの口吻，カタリに用いられたことばを読み取ることができるのではないか。もちろんそればかりではないが，そのようなことばが表音的に書かれていると考えられる。だとすると，古事記の文章は，漢文訓読のことばとカタリのことばとが，モザイクのように入り交じったものと評価できる。これが，8世紀における和漢混淆のひとつの到達点だったのである[15]。

5. 日本語と漢文訓読の親和性

以上，古代の日本語散文資料を取り上げ，その成立に漢文訓読が深くかかわっていることをみてきた。そこにあったのは，漢文訓読を媒介した和漢の混淆である。まさに，日中の言語接触が生み出した「書きことば」だったのである。

漢文訓読が東アジアに共通のものであったとしても（金2010），これほどまでに漢文訓読が日本語の中に定着したのは，ひとえに，両言語における言語的親和性によると思われる。孤立語である中国語とそれをあらわす漢字とは，一つの単位（一語一字）がひとつの意味単位をなす。膠着語である朝鮮語や日本語は，これに附属語要素を付け加えることによって，ひとつの意味単位（いわゆる文節に近いもの）となる。つまり，漢文訓読とは，語順（字順）の入れ替えと附属語要素の添加とで構成されることになる。漢字と訓との対応は，語形が変化することが印欧語にくらべると格段

---

[15] 古事記の書記法は，たしかにひとつの到達点ではあるが，これが後世には継承されない点は注意しておかなければならない。つまり，変体漢文体という表記体は，仮名の成立によって，和文体や和漢混淆文体へと展開するのが，日本語書記史，文体史の本流であり，古事記はそこには連ならない，まさに，到達点なのである。

に少ないので，和訓が定着しやすい（つまり，語義だけでなく，ことばのかたちもあらわしうる）という事情があったに違いない。屈折語である印欧語だと語形が変化するので，格によって「ことば」のかたちが異なり，「ことば」をあらわすにはむかないからである。

　さらに，日本語の単純な開音節構造も大きく関与している。漢字の借音用法（借音仮名）が一字一音節であることは，仮名という表音文字の体系を生み出すのに有利に働いた。閉音節言語である朝鮮語が，はやく独自の借音の方法を発明しながら，そこから独自の文字体系を定着させるに至らなかったのは，ひとつにはそのような音節構造の差があったのではないか。一音節一字という原則が，分節した日本語部分の表記に有利に働いたと思しい。閉音節だと，韻尾によっては，一音節二字が必要になることもあるからである[16]。漢文訓読が逐字訳であり，漢字の訓にたりない部分を漢字の表音用法（仮名）で補うかたちで宣命書きが形成されたことは，日本語の膠着語的性格を認識した結果であった。

　宣命書きという方法は，自立語と付属語，語幹と活用語尾の分節が認識されていたことを示している。白藤（1967）は，宣命書きの仮名書き部分と訓点記入される語との類似を指摘する。また，本稿ではふれえなかったが，変体漢文の日常文書の中には，乾（2003）に取り上げられたような，部分的に宣命書きを含むものがあり，変体漢文と宣命書きとの間に密接な関係が考えられる。宣命書きもまた，漢文訓読から生じたものといえよう。漢字仮名交じりへの萌芽が，そこにはある[17]。

　最後に，和漢の混淆によって日本語の散文文体が成立した過程を追って，まとめにかえる。

　漢文訓読によって和訓と和音が定着する。漢字（漢）と和訓・和音

---

16) 日本列島においても，仮名の発生期には一字一音以外の表音方法が行われていた。万葉集や地名の表記には多様な表音用法がみとめられる。一字一音節のほか，「兼（ケム）」など一字二音節の二合仮名や，前字の韻尾と後字の頭子音をそろえる二字二音節の連合仮名とよばれる用法などが指摘されている（春日1933）。

17) 春日（1932）は，後代の片仮名宣命書きは，訓点記入から生じたもので，続日本紀宣命などの古代宣命書き資料とは直接つながらないことを指摘する。このこと自体はおおむね首肯できるが，それは続日本紀宣命のような宣命書きが，古事記同様，ひとつの達成であったからであり，漢文訓読と初期宣命書きとの関係をこのようにみとめるならば，書記の方法に関するかぎり，通底すると考えられる。

(和) との最初の交わりであった。そして，その定着した和訓を連ねることによって，漢文的要素も残したまま変体漢文の表記体（日本語としての書記）が成立する[18]。これは漢文として書くことが前提としてあった上での日本語の漢字文である。

　　（19）滋賀県西河原森ノ内遺跡出土木簡
　　・椋直伝之我持往稲者馬不得故我者反之故是汝卜部
　　・自舟人率而可行也　其稲在処者衣知評平留五十戸旦波博士家
　　〈椋直伝ふ。我が持ち往きし稲は，馬を得ざるが故，我れは反る。故に是れ汝卜部，自ら舟人を率て行くべし。其の稲の在処は衣知評平留五十戸旦波博士家なり。〉

　第四節に（7）として取り上げた正倉院文書では，漢文の格と日本語の格とが入り交じっていたが，この木簡は，ほぼ日本語の語順にしたがっており，まさに日本語文としかいいようがない。このように，漢文からの付き離れの度合いは資料によって大きく異なり，その幅は広い。古事記の文章の基盤でもあった変体漢文は，広い意味で，ひとつの和漢混淆文といえる。

　今回はふれえなかったが，仮名の成立にともなって，変体漢文から漢字仮名交じりが成立し，やがて，いわゆる和文体や，今昔物語集，平家物語といった典型的な和漢混淆文が成立する。その過程においても，漢文訓読は大きな影響力をもっていた。さすれば，やはり，日中の言語接触，和漢の混淆に果たした漢文訓読の役割は，日本列島における中国語との言語接触の独自性として見直されるべきであろう。

---

18)　ここで，あえて表記体とするのは，見てきたように，どのような「ことば」が記されてあるのかが，特定できないかぎりにおいて，変体漢文という漢字文は，表記でしかとらえられないことによる。これを文体ととらえるならば，「倭文体」（毛利2003）などと表現されることになろうが，その是非は保留しておく。

◆第6章◆
15世紀の英語とフランス語の接触
キャクストンの翻訳を通して

家入葉子・内田充美

1. 序論

　第1章でも述べられているように，英語は，さまざまな言語との接触を繰り返しながら，今日の姿に発達してきた。現代英語で借用語（loan word）の割合が高いことはよく知られている。Thomason（2001：10）は，ある統計では借用語が語彙全体の75％にも上り，その多くがフランス語とラテン語であるという。語彙に見られる他言語の影響は，まだゲルマン語としての特徴を色濃く残していた古英語期（～1100年頃）から少しずつ大きくなり，ノルマン征服（Norman Conquest, 1066年）を経た中英語期（1100年～1500年頃）に一気に拡大する。Schendl（2012：511）は，その拡大の様子を，「古英語の語彙は25,000語から30,000語で，そのうちの約3％が借用語（ほとんどはラテン語）である一方，*Middle English Dictionary* に掲載されている約60,000の語彙では，25％から30％が借用語である。そしてこの拡大に寄与しているのは，フランス語，ラテン語，スカンジナビア語からの借用である」と述べている。さらにSchendlは，スカンジナビア語と英語については親密な接触（intimate contact）を特徴とするのに対し，フランス語およびラテン語は英語よりも社会的・文化的により高級な言語であった（high social and cultural prestige をもっていた）と述べている。このように英語は，さまざまな言語とさまざまなタイプの接触を繰り返し，新たな語彙を取り込みながら，今日の姿を形作ってきた。いわば「借用体質」を獲得した言語のひとつであるということができる。語彙は，言語接触の影響がもっとも典型

的に現われる領域である〔⇨第10章第2節参照〕。

　一方で，古英語期におけるスカンジナビア語との接触の影響は語彙レベルにとどまらず，語尾の衰退を急速に推進し，英語の文法体系そのものを変化させたともいわれている（Poussa 1982, Mitchell 1988：342）。実際，古英語から中英語にかけての変化とそれに伴う両者の落差は大きく，中英語をクレオール（creole）であるとする見方もある〔⇨第1章参照〕。さらに，Nevalainen & Traugott（2012：6-7）は，言語接触が類型論的（typological）な影響を及ぼすことに言及し，その一例として中英語における統語・形態・音韻上の変化をあげている。

　このように，英語が経験してきた言語接触の影響は多面的である。本章では，その多面性を具体的に明らかにするために，英語と接触してきた言語の中で，特にフランス語を取り上げて議論をすることにする。ノルマン征服以降，英語はフランス語との接触において，深くその浸透を許容しながら自らの歴史を歩んできた。本章で扱うのは，特にフランス語の語彙の借用がピークに達する中英語後期である。より具体的には，キャクストン（William Caxton）がフランス語から15世紀英語に翻訳した『パリスとヴィエンヌ』（*Paris and Vienne*）を分析しながら，多言語社会において，多言語使用者としてのキャクストンが，多言語にどのように向き合ったかを検討する。第2節でキャクストンの翻訳全般を概観し，第3節以降で，言語分析を行う。

2. 多言語社会における多言語使用者

　キャクストンは，印刷技術をイギリスに初めて導入したことで知られているが，多数の文学作品をフランス語やラテン語等の外国語から英語に翻訳した功績も大きい。『パリスとヴィエンヌ』も，キャクストンが当時のヨーロッパで広く読まれていた文学作品（騎士物語）をフランス語から当時の英語に自ら翻訳して印刷した1冊である。以下では，フランス語が比較的深く社会の中に浸透していた中英語社会において，英語とフランス語の両方に関わりながら，文献を社会の中に提供する活動を行ったキャクストンの翻訳を社会言語学的な視点も交えながら検討し，当時の言語接触の様子を考察する。

2.1 言語接触の担い手としての翻訳者

まず,言語接触を論じるときに,あえて個人の言語使用に着目する意義を考えてみたい。ノルマン征服以降のイギリス社会は,英語にフランス語が加わり,さらにラテン語も使用する多言語社会であった(Rothwell 1994：45)。この時期におけるフランス語およびラテン語からの影響は甚大で,特に借用語に焦点を当てた語彙研究では,膨大な研究の蓄積がある。この点に関して Hickey(2001：132)は,言語接触の議論は歴史言語学とともに歩んできたと述べている。さらに語彙の借用が社会の変化と切り離して議論できないことを考えると,伝統的な言語接触の研究は,そのまま歴史社会言語学であったということもできる。

一方でこれまでの研究では,多言語社会を全体として捉える傾向が強く,その社会における個人が強調されることは少なかった。多言語社会といっても実際の言語使用者のほとんどは単一言語の使用者であったこと(Machan 2012：520 参照),また過去の話し言葉の調査が事実上不可能であることを考えれば,無理からぬことであろう。しかしどのような言語活動も,基本的には言語使用者の活動であり,言語接触も,言語使用者の接触である〔⇨第 1 章参照〕。近年は,英語とフランス語,英語とアングロ・ノルマン語(イギリス社会に定着したフランス語)が共存する資料の分析を通じて,言語使用者がどのようにコード切り替え(code-switching)を行ったかを分析するなど,個人(匿名の場合も含めて)の多言語使用にも関心が向けられてきている(Ingham 2011 など)。実際,個人の多言語使用を観察するための資料は,中英語期においても,必ずしも皆無ではない。たとえば翻訳についての研究は,これまで歴史社会言語学とは比較的距離のあるところで進められてきたが,考えてみれば,翻訳に関わった人々こそ,多言語使用者の典型であったということもできる。

借用語については,どうしても英語(受け入れ側の言語)での初出がいつか,という点に関心が集まる傾向があった。このような視点に立てば,社会を全体として捉えることになろう。しかし借用は,新しい語が試行的に使用される過程を通じて,徐々に導入されていくものかもしれない。すでに英語に入ったと思われる語も,多言語使用者が利用を繰り返すなかで,定着していくということもあるだろう。この過程で,一時的に使用されるだけに終わってしまう語もあるだろう。また翻訳は,借用の入り口の

ひとつであると考えることもできる（Koivisto-Alanko 1999：205-206 参照）。加えて翻訳者は，次にも述べるように，その受容者すなわち読者を意識することもある。その意味で翻訳作品は，多言語話者である翻訳者個人の言語使用の現れであるだけでなく，間接的に当時の人々の言語感覚を映しているともいえる。

2.2 キャクストンの翻訳とその社会的意味

　言語が広がる過程について，Quirk（1988：229）は，人々の移動による場合，人々の移動が伴わずに思考等の広がりによる場合，政治的な支配関係が生じた場合に言及している。ノルマン征服によるフランス語の広がりは，政治的な支配関係が生じた場合であり，英語とフランス語の関係を論じる際にもっとも注目される部分である。これに対してキャクストンの翻訳による影響は，2番目，すなわち人々の移動ではなく，翻訳活動を通して言語接触を社会化した事例であるということができる。

　1476年にウェストミンスターに印刷所を開設したキャクストンは，上述のように，初期の印刷本の多くを自ら翻訳しており，文字通り多言語使用者であった。個人として多言語使用者であっただけでなく，翻訳を社会に提供することで，言語接触を個人のレベルから社会のレベルに拡大する役割も担っていたといえる。翻訳者キャクストンが今日の歴史社会言語学的な意味でこの点に気づいていた可能性は皆無であろうが，出版業を本業とするキャクストンは，市場への意識をもった社会的存在であり，読者への配慮も持ち合わせていた（Knapp 1998：80-81 参照）。

　ウェストミンスターで出版業を開始するにあたり，キャクストンがいかに明確な意図をもって事業のありようを選択したか，その決断の基盤となった大陸での経験がどのようなものであったかはHellinga（2010：1-4章）に詳しい。数十年間の大陸での経験が多言語使用者キャクストンの事業家としての，また，翻訳者としてのその後の方向性を決定づけたようである。キャクストンは，ほかの大陸の出版業者との差別化を計るために，ラテン語ではなく英語の書物に事業の重点を置いた。それまで書物の企画において一般的であったパトロンの庇護に頼るのではない事業のあり方を目指したため，商人層など新たなマーケットを創出するような文学作品が必要であった。そして，それにふさわしい作品をキャクストン自身がフラ

ンス語から英語に翻訳したのである（Hellinga 2010：5-8 章参照）。『パリスとヴィエンヌ』の出版は，印刷出版事業が軌道に乗り，キャクストンが多忙を極めていた時期（1485 年）に当たるとされる。また，翻訳者としての技術や自信も，この頃には十分確立していたとされている（Leach 1957：xxvi, Hellinga 2010：111 など参照）。

　翻訳の社会的意味を考えるにあたって意識すべき点は，伝統的に翻訳という活動には，自国語の質を高める意識が伴っていたことである。すなわち翻訳は，テキストを「移しかえる」以上の社会的意味を有していたのである。Blake（1992：7）は，古い時代の翻訳は今日とは異なり，「自国語の教育，言語，文体の水準を高める」ものであったとし，ギリシャ語，ラテン語，フランス語等，英語に対して上位と考えられる言語から英語に翻訳するのが通常であったという。翻訳という活動そのものが，言語接触を通して他言語の影響を積極的に受け入れるための活動であったといってもよい。

　一方で，中英語後期以降になると，英語に対する人々の自信も芽生えてくる。たとえば Ellis（2000 a：43）は，中英語後期になると英語が成熟した言語であることに人々が自信をもち始めたことに言及し，チョーサー（Geoffrey Chaucer）にはすでに英語の独立性を意識した言語相対主義（linguistic relativity）の姿勢が見られると指摘している。また，翻訳にはそもそも様々な「自由度」が許されていて，宗教のジャンルに比べると，『パリスとヴィエンヌ』のような文学作品では，この自由度が比較的高かったといってよい（Ellis 1982 参照）。言語的な影響を受けるにしても，独自性を発揮する余地が残されていそうである。さらに興味深いことに，キャクストンの翻訳については，その不正確性が指摘されることも少なくない。Blake（1966：131）は，キャクストンがフランス語やオランダ語に精通していたことを認めながらも翻訳に誤りがあることに言及し，その理由として急いで作業をしたことをあげている。また，キャクストンの翻訳には外国語がそのまま使用されているだけと思われる場合もあり，これをもって語彙の借用というのも難しい。これらの点も踏まえて，キャクストンの翻訳の言語を分析することにする。

3. 『パリスとヴィエンヌ』に見るキャクストンの語彙

　本節では,『パリスとヴィエンヌ』におけるキャクストンの翻訳を具体的に見ていく[1]。テキストを概観すると,キャクストンは言語を単純に移しかえている場合もあるが,同時に主体性な工夫を施しているようでもあることに気づく。翻訳全般について Ellis（2000 b：443-444）は,「翻訳が単なる原典を別の言語に移しかえたものではなく,新たな言語における表現活動であるという考え方は,1980 年代の半ばあたり以降の見方である」とし,表現活動としての翻訳への再評価をうながしている。たしかにキャクストンの翻訳には不備もあり,また,それほど意識を払っていないところでは,フランス語を対応する英語に機械的に置きかえていることもあるが,一方で,キャクストンに市場や読者への意識があったことも上述の通りである。やはりキャクストンの翻訳には,工夫や表現活動といってもよい側面がありそうである。

3.1　「名誉」と「騎士道」

　翻訳者の工夫や創意は,自らの言語活動に対する意識が働きやすい語彙面,特に作品のテーマに関わるような名詞の翻訳などに端的に現れている。こうした名詞の例としてまず,フランス語の honneur と chevalrie をとりあげ,キャクストンがどのような翻訳を行っているかを観察する。なお,以下に示す対応調査にあたっては,本文に表記している綴り以外の形（性数一致による変化形や異綴り）を含めた用例を収集して観察・分析しているが,議論の煩雑さを避けるため,本文中では代表的な綴りのみを用いていくこととする。

　騎士物語のテーマといえば名誉（honneur）であろう。騎士（chevalier）は名誉のために生き,心身の鍛錬である騎士道（chevalrie）に精を

---

[1]　本調査は,キャクストン版は Leach（1957）,フランス語版は Babbi（1992）にもとづいている。その電子版の作成とパラレルコーパスを提供してくださった西村公正氏・尾崎久男氏に謝意を表したい。Babbi が校訂に使用した写本 Bibliothèque Nationale, Fr. 20044 は,キャクストン版と一致する箇所が多く,キャクストン版にかなり近い関係にあると考えられている（Leach 1957：xxii–xxvi）。

出す。『パリスとヴィエンヌ』のフランス語版で名詞 honneur が用いられている文脈を見ていくと，語そのものが表す意味合いの幅が意外と広いことに気づく。一騎打ちで相手に勝つこと，馬上試合大会で優勝すること，その結果として大切な人や物事の証をたてることを指す例もあれば，その結果として与えられる賞金や賞品，高められた評価や評判，さらにそれがもたらす幸福感を指すこともある。騎士が勝利することによって何かの証を立てた場合，証を立ててもらった人も honneur を受けることになる。たとえば，この作品の前半では，美人だと評判の姫の中で，どの姫が最も美しいかということを決めるための馬上試合の様子が描写されるが，そこで優勝した騎士自身だけではなく，その結果最も美しいと証明された姫についても，honneur を受ける，という表現が用いられている。

一方，戦や武術とは関連のない文脈で，何かが行われた結果として，別の人に honneur がもたらされる（たとえば娘が結婚することによって父親に）という用法も見られる。さらに，日本語でいう「礼を尽くしてもてなす」「表敬訪問をする」「うやうやしく〜する」にあたる行為を表す名詞として用いられていたり，「神の（によって与えられる）名誉」もあれば，よりばくぜんと人の価値を表す表現手段として「その人に大きな honneur がある」といった言い回しもある。

フランス語版で 72 回使われている honneur のうち，キャクストンによる英語版では 44 箇所で honour が用いられており，上記で列挙したフランス語 honneur の意味のいずれもが，少なくとも 1 度は英語の honour に移しかえられている。英語の honour がフランス語の honneur と同じくらい広い意味をもっていたことがわかる。ここで興味深いのは，それにもかかわらず，別の 12 箇所において honour より古い語 worship が用いられている点である。戦や勝利のニュアンスをもつ worship で置きかえられているのは，上で述べた意味のうち，戦や武術と関連のある用法のものばかりである。特に，物語の始めにある，華々しく猛々しい馬上試合大会の描写において集中的に現れていることからも，キャクストンは意識的にこの語を選択することによって，表現に精彩を加えることを意図したのではないだろうか。

同様の傾向が，chevalerie〈騎士道〉の扱いにも観察される。フランス語版で 26 回使われている chevalerie の英語訳は，直接対応する語

chyualrye となっている箇所が 12 と最も多い。しかし，この語のもつ武術に関連する意味に焦点が当たっている 4 箇所では，別のフランス語起源の語で武具を語源とする arms が用いられている。誇りや名誉といった抽象的な意味合いに傾く文脈では，chyualrye をそのまま採用する傾向が見られる。

　一方で，それほど工夫をする必要もないと思われるところでは，さらりとフランス語を英語に置きかえていて，機械的に見えるところもある。cheval〈馬〉は horse，père〈父〉は fader，roi〈王〉は king である。業者でもあったキャクストンには，作品を短い時間で確実に仕上げていく，という合理的な思考もあったのかもしれない。ただし，こういった語の場合でも，詳細に見ていくと，興味深い差異が観察される。たとえば，フランス語で「父と母」となっている表現 7 箇所のうち，英語版でも同様の構造が保たれているのは 2 箇所のみである。父と母の両方が削除されたり「人々」に変わっているのが各 1 例，残りの 3 例では父のみが言及されている。また，誰を指すのかによって用いる語の微調整を行っているところもある。chevalier〈騎士〉の場合，大多数が knight で置きかえられているなか，物語の男性主人公である騎士パリスの父が仕える領主でもあり，女性主人公ヴィエンヌの父でもあるドルフィンを指す部分のみ，英語版で knight ではなく baron が用いられている。

3.2　形容詞と抽象名詞

　つづいて，意味の抽象性と翻訳にあたっての語彙選択という観点から，具体的な事物・人物の描写に用いる形容詞と，それに対応する抽象的概念を表す名詞の翻訳を見てみよう。美を表す形容詞 beau には，英語版では古くから使用されているゲルマン系の fair が，高貴さを表す形容詞 noble には中英語期の借用語である noble が，それぞれ基本的に対応しているが，中には honourable や，ゲルマン系の rich を用いて訳されている箇所もある。その語が描写する人物が誰であるかによって表現を工夫しているようである。一方，抽象的概念を表す名詞 beauté と noblesse については，おおむね beauty と noblesse がそれぞれそのまま対応している。語の意味の抽象度が高くなると借用語をそのまま使用する傾向がある点は，honneur や chevalerie の場合と共通であるともいえよう。

また，一見したところいかにもフランス語の原典からそのまま表現を取り込んでいるかのように思われるような単語についても，実は原典では別の表現が用いられており，翻訳者キャクストンが自らその語を選択しているという場合もある。royalme と renomee は，いずれも 14 世紀以降のフランス語からの借用語とされているが（*OED* 参照），『パリスとヴィエンヌ』の英語版の中でこれらの語が現れている箇所について対応するフランス語版を見てみると，9 例の royalme のうち 3 箇所，9 例の renomee のうち 7 箇所がキャクストン自身の採用によるものである。

3.3　考察

　このように見てくると，言語接触の顕著な恩恵のひとつとして，語彙を増やし，言語が表現力を増幅させるという事実を，もう少し積極的に評価する必要があると気づく。言語接触により言語が豊かになるという視点はこれまでにもあったが，「語彙の不足」(lexical gap) をおぎなう文化的接触の側面が強調されすぎたと感じる。必然的に，英語とフランス語との接触は上位語・下位語という視点から論じられてきた。翻訳が伝統的に自国語の質を高めるために行われてきた，という議論もすでに紹介した通りである。語彙は言語の一端でしかないので，本節での分析をそのまま一般化することは難しいが，言語接触を通して新しい語彙を獲得し続けた英語の方が，むしろ多様性をより豊かな形で利用できる立場を創出していると見ることもできる。中英語期の多言語社会にあって，英語とフランス語の上下関係は否定のしようがない事実であったろう。しかし，視点を抽象化しすぎると，言語接触の本質が見えにくくなるのもまた事実である。

　また上述のように，言語接触と借用語について語る場合に，特定の語がいつ受け入れ側の言語である英語に入ったのかに焦点が当てられることが多い。しかし，言語接触とは一回性の現象ではなく，多くの場合に継続的な現象である。この点もまた，抽象化した見方によって妨げられてきた視点である。特に中英語期における英語とフランス語の接触は，社会の深部にまで浸透していたので，継続的な多言語社会を全体として捉え，その中で言語使用者がどのような言語活動を行ったかという視点も必要である。もちろんすでに英語の中に浸透していたフランス語については，言語使用者がフランス語であるということを意識しないまま使用する場合もあった

ろう。それでも，言語接触によって表現力を増した言語が人々に何をもたらしたかという視点は重要である。英語の語彙が「多い」という点はよく知られているが，この点が言語接触のあり方をめぐる議論と十分に結びついてこなかった。結果にのみ焦点が当てられる傾向があったと感じる。本章の目的のひとつは，これまで別々のところで議論されてきた問題を，歴史社会言語学の視点から統合することにある[2]。

4.『パリスとヴィエンヌ』に見るキャクストンの統語

　本節では，『パリスとヴィエンヌ』について，統語的分析を行う。語彙とは異なり，統語については，一般に言語使用者の意識が働きにくいといわれる（Iyeiri 2010b など参照）。いいかえれば，語彙に比べて，言語使用者が意識的な工夫を加えにくいということになる。この点に関連して，社会言語学でよく使用される用語に「下からの変化」（change from below）があり，この場合の「下から」（from below）は，意識よりも下（意識されないところ）からという意味と，社会的下位からの意味合いで使用される場合とがある（Millar 2012：12-14 参照）。一般には両者の意味が矛盾しない形で共存している場合も少なくないが，統語現象については，純粋に「意識の働かないところ」の意味で使用してよい場合も多い。

4.1　pray に続く表現

　翻訳に際して統語的な現象がどのように移しかえられているかを見るために，まず動詞 pray〈懇願する〉の構文を取り上げる。pray は語彙的にもフランス語起源であるが，ここで扱うのは，この動詞のあとに that 節が続くか不定詞が続くかという構文の問題である。『パリスとヴィエンヌ』

---

[2]　一方で，ここでの議論は，語彙の不足を補うために借用が行われることも多いことを否定するものではない。Horobin（2012：584）は，Chaucer が天文学上の語彙の多くをラテン語から借用せざるをえなかった点に触れている。専門用語など，英語がさまざまな言語の助けを借りながら語彙の不足を補いつつ現在の姿に発達してきたのもまた事実である。英語の語彙がしばしばゲルマン系のものとフランス系のものの共存で重層的になっている点については，Adamson（1988：204）など，参考文献が多数存在する。

の英語版にはprayの用例が92例あり，うち88例が「懇願する内容」を示すためにthat節または不定詞の構文を取っている。具体的には，72例がthat節を伴い，14例がtoを伴う不定詞，2例がtoを伴わない不定詞である。次にそれぞれ1つずつ例を挙げる。

(1) wherfore I *praye* you *that* ye wyl gyue me somme counceyl (20/6)[3]
　　〈ですから，どうか私に助言を与えていただきたいのです〉
(2) wherfore my sone I *praye* you *to* take noo dysplaysyr (26/1-2)
　　〈ですから，私の息子よ，どうか不快な気持ちにならないでください〉
(3) Thenne sayd parys I *praye* you late vs goo see hym (66/5-6)
　　〈そこでパリスは言った。どうぞ彼に会いに行かせてください，と。〉

例文（1）のようにprayにthat節が続いている72例のうち，フランス語版に対応する箇所のない2例を除いた70箇所についての内訳を表1に示す。8割を超える58箇所において，対応するフランス語版でもprierのあとに，英語のthat節に対応するque節が用いられていることが目を引く。

表1　英語版でprayのあとにthat節が続く例に対応するフランス語表現

prier＋que節	58
他の動詞＋que節[4]	6
動詞のないque節	1
命令文	2
その他	3
計	70

これに対して，英語版でprayに不定詞が続いている場合，フランス語で対応のくだりがない1例を除く15例の内訳は表2のようになっている。

---

3)　英語版の出典情報はLeach（1957）のページ番号と行番号で示す。
4)　うち2例は動詞vouloir〈〜したい〉に続く2つのque節がそれぞれ独立してpray thatの構造で訳されているものである。

およそ半数が，prier＋que 節ではない構造に対応している。

表2　英語版で pray のあとに不定詞が続く例に対応するフランス語表現

prier＋que 節	8
他の動詞＋que 節	2
動詞のない que 節	1
命令文	3
その他	1
計	15

全体として，フランス語と英語の間にある程度の関連性を観察することができる。

次に，物語の前半と後半での使用状況に違いがあるのかどうかを検討する。主人公パリスとヴィエンヌが互いの想いをたしかめ，駆け落ちを試みるが，それが失敗に終わった後，パリスは異国へ旅立ちヴィエンヌは父の元に戻る。物語のほぼ中間にあたるこの部分でテキストを前半と後半に分け，フランス語版で第21章の始めに当たる部分から後ろを後半部分として，分布を示したものが表3である。物語の後半になると不定詞が多くなることに気づく。それぞれ，かっこ内には，元のフランス語版で prier＋que 節になっている数を内数で表している。prier＋que 節が英語版において不定詞で訳されている8箇所のうち6箇所は物語の後半部分にあることがわかる。また，フランス語の命令文を pray を用いて訳す際には that 節と同様かそれ以上に不定詞も選択されている。翻訳作業がある程度進んだ段階，あるいは原典が複文構造ではないために構文選択にあたっての自由度が増すこうしたケースに，当時の英語の状況が自然な形で表出しているといえるかもしれない。

表3　動詞 pray に that 節が続く例と不定詞が続く例の分布

	およその語数	that 節	不定詞
前半	16,300	33 (28)	6 (2)
後半	14,900	39 (30)	10 (6)

(　) は原典が prier＋que 節である件数

中英語期の終わりから初期近代英語期にかけては，さまざまな動詞について that 節の使用が減少し，一方で不定詞の使用が増加した時期である（Iyeiri 2010 a：8-11 など参照）。2 つの構文を使い分けることに特に文体的な意味合いがあるとは考えにくく，この点で，キャクストンがフランス語の従属節による構文や命令文を不定詞に翻訳したのも，おそらく無意識の言語行動であったと考えてよさそうである。構文をそのまま英語に移しかえることを「影響」と呼ぶとすれば，その影響は自然に後半部分にかけて弱まるようである。ただしその変化は緩やかで，落差は小さい。

4.2　any の使用

　一方，統語といっても意識が働く領域に入ってくることもある。ここではその一例として，any の使用状況を見てみることにしよう。現代英語における any の使用は，否定節や疑問文，あるいは条件節で起こるかなど，きわめて統語的な問題であるということができる。否定，疑問，条件等に関係する統語環境で機械的に使用される傾向があり，any そのものの意味も希薄になっていると感じる。しかし，このような否定，疑問，条件等に傾斜した環境で使われる any（非断定形の any）が確立してくるのは中英語の終わりからで，本格的な発達は近代英語期に入ってからであるといってもよい（Tieken 1995：73）。中英語期の any は，まだ本格的に非断定形としての用法を確立させているとはいいにくく，本来の one を想起させる語源的な意味合いを残していると感じられることもある。さらに興味深いことに，Iyeiri (2006) は，15 世紀の『パストン家書簡集』（*The Paston Letters*）の分析を通じて，英語における any の導入が「（意識の）上からの変化」(change from above) である可能性を指摘している。このような any をあえて選択するとすれば，そこに翻訳者の意識が働いても不思議ではないであろう。ただし，ここで述べていることは，非断定形としての any の使用が拡大する萌芽期の傾向である。近代英語期に入って any が否定文，疑問文，条件節等で機械的に使用されるようになってくると，any を選択することへの意識は当然のことながら弱まってくる。同時に，any の選択もきわめて統語的な現象になっていくはずである。

　『パリスとヴィエンヌ』英語版には any の用例が 55 例あり，うち 53 例が名詞句の限定詞，2 例が代名詞用法で any of ... の形のものである[5]。表

4 は物語の前半と後半に分けた分布を示している。

表4　any の分布

	用例数	1万語あたり
前半	32	19.6
後半	23	15.4
計	55	17.6

　全般の頻度については，中英語後期における any のほぼ平均的な頻度であるといえる（Iyeiri 2002 参照）。一方，前半部分の any の頻度の方が後半よりも若干高くなっていることは，フランス語版との関係を離れても興味深い事実である。テキストの前半部分はおそらく後半よりも言語使用者の意識が働きやすい傾向にあるだろう。前半で any の頻度が高いことは，any の使用にある種の意識が働いていたことを支持するものともいえる。

　次に，フランス語版との関係を見てみることにする。限定詞 any で始まる名詞句の対応を確認すると，フランス語版で最も多い構造は，「どの〜も〜ない」という否定的意味をもつ限定詞 nul を伴う名詞句で，55例のうち22を占めている。翻訳という観点から見ると，原典を半ば自動的に移しかえるのであれば，否定語の no, none で置きかえるのが自然な選択であるといえよう。しかしながら次の（4）と（5）を見ると，英語ではフランス語の否定語をそのまま否定語に置きかえるという選択がなされていない。このような英語とフランス語の構文の「ずれ」からも，any の選択が意識的である可能性を感じることができる。

（4）a.　l'eaue fust baissee et luy et son varlet passerent *sans nul* mal ... (XIX.21)[6]

　　　b.　and the water was soo aualed that they passed wythoute *ony* peryl (40/6)

　　　〈すると水位が低くなっていたので，彼らは危なげなく渡った。〉

---

5)　綴りは ony。2例の any of は，「誰も」にあたる nul（nulz）に対応している。
6)　フランス語版の出典情報は Babbi (1992) の章番号と段落番号をピリオドでつないで示している。

（5） a. et luy pria moult chierement que sa chambre ne se ouvrist point et que *nulle* personne *n*'y entrast. (XI.12)
　　 b. & prayed hir moche derly that she shold not open it / ne suffre þᵗ *ony* persone shold entre therin (20/37-38)
　　〈そして，決してそれ［その部屋］を開けないで欲しい，また誰も立ち入らせないで欲しいと，彼女に熱心に頼んだ。〉

フランス語版（4a）では sans〈～なしに〉と nul が，（5a）では否定語 n[e] と nul が共に用いられているが，キャクストンはいずれも any で対応させている。構文を維持しながらも完全な対応ではなく，単語の置きかえを行っているのである。15世紀の英語では，without や than のような非断定の環境で虚辞の否定（expletive negation）を使用することは，それほど頻繁であるとはいえず，また，打ち消し合うことのない否定語を一文中で重ねて使用する多重否定（multiple negation）も，中英語後期に大きく後退する（Iyeiri 2001）。当時の英語の実態により則した表現方法，すなわち否定を否定に訳さないという選択をキャクストンが意識的に行った可能性が高い。

　一方，any のより統語的な側面としては，any 名詞句がそもそもフランス語の名詞句に対応しているかどうか，が興味深い。表5は，その内訳を物語の前半と後半に分けて示している。

表5　any 名詞句で訳されているフランス語表現

	名詞句からの訳[7]	名詞句でない構造からの訳	計
前半	27 (84 %)	5 (16 %)	32 (100 %)
後半	16 (70 %)	7 (30 %)	23 (100 %)
計	43 (78 %)	12 (22 %)	55 (100 %)

前半より後半において，もともと限定詞のない名詞句に any をつけたり，名詞句ではない構造を any 名詞句で訳する件数が多くなっている[8]。すで

---

7) ここでの論点は，あくまで英語における名詞句の構造がフランス語でも名詞句に対応しているかどうかである。したがって，「名詞句からの訳」は，nul, personne, rien などの非断定に関わる要素を伴う場合と，そうでない場合の両方を含んでいる。

に表 4 との関連で述べたように，フランス語の nul に対応する any は，いわば英語の統語的制約を解決するために，意識的に導入せざるを得なかった場合も多いだろう。後半になると any の頻度そのものは前半よりも低くなる。しかし，フランス語の構造を離れて，英語の any が自由に使用されるようになる点が興味深い。上述のように any の本格的な発達は近代英語期に入ってからではあるが，すでにキャクストンの英語には，any の発達の明らかな兆しを見ることができるといってもよさそうである。原典との対応を見いだしにくい統語環境での any の使用は，キャクストンの英語そのものを示しているといってもよい。

4.3 考察

以上，pray の構文と any の用法を例に，キャクストンの翻訳の統語面の分析を行った。前節で扱った語彙では，翻訳者であるキャクストンが『パリスとヴィエンヌ』の場面の展開や登場人物等にも気配りしながら，場面に応じて一語一語を意識的に選択し，翻訳に工夫を凝らす傾向があったのに対して，統語面では翻訳の傾向が前半から後半にかけて変化し，後半ほど構文上の自由度が高くなるようである。pray の場合も any の場合も，後半ほど，フランス語との構造的な対応関係が弱まっている。ただし，この傾向はあくまで全体として捉えることが可能なものであり，しかも変化は微妙な形で進行する。したがって，テキストの後半部分における自由度の高さは，キャクストンが一文一文に工夫を凝らした結果というよりも，翻訳の傾向がテキストの中で徐々に変化したものと捉えるのがよいだろう。とはいえ全体としては，統語面では，やはりフランス語と英語の間に比較的きれいな関連性，あるいはパラレリズムが観察できることが多く，この傾向はテキストの前半部分で特に強い。また pray のように，そもそもフランス語から英語への構文の移しかえに無理が少ない場合は，この傾向はさらに顕著である。

しかしながら，このようなパラレリズムをそのまま言語接触による「影響」と見るかどうかは，また別問題である。動詞が that 節を取る構文は

---

8) この時期のフランス語では，否定文中で目的語が冠詞 de をとらないことが多い（島岡 1982：23, Gardner & Greene 1958：23-24, 124）。

そもそも英語に存在している構文である。これまでにも，言語接触による統語上の影響について，さまざまな議論がなされてきた。そして，フランス語やラテン語の影響であると考えられてきた英語の構文が多い中で，Fischer（2013）はそのほとんどについて，影響関係を否定する立場を取っている。影響関係が皆無であるということも難しいが，共通の構文が使用されたからといって，それをすぐさま影響関係であると結論づけるのも難しい。翻訳に見られるパラレリズムを影響と見るかどうかは，結局はそのように見ようとするかどうかの問題，すなわち観察者の信念の問題であるということもできるからである。言語の影響関係を証明することは，必ずしも容易ではない。

5. 結論

　以上，キャクストンがフランス語から中英語に翻訳した『パリスとヴィエンヌ』を通じて，多言語社会における多言語使用者の言語活動の一例を議論してきた。翻訳はこれまで文学の枠組みで扱われることが多く，言語に言及する場合でも，今日的な意味での歴史社会言語学と関連づけられることはあまりなかった。しかしながら，中英語期のような多言語社会においても，多言語を使いこなすことができた人々は多かったわけではなく，言語接触の場面に接する「個人」に焦点を当てようとすると，翻訳にかかわった人々の言語活動はきわめて重要な意味をもつと考えてよい。中英語後期はフランス語から大量の語彙が英語に入った時期でもあり，その入り口のひとつとして翻訳があり，キャクストンのような翻訳家は，意識的であったかどうかは別として，個人的な言語接触を社会に広げる役割を担っていた。

　一個人の言語活動に焦点を当てたことにより，見えてきたことも大きい。英語史上の言語接触はしばしば，文化的上下関係で論じられてきた。特にフランス語のような上位の位置づけをもつ言語では，上流から下流への影響関係という視点が強調される傾向にある。しかし，フランス語は中英語期のイギリス社会において十分に浸透した言語でもあった。本章では紙幅の関係で詳しく論じることはできなかったが，イギリス社会に定着したフランス語としてのアングロ・ノルマン（Anglo-Norman）との接触も

日常的であった。また，Lutz（2008）のように，実際にはフランス語が英語の日常的な語彙のレベルにまで浸透していることを指摘する研究もあり，これも浸透の度合いの高さを示すひとつの指標である。このような社会環境で，キャクストンのような多言語使用者が，言語接触によって拡張し続ける言語を使いこなしながら，自由に言語活動をしていたという事実にも目を向ける必要があるだろう。言語接触を上下関係だけで捉えようとすると，どうしても議論は抽象化してしまう。しかし実際には，接触を積極的に行う言語には，言語資源を豊かにし，表現活動の可能性が増大するという恩恵が与えられる。英語とフランス語の接触には明らかに文化的接触の側面があり，英語が特定分野の語彙の提供を大量に受けたことは事実である。しかし，これがすべてではない。翻訳をひとつの表現活動であるという視点が近年強調されるようになってきているとすれば，これもまた歴史社会言語学の枠組みで整合的に理解することができるのである。なお，本章では，紙幅の関係で，語彙と統語に焦点を当てたが，言語接触は翻訳借用（loan translation）や綴り字も含め，さまざまな角度から体系的に議論されるべきテーマであることを最後に強調しておきたい。

● 引用テキスト

Babbi, Anna Maria (ed.) (1992) *Paris et Vienne: Romanzo cavalleresco del XV secolo*. Milano: Francoangeli.

Leach, MacEdward (ed.) (1957) *Paris and Vienne: Translated from the French and Printed by William Caxton*. (Early English Text Society, OS 234). London: Oxford University Press.

◆第7章◆
多言語接触の歴史社会言語学
小笠原諸島の場合

ダニエル・ロング

1. はじめに：小笠原という言語社会

　小笠原諸島では日本語以外の多数の言語を話す人々が共に生活し，何種類かの接触言語を生み出している。本章では，180数年という短い歴史の間に起きたいくつかの言語現象を，小笠原の特有な言語社会の中で考察していく。歴史社会言語学では言語変化が，接触による「言語外的変化」と，接触とは無関係に言語構造が進化する「言語内的変化」に大別される。本章では，両方の変化の例を考察する。

2. 接触によって生み出された小笠原の言語変種

　本章では，小笠原諸島で使用される言語変種を「小笠原ことば」と呼ぶ。これは，この島で使用されるさまざまな言語体系を指す総称である。島民は必ずしもそれぞれを区別しているわけではないが，言語研究者から見ると次の言語体系に分類できる。
　まずは，英語を上層言語とする「小笠原ピジン英語」というものである。これは19世紀におそらく話されていたであろうと思われることばであるが，実在したという証拠はない。というのは，当時の状況からすれば，ピジンが共通のコミュニケーション手段として使われていたと判断するのは最も妥当ではあるが，その文法体系の詳細は不明であるからである。言語がお互いに通じない人々が同じ島に住み，コミュニティを形成していたことが分かっているので，共通のコミュニケーション手段としてピ

ジンが発生したと考えるのは不自然ではないが，なぜそれは英語を上層言語としていたものだと考えられるかというと，全て次のような歴史社会的な状況による判断である。(1) 19世紀半ばごろの小笠原に住んでいた百数十人の島民のうち，英語を母語としていた人はほんの一桁だけで，残りの9割以上の人はポルトガル語，ハワイ語，チャモロ語，ポナペ語，ドイツ語，フランス語，キリバス語などを母語としていた人々であった。(2) 外部の人間として島を訪れた船長の航海日記などを読むと，当時小笠原に住んでいた島民は「ちゃんと英語が話せなかった」といったコメントが書かれている一方，それでも「彼らと英語によってコミュニケーションをとっていた」と記されていた。(3) 島の家庭を見ると，ほとんどの夫婦は異言語話者同士（列えば，夫がポルトガル語母語話者で，妻がハワイ語の母語話者）でたがいにとっての第二言語である英語を使っていた（詳細については Long 2007：第3章）。ピジン発生の典型的な条件とされる「第三者同士による使用（tertiary usage）」が整っていたことが分かる。ピジン英語はよくブロークン・イングリッシュと言われ，非難される。確かにその文法体系は単純化され，語彙（単語）の種類が極端に削減されている。

　次にできたのは「小笠原準クレオール英語」という言語変種である。歴史的に言えば，これはピジンの次の時代に生み出されたことばである。その言語体系に関する詳細は分かっていないが，いくつかの歴史社会言語学的な状況から当時「準クレオール」（クレオロイドとも呼ばれる）の英語が使われていたと判断できる。主に上記のような，両親がピジン英語でコミュニケーションをとっていた家庭が多かったという状況的証拠である。19世紀の小笠原で，こうした言語社会に生まれ育った子供たちの間で準クレオール英語が生じたと思われるのである（ロング 2014）。

　1870年代から日本語諸方言を話す入植者が島に住みついた。八丈島方言をはじめとする複数の方言が入り混じって，小笠原で一種のコイネー日本語が形成された（阿部 2006）。20世紀に入ると小笠原の英語と日本語が入り混じった「小笠原混合言語」も形成されたのである。

3. 音変化

　音変化の法則を見つけるのは J.グリム以来，歴史言語学の重要課題であ

り続けているが，説明のつかない不規則的な変化もある。

　小笠原ことばの「タマナ」（木の名前）はハワイ語の「tamani」に由来することはほぼ確実だが，なぜ母音が変化したのか分かっていない。同じように，小笠原ことばの「フンパ」〈ヤドカリ〉はポナペ語の mpwa に由来するという説が有力だが，そうだとすれば，なぜ子音が変わったのかは説明できない。

　言語接触で説明できる音変化と言えば，次のような興味深いものがある。（1）小笠原ことばで使われている外来語の発音が，（標準語を含む）主流日本語のものと異なる場合。「シェツ」〈シャツ〉，「チェーチ」〈教会〉，「セーロ」〈帆〉，「ウェール」〈クジラ〉など。（2）日本語（外来語を含め）で使われない音が使われる現象。たとえば爪楊枝を意味する「toothpick」は，小笠原で英語の話せない欧米系島民の間でも原音に近い発音（[tuθpɪk]）が使われるが，その根底には，（ア）日本語の音韻規則に反する音の組合せが許されること（日本語の音韻規則で [t] の後に [u] がくると子音が [ts] に変化し [tsu] にならなければならないのに，小笠原では [tu] が許される），（イ）日本語に存在しない音素が使われること（日本語には "th" の無声音の [θ] も有声音 [ð] も存在しない）などのことがある。

4. 意味変化

　小笠原では「言語内的変化」も起きており，それが様々な単語にみられる。ここで意味レベルにおける例として，「意味拡張」現象を取り上げよう。小笠原ことばにはナムラという単語があるが，その意味領域が時代と共に変化している。元々「魚群」に由来し，魚の群れのみを示したが，小笠原では陸の動物（山羊のナムラ）にも広がり，人間にも使われるようになっている。現在は例えば，「向こうから自衛隊のナムラが歩いて来た」のようにも使える（ロング＆橋本 2005）。

　ドンガラは現在「的外れ」という意味で使われていることばである。「弓で山羊を獲ろうとしたけど，ドンガラしちゃったよ」のようにスルと使うと動詞になる。様々な世代を対象に聞き取り調査を行なっていると，意味の変遷が見えてくる。現在は山羊のように陸の動物を銃や弓で獲ると

きにも使われるが，元々は魚を突きん棒漁の銛で獲ることを言う表現であった。島民もその語源が分からないと言っていたし，研究者も分からなかったが，数年前に小笠原ホエール・ウォッチング協会の森恭一氏がその起源を明らかにした。元々捕鯨船で使われた用語で，捕鯨砲が発砲する際に「ドーン」という音をともなって鯨に向けてハープン（長い縄つきの巨大な銛）を打ち飛ばすが，鯨に当たらなかった場合に海中に落ちたハープンをウィンチで「ガラガラ」と巻き揚げる際の擬音語に由来するようである（森＆ロング 2007）。「ドンガラ」の意味は「鯨→魚→山羊の的外れ」，さらに一般に「失敗」となり，「ナムラ」の対象は「魚→陸の動物→人間」のように，それぞれが拡張しているのである。

5. 使用領域の変化

　意味拡張以外にも「専門用語の一般用語化」という現象が見られる。厳密に言えば，これは意味そのものの変化ではなく，使用領域の変化である。「リーファー」は船舶用語で，船（や鉄道列車）の大型冷蔵庫（冷蔵車両）のことを指すことばだが，小笠原ではこれが家庭用冷蔵庫を指す単語として使われている。その理由は島民の話を総合すると見えてくる。戦後，島で釣った魚をグアムなどに出荷するため，米海軍の船の冷蔵庫に詰めなければならなかった。欧米系島民にとって，「冷蔵庫」は戦前（日本時代）にもあった電気ではない冷蔵庫が連想されることばであり，一方，英語で一般の家庭用電気冷蔵庫を指す refrigerator よりも reefer を耳にする機会が多かった。ちなみに，戦前の小笠原では冷蔵庫は，製氷工場で作られたブロック氷を家に配達し，箱型冷蔵庫に入れるという仕組みであった。戦前の小笠原にも製氷工場があって，現在の海洋センター横に工場の跡が（鉄筋コンクリートが崩れかけている姿で）残っている。建物跡の存在を知っている人は少ないため由来を知る人は限られているが，海洋センター近くにある「製氷海岸」はだれでも知っている地名である。

　なお，第4節で取り上げた「ドンガラ」は意味拡張であると同時に，一般化した専門用語という現象にも当たる。

6. 文法変化

　小笠原の欧米系島民の間でホゲルという動詞の文法変化がみられる。具体的に言えば，他動詞・自動詞と関わるので，文法用語では「ヴォイス」（voice）と呼ばれる領域に当たる。

　小笠原の「ネイビー世代」（戦後の米海軍統治下時代に育った欧米系島民）の話者に聞くと，「ホゲル」と「ホガス」という動詞はそれぞれ「部屋がホゲテイル」（自動詞）と「部屋をホガスなよ」（他動詞）のように使われると言う。一方，戦前に育った話者に聞けば「部屋をホゲルな」のような例を挙げ，他動詞しかないと言う。これは八丈島系の使い方と同じである。戦前の話者に確認するとホゲルに対応する自動詞は特にないと答え，「ホガスという言い方は？」とたずねると「自分はそんな単語を使わない」と答える。「ホガス・ホゲル」の例に，「類推」（analogy）によって起きた文法変化が見られる。ホゲルと同じように「-e-ru」で終わっている動詞が他に数多く見られる。「燃える，焦げる，出る，逃げる，冷える」などの自動詞がそれである。そこで，本来他動詞だったホゲルがこれらと同じ自動詞だと誤解され，自動詞として使われ始めた。なお，これらの自動詞に対応する「-as-u」で終わる他動詞がある。「燃やす，焦がす，出す，逃がす，冷やす」などである。これらへのさらなる類推でホガスという他動詞が誕生した（表1参照）。ネイビー世代の「勘違い」（再解釈）による文法変化である。

表1　ホゲル・ホガスのヴォイス的変化

	八丈島方言	戦前世代の欧米系	ネイビー世代の欧米系	
他動詞	ホゲル	ホゲル	ホガス	類推2
自動詞		類推1	ホゲル	

　この変化は単なる文法変化であり，特に社会言語学的な説明は要らないと思われるかもしれないが，筆者はそう考えていない。むしろこれは小笠原ならではの変化と言えよう。考えてみれば日本（内地）の方言には凄まじい幅のバリエーションが見られるが，自動詞・他動詞における変異や変

化はあまり思い浮かばない。この歴史的変化を考えるときに次の社会言語学的要因の考察が重要であろう。（1）この変化を起こした20世紀なかば生まれの欧米系島民は英語と日本語が入り混じった混合言語を第一言語として習得し使用していた（ロング 2012）。そのために日本語の規範意識が薄くこうした変化への歯止めがかかりにくかったと考えられる[1]。（2）閉鎖されたコミュニティであり、内地の日本語話者との接点が無かった。これは、島の人々が心理的に「閉鎖的」であった（よそ者を受け入れない）という意味ではない。もともと人の出入りが極めて少ない言語コミュニティだったということである。戦後、若い欧米系島民が島外で暮らすことはあったが、それは日本本土（内地）ではなくグアムやサイパンだった。もちろん小笠原には米海軍やその家族が滞在しており、その交代もあったので、アメリカ本土の英語に触れる機会はあったが、その人数はどの時代でも数十人程度に止まっていた。いずれにしても、小笠原で聞けない英語変種に触れる機会はあっても、小笠原で聞けない日本語変種に触れる機会はほとんどなかった。（3）小笠原の人口が極端に少なかったため、一旦始まった言語変化があっという間に広がった。

　以上の社会言語学的な要因がこの歴史的変化に関与していたと実証するのは難しいが、ただの偶然と考えるのにも無理がある。

7. 意味領域と単語形式のずれによって生じた特徴

　言語学の一般的な話をしよう。単語には形式（発音）と意味の両側面がある。この節ではまず日本語の単語（形式）の使い方（意味領域）がむしろ英語のそれに近い例を見る。小笠原の欧米系島民が使っている「アウ」や「トル」という動詞がこれに当たる（表2の領域B）。この現象は「英語を日本語に直訳している」というふうにも考えられる。その後、反対の

---

1) 欧米系島民における日本語の規範意識の薄さの具体的な証拠として次のことが挙げられる。小笠原で「唇」の発音としてクチビロとクチビルの両方が使われていることを指摘された欧米系島民は、逆に前者が標準語で後者は島の発音だと勘違いした。また別の島民が内地の人が「タバコを飲む」という言い方を使っているのを聞いて、島で言っている「タバコを吸う」が島だけの言い方だと勘違いした。つまり島と内地に異なった言い方があった場合に、島の言い方は方言だと思い込んでいたのである。

表2　意味領域と単語形式のずれ

意味 / 形式	日本語	英語
日本語	領域 A	領域 B 例：アウ，トル
英語	領域 C 例：skin, can't be helped	領域 D

現象を見る。すなわち使っている単語（形式）は英語だが，意味領域は日本語のものに近い場合である（表の領域 C の skin と can't be helped の意味については後述）。小笠原混合言語は英語と日本語の両方の要素の組み合わせから成るが，ほとんどの場合日本語由来の単語は日本語の普通の意味で使われている（領域 A）し，英語由来の単語は英語の意味のままになっている（領域 D）。割合を調べているわけではないが，おそらく99％以上はそうである。本節で取りあげるのは残りの1％である。

　小笠原には「またみるよ」という別れの挨拶言葉や，「昔の友達をみた」という使い方がある。これらは標準語に訳せば「また会おうね」や「昔の友達に会った（ばったり出会った）」なので，小笠原ことばのミルは標準語の「会う」に当たると言える。この言い方の由来は英語と日本語との接触にある。小笠原の欧米系島民は英語を母語としていたことが分かっている。それは標準イギリス英語や標準アメリカ英語ではなくて，小笠原準クレオールという島独特の英語であったが，英語の一変種と考えられる。現在の欧米系島民の先祖が明治時代に日本語を習得し始めた時に，英語の意味領域に日本語の語形を当てはめて覚える自然習得が起きた。その状況を表3で示す。

　小笠原ことばで言うミルは，語形は確かに日本語だが，意味領域はむしろ英語に近いと言える。同じような例は「あっ，四時になった。薬を取らなきゃ」（薬を飲む）や「シャワーを取って戻ってくるよ」（シャワーを浴びる）にもみられる。これらは英語の take medicine, take a shower のような用法の直訳だと思われる。クルの使い方も標準日本語と異なり，「Tomorrow, you の house に来るよ，okay?」（明日，あなたの家に行くよ。良い？）のように使われる。話者が相手の視点に立って言うから，「行く」ではない「来る」を使う。日本の方言にもこうした使い方がみら

表3 日本語の語形と英語の意味領域による混交形

例文	英語	日本語	小笠原ことば
I met an old friend for tea. 昔の友達と会ってお茶をした。	Meet	会う	アウ
I saw an old teacher of mine at the grocery store today. 今日スーパーで昔の先生に会った。	See		ミル
I saw a rare bird. 珍しい鳥を見た。		見る	

れるが，小笠原諸島にはそうした地域の出身者が大勢住みついたという記録はないので，これはむしろ英語の影響（I'll come to your house tomorrow）だと思われる。

　上記の例とは反対に，小笠原欧米系島民の英語に日本語の影響が見られる場合がある（表2の領域C）。例えば，小鳥を獲るパチンコ（小笠原でゴマジキと言う）の作り方を説明している時に，欧米系島民がY字型になっている木の枝の皮をナイフで剥がすことを，「Get a Y-shaped tree branch and shave the skin off with a pocket knife」と表現したのだが，主流英語では木の場合にskinという単語は使わない。日本語では人間の「皮が剥けた」場合でも，リンゴ，蜜柑，鹿，皮ジャン，ミンクの毛皮，木などの場合にも全部「カワ」（皮，革）を用いる。しかし，英語はこれらの場合にそれぞれ，skin, peel, rind, hide, leather, fur, barkなどと違う語を使い分ける。主流英語ならbarkを用いる所にskinを使う小笠原英語は結果的に英語の語形を日本語の意味領域で用いているのである。

　また，欧米系島民は英語でit can't be helpedという表現をよく用いるが，これは日本語の「仕方がない」の影響を受けていると思われる。

　日本語の「仕方がない」という表現が用いられる範囲は英語より広い。例えば，「meのfatherはfishermanだった。漁の時に稚魚を獲ってしまえば，それはレッコ［海に戻す］だけど，獲っちゃう［獲れてしまう］のは仕方がない」のように，動作主がはっきりする場合に「仕方がない」が用いられる。英語のit can't be helpedはこの場合に使うのは問題ない。

　一方，「仕方がない」は動作主がはっきりしない場合，例えば「戦争の

時に食料なんて足りないよ，それは仕方がない」のような文脈でも使われる表現である。主流英語でこのように動作主がはっきりしない（特定の人でない）場合には it can't be helped を使わないが，小笠原英語では使われる。

　英語の it can't be helped は文法的に言えば受動態で，内容的には能動態の I/you/he/she/they couldn't help it とほぼ同じ表現である。こういうこともあって，動作主がはっきりしない文脈では不自然に聞こえる。欧米系島民が使う it can't be helped は日本語の直訳，そしてそれを日本語と同じ文脈で使っている表現なのである。

　ここまで小笠原の様々な言語変種に見られる言語変化現象をいくつか見てきた。次に小笠原ことばに関する6つの謎を取り上げてみることにしよう。

8. 1840年の単語リストから何が分かるか

　1840年の小笠原の島社会に関する貴重な資料が残っている。日本人が乗っていた船が嵐に巻き込まれて，乗組員が小笠原に漂着し，数ヶ月間島民と一緒に暮らしていた。船を修理して，自力で日本に戻った後，幕府の取調べを受けた。その記録には当時の小笠原の生活が描かれており，島民の服装や住居，漁の仕方などが文書と絵で記述されている。中には，島民が使っていた単語のリストも記載されている。当時の小笠原には既にさまざまな言語を母語とする人々が住み着いていた。ハワイ語，タヒチ語，アメリカとイギリスの英語，イタリア語，デンマーク語，ブラジルと本国のポルトガル語，そしてマリアナ諸島のチャモロ語とカロリン語のそれぞれの話者がいたと思われる。リストに出ている56の単語や表現のうち，ハワイ語が38語で，英語が18語である（延島 1997）。

　なお，このリストは小笠原で聞いたことばなので，ハワイ語の単語はモノリンガルなハワイ人が使っているところを聞いて，英語の単語はモノリンガルな英米人が使っているところを聞いた，という可能性は理論的にはあり得る。しかし，当時島の人口はせいぜい数十人であり，お互いコミュニケーションを取らずに暮らしていたと考えるのは無理があろう。つまり，最も考えやすいのは当時の小笠原島民の間で使われていた日常生活語

はハワイ語と英語の混ざったものであったということである。

9. なぜハワイ語が動植物の名称に残ったか

　小笠原では，動物や植物の名称にハワイ語が見られる。そのことばには，内地から移り住んだ小学生の「島民」でも知っているタマナやビイデビイデという木の名前から，代々島に住んでいる中高年の「島の人」でないと分からないようなアラヒー，ウーフー，ヌクモメ，プヒ，ホーレイ（以上魚名），ハーオ，ルーワラ（以上植物名），そして，地名のプクヌイや性行為を意味するモエモエまで，さまざまなものが使われている。ハワイの人が1830年から小笠原に住み着いていることが分かっているから，このことはなんら不思議ではない。ハワイ語に近いほかのポリネシア系統の言語（タヒチ語，マルケサス語）を話す人もいた。

　しかし，島に定住し，社会への影響を及ぼした太平洋諸島民と言えば，ポリネシアよりもむしろミクロネシアの人々の方が多かった。キリバス諸島やポナペ周辺のモキル環礁とナティック島，さらにグアムやサイパンのチャモロ語とカロリン語の話者は19世紀に長くいたことが分かっている。これらの多くの島は日本の南洋庁の統治下に置かれたので，20世紀になった後でもこれらの言語との接触が続いた。しかも戦後はこの地域と小笠原の両方がアメリカの統治下に置かれた関係で接触がさらに続いた。にも関わらず，これらの言語に由来する小笠原ことばの数は，いくら探しても一桁に過ぎない。カンコン，タガンタガン，シーカンバ，グィリーと言った動植物はチャモロ語起源である。小笠原の地名などに残るコペペや女性器を指すキムは，それぞれモキル語の流木やシャコ貝を意味する単語に由来する可能性がある。オカヤドカリを指すフンパはポナペ語起源説が有力だが，ミクロネシア諸言語の影響はせいぜいこの程度である。

　こうした事実を説明するために応用できる歴史社会言語学的法則は，Mufweneの言う「創立者の原理」である（Mufwene 1996）。すなわち，先住民族があまりいない土地で言語接触が起きた際に影響力が大きいのは長くいた人の言語や多かった人の言語ではなく，むしろ最初に辿り着いた人々の言語である。「早い者勝ち」という原則である。小笠原に最初に来た人たちの中にポリネシア人がいたが，ミクロネシア地域の言語（チャモ

ロ語を含む）を母語とする人が増えたのはその後である。最初に来た西洋人の言語（英語，イタリア語，デンマーク語，ポルトガル語など）には小笠原でみかける熱帯地方の動植物を言い表す単語が無かった。一方，同行してきたポリネシア人はそれらに似た生物が地元にあったため，呼び名がすぐ決まった。後から渡島してきたミクロネシア人にとって，小笠原のコミュニケーション手段はすでに確立しており，自分たちの言語が影響を及ぼす隙間はなかった。別の言い方をすると，小笠原ピジン英語を作ったのは最初の入植者であり，後から来た人はそれを作るのに参加したというよりも，すでに出来上がって島の共通のコミュニケーション手段として使われていたピジン英語を学ぶだけであった。ちなみに，19世紀の古い文献には上でリストアップしたポリネシア起源の小笠原ことばは出てくるが，ミクロネシアの言語やチャモロ語起源のものはほとんど出て来ない。高年層の島民を対象にした聞き取り調査では，後者は20世紀のネービー時代に，グアムやサイパンの人々との接触の中で伝わったことばであることが分かった。

10．なぜ19世紀の小笠原ピジンで英語が上層言語となったか

　19世紀の小笠原ではピジン英語そして準クレオール英語が発生し，使用された。言い換えれば，英語を上層言語とする2種類の接触言語があったわけだが，なぜ英語だったのか？なぜピジンハワイ語ではなかったのか？なぜピジンポルトガル語ではなかったのか？このような歴史社会言語学的問題を考察する前にまず，ピジンやクレオールという言語体系，そしてピジン化，クレオール化という現象のそれぞれの性格や定義について確認しておきたい。
　ピジンというものは定義上母語として使っている人がおらず，使っている人は皆別の言語を母語としている。言語学的にそれが何を意味しているかと言うと，ピジンは言語体系としては制限されていることを意味する。ピジンでは単語をつなげて簡単なことに関する意思疎通はできるが，難しい話をするために必要不可欠な高度な文法事項を持っていない。例えば，明確な仮定法を持っていないかもしれない。"Me catch fish"（私，魚，釣る）とも言えるし"You make soup?"（あなた，汁，作る？）とも言

える。しかし，この二つの短文を条件表現でつなげた複文（もし私が魚を釣ったら，汁を作ってくれる？）は，ピジンでは容易には作れない。母語でそうした発想ができてもピジンで明確に表現する手段（文法事項）がない場合がよくあるからだ。

　ここで忘れてはいけないのは，ピジンを日頃使ってコミュニケーションをしている人たちは別に知能が劣っているというわけではないということである。ピジン英語は，英語が上手に話せる人からすれば，「崩れた言語」と思われるのは止むを得ないことであろう。しかし，理解できない言語を長期間耳にするだけで，その単語の意味や文にするときのつなげ方を推測し，意思疎通ができるようになるということはかなりの分析能力を要すると思われる。

　「自然言語」（ピジンではない，子どもが周りから第一言語として習得する言語）が母語である場合，その人の思考回路で考えられることはことばにして表現できるはずである。「英語には『遠慮』や『我慢』という言葉がない」という発言をよく聞く。確かに，英語でこれらが持つ様々なニュアンスを全て持ち合わせている一個の英単語は存在しないかもしれない。しかし，だからと言って，英語を使ってこれらの意味を説明できないわけではない。同じように，「日本語には英語のような未来形がない」とか「定冠詞・不定冠詞の区別がない」と言う。確かにそうだが，だからと言って日本人は自分の表現し得ることに限界を感じているかというと，そうではない。人間は自分の母語なら考え得ることは全部ことばとして表現し得る。その母語はクレオールの場合も同様である。ピジンはその話者の母語ではないので，言えない事柄，表現できない文法的事柄がある。では，そうした限界にぶつかったピジン話者はどうするかと言えば，黙って我慢するしかない場合があるだろう。ピジン化というのは極度な単純化である。ピジン化では言語体系（語彙，文法）が壊されるが，一方，クレオール化はその反対の現象で，文法の修復，複雑化である。クレオール化は，ピジンを聞いて育った子どもたちの間で，ピジンの欠点を修復するように，子どもたちが新しい表現を作り始める現象である。それはもちろん顕在的に意識してやっているわけではない。脳が無意識に行なっている修復作業である。

　さて，一般的な言語接触理論に関する知識のおさらいの部分が長くなっ

たが，次に小笠原で起きたピジン化と準クレオール化について考えたい。19世紀の前半に小笠原に住み着いた人々の中には英語圏話者が決して多かったわけではない。それでもピジンハワイ語やピジンポルトガル語ではなく，ピジン英語が島のコミュニケーション手段となったのである。なぜ英語が勝ち抜いたのであろうか？　ピジン化の場合，上層言語となるのは「力」を持っている人々の母語だが，その力には様々な種類のものがある。「人数の多さ」による力もあるが，優れた技術を持っている，武力や暴力を行使する，他民族にとって魅力的な宗教を持っている，経済力，などさまざまな力の源が考えられる。小笠原の場合は次の要因が英語を上層言語にしあげたと思われる。（1）それぞれの英語非母語話者は小笠原に来る前に（ピジン）英語を既に耳にしていて，「上手」とまではいかないものの，ある程度慣れていた可能性が高い。（2）英語圏の島民は島内の社会にかなりの影響力を及ぼしていた。これは文献からも窺い知ることができる。（3）この時代島は孤立した生活を送っていたと言っても，毎月のように，船が入港していた。（ピジン）英語は，島内のコミュニケーションだけではなく，部外者とのやりとり（港までの水先案内，柑橘類や肉，薪などの物々交換，上陸してからの水探しや狩りのための道案内など）でも役立った。

11. なぜ英語の細かい方言的特徴が残ったか

　19世紀の小笠原でどのような英語が話されていたのだろうか。島生まれ（つまり2世以降）の話者が母語としていたのは本格的なクレオールというよりは準クレオールだったと思われる。クレオール化の段階で元々起点言語にあった細かい方言的バリエーションは（均一化によって）なくなるのが普通である。しかし，小笠原で伝えられた英語には驚くほど細かい方言的特徴が残されている。英語母語話者が圧倒的に少数派だった19世紀の小笠原で方言がなぜ，どのように伝えられたか考えてみよう。

　小笠原英語に見られる英語の方言的特徴をここで二つ紹介しよう。1つは/v/として現れる［w］の発音である。もう1つは現代主流英語で区別が失われている二種類の/or/の音韻論的使い分けである。

　まず/v/としての［w］の使用は例えば，very〈とても〉，village〈村〉

などの発音が wery や willage のように［w］のような発音になる。より正確に記述すればこれは両唇接近音（国際音声記号の［β]）に近いが，本稿ではこの音に近くて分かりやすい［w］で表わす。肝心なのは，主流英語の唇歯摩擦音［v］とも，日本人がよく使う両唇閉鎖音の［b］とも違う点にある。筆者が最初にこの発音に気付いた時はハワイ語の影響だと思った。ハワイ語では［w］と［v］は同一音素の異音であり，列島の名前が［hawaʔi］にも［havaʔi］にも聞こえる。しかし，小笠原英語における「v としての w」はハワイ語の影響だとは考えられない。理由は二つある。まず，ハワイ語では二つの異音が相互に入れ替わってもおかしくない。しかし，小笠原では/w/が入っている単語に［v］の発音が見られることはない。また，ハワイ語において，/v/という音素の異音の分布は直前の母音によって決まる。すなわち，［i］と［e］の後は［v］になり，［u］と［o］の後は［w］になり，語頭や［a］の後は［w］にも［v］にもなる（Pukui & Elbert 1986：xvii 頁)。

　一方，小笠原英語の/v/にも異音の音環境による相補分布が見られるが，それは同一形態素内の母音前で両唇音［w］となり，それ以外の場合に唇歯音の［v］となるものである。従って，visit, very, village, never, provisions, evacuated などは［w］で，living, graves, moved, have, leave, you've はいずれも［v］のままである。実はこの不思議な相補分布は 18 世紀末のマサチューセッツ州やイングランド南東部の英語に見られた。これらは，小笠原社会に多大な影響力を及ぼしたナサニエル・セーボレー氏とトーマス・ウェッブ氏のそれぞれの出身地である。

　現代英語のほとんどの変種に残っていない中英語のなごりも小笠原英語には取り残されている。それは現代の一般米語や標準イギリス英語などで音素融合によって同じ発音となった/or/の二種類の音素の使い分けである。中英語では north や short の類（英語音韻論では NORTH の母音と呼ばれる）と pour, four, aboard の類（FORCE の母音）の母音の発音が違う。小笠原では，前者に［ɒ］，後者に［oə］がそれぞれ異なった音素として使い分けられている。この母音の音韻論的区別も上の子音と同様 18 世紀末のマサチューセッツ州やイングランド南東部の英語にあった（Long & Trudgill 2004）。

母音の特徴は小笠原に生まれたある欧米系三世の話者の1971年の録音資料にはっきりと現れている。子音の特徴もそうである。島でチャーリー爺と親しまれているこの話者は1881年に生まれた。これはトーマス・ウェッブの没年に当たる。この話者を育てた母はナサニエル・セーボレーの末娘だが，彼はチャーリーが生まれる7年前に亡くなっている。これまでの言語接触論研究では，このような細かい使い分けは，それを持っていない英語の非母語話者が周りに圧倒的に多い言語環境では，二世に習得される可能性は非常に低いとされてきた。しかし，この不思議な現象が小笠原で実際に起きたのは紛れもない事実である。しかも，三世のチャーリー爺どころか，五世に当たる彼の孫世代にも rewersion〈返還〉や Wirginia〈ヴァージニア州〉のような発音は現在でもはっきりと，そしてごく普通に聞くことができる。

問題は，どうして生まれる前に死んだ祖父の方言的特徴を受け継ぐことができたかということである。それを明らかにするためには，歴史社会言語学的な要因を考えなければならない。具体的に言うと初代のセーボレーとウェッブはそれだけ島で慕われていた影響力の大きい話者だったということになる。

12. なぜバイリンガリズムに止まらず，混合言語が形成されたか

さて，上で小笠原混合言語がどのように生まれたかを考えた。ここで考えたいのは，それがなぜ生まれたかということである。ここで言う「なぜ」は Labov らが言う「発動の問題」，「なぜその言語変化がこの時代に，この地域で起きたか」という問題である。言い換えれば，「その言語変化は別に起きなくてもよかったのに，なぜ起きたのか」とか「同じような言語状況を抱えている地域や時代に起きてもおかしくないはずだけれども，なぜそこで，その時代には起きなかったのに，今，ここでは起きているのか」という問題である (Weinreich, Herzog & Labov 1968〔⇨第1章2.4節参照〕)。

小笠原混合言語の「なぜ」はつまり，英語と日本語をそれぞれ別々のコードとして併用して使い続ければよいだけの話なのに，つまり，話者はバイリンガルになるだけでよかったはずなのに，なぜそれをせずに，融合し

たコードを発展させたのか，という問題である。

　このことについては，いくつかの要因が考えられる。まず，島民にこの質問をすると，「秘密保持」という答えが返って来る。つまり，混合言語を使えば，周りに日本人やアメリカ人がいても，両方にとって単語の半分しか理解できない。しかも，単語と単語の肝心なつなぎの部分が理解できなければ単語が多少聞き取れても会話の流れ，意図などは摑めない，ということである。すなわち小笠原混合言語は隠語の役割を果たしていたという一側面を持っている。

　しかし，最も重要だったのはアイデンティティの要因であった。日本とアメリカとの狭間で苦労していた欧米系島民は，二つの言語を混ぜないで英語のみを使えば米軍から「仲間だ」と受け入れてもらえたかもしれないし，逆に日本語のみを使えば日本人から同じように同志として受け入れてもらえたかもしれない。しかし，欧米系の人は戦時中にかなり日本人のいじめに遭った。それまで島では八丈系島民と隣合わせの暮らしで何の摩擦もなかったが，島の要塞化と共に内地から渡ってくる人が増え，英語を使用する自分たちを疑いの目線で見るようになった。また，戦争間際になって全員が内地へと強制疎開させられた時には，人種の違う日本国民の存在に慣れていない内地の人から毛唐や黒ん坊と罵られた。ひどい場合は敵のスパイとして竹槍で刺され殺されかけた者もいた。そして，米軍からも異邦人扱いされた。さらに，欧米系島民からすれば1968年の返還は，ワシントンと東京との間の裏取引によって，自分たちの意思と無関係にアメリカ軍に突然裏切られた行為であった。日本に返還された現在でも日本国籍を有している欧米系島民に「自分のことを何人だと思っているか」のような質問をすると「アメリカ人でもない，日本人でもない，ボニン・アイランダーだよ」のような答えが返って来る。混合言語を使うことによって，日本とアメリカの両側から適切な距離を置きながら固有のアイデンティティを保つことができたのである。

13. なぜ小笠原混合言語の基盤言語は英語ではなくて日本語か

　上の節で，小笠原でなぜ混合言語が生まれたかを考察してきた。この節では小笠原混合言語がどのように形成されたかについて考える。まず，小

笠原混合言語の例を見よう。例1は自然会話から抜粋したものであるので，分かりにくいが，そのままの文字起こしである。二人の欧米系島民が昔の台風被害について話している。

《例1》
I：トタンが飛んだら首って切られるからって…Me の sponsor の，何と言うの？その French door, あの glass door が割れて，water が up to the knee だった。そしてさあ，初めて来たのにあんな tragedy あって。
F：あそう？water はあれだったな，わたしらの方は。
I：Water 入ってきた。knee まで入ってきた。そして，また今度 mess-hall に食べに行った。そしたら，恥ずかしいだろう。Back then I was very shy. And you had to stand in line with all the 兵隊.

この短いやりとりからいくつかのことが分かる。

（1）ピジン日本語やクレオール日本語など，他の類の接触言語とは違って，混合言語には単純化や文法的再構築といった現象は特に目立たない。19世紀の横浜で使われたピジン日本語，そして20世紀の台湾で形成されたクレオール日本語は日本人が聞いても理解できない。一方，小笠原混合言語の日本語の部分は標準語と異なるところがあってもそのほとんどは主流日本語と変わらない。たしかに，小笠原混合言語にも，主流英語や主流日本語にはない特徴が散見される。たとえば，八丈島方言の動詞（ブンムグル＝勢いよく潜る）や文末詞（そうだじゃ＝そうだろう，そうだよ），7節で取り上げた中間言語的な特徴（英語の干渉）などがある。また，小笠原混合言語の英語部分には19世紀の準クレオール英語の名残だと思われる特徴が散見される。例えば th の発音が閉鎖音化し，three が tri に聞こえるほか，「とても」という意味で本来標準英語なら「〜過ぎる」を意味する too が使われたり，「暮らす」という意味で stay や stop が使われたりする。しかし，こうした主流英語や主流日本語との違いがあっても，小笠原混合言語の英語の部分は概ねアメリカ人には理解できるし，小笠原混合言語の日本語の部分は概ね内地から来た人には理解できるのである。

（2）英語や日本語，世界のどこの言語にも変異が見られるように，小笠原混合言語にも話者間変異そして同一話者内の変異が存在する。例えば一人称代名詞には「me」（単数形）や「meら」（複数形）が一般的だが，「わたし」や「わたしら」という話者内変異もみられる。

（3）「日本語の文に英語の単語や句がまざる」のが発話の基本的なあり方であるが，反対に「英語の文に日本の単語」の例もたまに見られる。

（4）mess-hall〈軍人の食堂〉や sponsor〈高校留学先のグアムでのホストファミリー，ホームステイの家族〉，French door〈観音開きのガラスとびら〉などのように，日本語でどのように表現すればよいか分からないために使われる英単語もある。しかし，それで説明できない単語もたくさんある。そもそも例1でI氏は「me」や「water」を使っているが，これは日本語の「私」や「水」という単語を知らないとは考えられない。よって，二つの言語が絡み合っている理由は単に「語彙力の不足」ではないことが分かるであろう。

（5）例1の文字起こしには国際音声記号をつけていないが，小笠原混合言語の英語の部分はカタカナ英語の発音になっているわけでもなく，日本語の部分は外国人なまりになっているわけでもない。小笠原混合言語のそれぞれの部分は（概ね）起点言語の発音のままになっている。

（6）小笠原混合言語の最大とも言うべき特徴は，日本語の文構造に英語が単語単位だけではなくて，句（phrase）や節（clause）単位で埋め込まれている点にある。例1の「water が up to the knee だった」にこの事実が見られる。他の談話では「そのうちに just the wife だけで集まって……」のような使用例が多く見られる。

さて，本章ではこれまで，小笠原ではなぜ英語と日本語が絡み合って混合言語になったかということと，2つの言語がどのように絡み合っているかということを見てきたが，最大のなぞは「なぜ混合言語は英語基盤にならなかったか」ということである。小笠原混合言語を使っているのは欧米系島民である。もし彼らの先祖が徐々に日本語の単語を取り入れるようになったのが混合言語の始まりであるならば，「英語の文に日本語の単語」という組み合わせの混合言語になっていてもおかしくなかった。しかし，現実はその正反対である。

言語接触論では，小笠原混合言語における日本語のように文法構造を提

供している言語のことを「マトリックス言語」と呼ぶ。これは「母体言語」とも訳せる。そして英語のように単語や句を提供している言語を「埋め込み言語」と呼ぶ。結論から言うと，現在の状況を説明するために役立つ理論は言語接触論者 Myers Scotton が提唱した「マトリックス言語交代仮説」（Matrix Language Turnover Hypothesis，以下 MLT とする）である（Myers-Scotton 1993）。その弟子である Fuller（Fuller 1996）が米国のドイツ語と英語のバイリンガルコミュニティを対象にした研究で，この仮説をより詳細に説明している。以下で Fuller が解説した MLT モデルの枠組みに，小笠原の歴史的事情を重ね合わせてみる。小笠原で起きた歴史社会言語学的変化を説明するのに有効な理論である。

13.1　MLT が起こりやすい環境

　マトリックス言語交代を起こりやすくする社会環境が三つある。これらは 19 世紀後半から 20 世紀初頭にかけて小笠原で見られた。

　a．優勢言語（日本語）が支配的になっている環境の中でもう一つの少数派言語（英語）が使われている状況が生じる。1870 年代から日系島民のほうが，帰化した在来島民の人数を遥かに上回っていたので，日本語優勢社会となり，その中で英語が少数派言語として使われていた。

　b．英語話者にとって，言語が社会的アイデンティティを表す主要な手段であった。来島した初代の人は「イギリス人」や「アメリカ人」，「ポルトガル人」，「ハワイ人」といったバラバラなアイデンティティを持っていた。しかし，島生まれの二世，三世の間ではむしろ日本人との違いを意識して「帰化人」（後に言う欧米系）という共通のアイデンティティが広まった。そのアイデンティティを保つ手段として英語が（家庭内，帰化人コミュニティ内，教会や英語塾などで）重要な役割を果たした。

　c．小笠原にいた英語話者は主流英語から地理的にも社会的にも切り離されていたと言える。もちろん例外も少しあった。19 世紀にはハワイやグアムの英語コミュニティと手紙のやり取りをしていた記録があり，後には，教育や宗教，貿易を通じて，神戸や横浜の英語コミュニティとの接触もあった（Cholmondeley 1915）。しかし，これらのコミュニケーションを行なうためには数日間の船旅が条件だったので，日常的な言語接触があったというわけではない。

以下，Fuller の示した原則に基づいて，小笠原の実態を段階 1 から段階 5 に分けて述べる。

13.2　第1段階：若年層の二言語使用とコードスイッチング

　19世紀末の小笠原でのコードスイッチングに関する情報はないが，欧米系の若者はバイリンガルだったことが分かっている。話者によってはその能力は通訳や翻訳家を務めるほどのものであった。少なくともモノリンガルな日本人としゃべるときには日本語への切り替えを行っていたものと思われる。明治時代に島の学校では英語による授業があったが，日本語の授業もあった。

13.3　第2段階：単語の借用

　英語しか話せないモノリンガルな欧米系島民話者（19世紀後半の中高年話者）の会話にも日本語の単語が見られるようになる。

13.4　第3段階：アイデンティティを保持した安定バイリンガリズム

　明治時代に始まったバイリンガル化が20世紀に入ると完成し，若年層から老年層までほぼ全員が二言語使用者となる。この事実は多数の話者の録音や記録などから分かっている。個人によっては（バイリンガルでありながら）日本語の方が優勢になる。19世紀末に生まれたナッティ・セーボレーは雑誌のインタビューで，英語を使わなければ父にぶたれたと語っているので，家庭内でも日本語が出てしまうほどバイリンガリズムが進んでいたことが分かる（Sampson 1968：130）。一方，欧米系島民は日本への社会的同化を拒み，別のアイデンティティを保っていたのである。太平洋戦争のときに，日本人名を名乗ることを強制された後でも，今日に至るまで西洋名の方を日常的に使っている。

13.5　第4段階：二言語の役割の明確化

　「文中コード切り替え」まで進めば，それぞれの言語の役割が明確に分かれてくる。すなわち，英語が「マトリックス言語」となり，形態統語的な枠組みを構成し，日本語は「埋め込み言語」となり，単語単位（後に句単位）で提供をする。小笠原では，初期の言語的からみ合いとは英語の中

に日本語の単語（のちに表現や句）を取り入れることを意味したので，最初のマトリックス言語は英語だった。この後，三段階によってマトリックス言語が日本語へと代わっていく。

a． 初期の借用は，語彙的空白が動機となっている。しかしのちに，基本語彙も優勢言語から借用されるようになる。最初に欧米系島民が geta〈下駄〉や sake〈酒〉のように英語に訳しにくい単語から自分たちの英語に取り入れたかもしれないが，徐々に普通の（英語にもあるような）日本語を英語に混ぜるようになった。

b． マトリックス言語の交代が完了する前に，「複合マトリックス言語」という中間段階を経る。小笠原では，日本語と英語のどちらがマトリックス言語になっているか，判断がしにくい場合がある。1920年代生まれの世代の欧米系島民同士の会話を聞いているとなおさらそのような印象を受ける。実際の会話から取った例2をみよう。

《例2》 そこで about two week or three week いたね。

述語の「いた」が日本語であることから日本語がマトリックス言語だと判断したいところであるが，形態素の量から言えばむしろ英語が主要になっている。英語の分からない人が聞けば得られる情報は「そこで……いたね」しかない。

c． 段々と優勢言語（日本語）の機能形態素（Fullerは「体系形態素」と呼んでいる）と一緒に，少数派言語（英語）の内容形態素が使われるようになる。ここまで進めばマトリックス言語がひっくり返った（交代した）と見なさざるを得ない。

13.6 マトリックス言語交代が完成した言語状況

20世紀なかばから数十年にわたって，欧米系島民による混合言語の安定的な使用が続く。しかし，その混合の有り方を聞くと驚く人は多い。予想されるのは，彼らの先祖が使っていた英語をベースに，日本語を部分的に取り入れたものであるが，実態はその逆である。すなわち彼らが後から習ったはずの日本語が基盤となり，それ以前から使っていた英語が部分的に埋め込まれているだけである。この奇妙な状況はMLT仮説によって説明可能となる。しかも，MLT仮説が適応されているほかの地域と似てい

るのは混合言語の言語体系だけでない。それぞれの時代（段階）に見られる歴史的・社会的要因も他の地域のそれと似ていると言える。

14. おわりに：言語の圧力鍋

　小笠原諸島は歴史社会言語学者にとっては研究課題の宝庫である。島であるゆえに，それぞれの時代において社会的要因を突き止めることが比較的簡単だからである。その社会言語学的要因とは，例えば，何語を話す人が何人ぐらいで，誰と家庭を築いていたか，日ごろ何をして生活していたか，誰と関わり合っていたかなどの要因である。

　小笠原のような島はよく孤島と呼ばれる。確かに外の世界から比較的孤立しているし，昔からそうであった。しかし，その代わり，島内の人間がお互いに及ぼす影響が強く，島内の言語接触の度合いが濃い。

　内地（日本本土）のような一般的な言語社会で数百年かかるような変化は小笠原のような孤島では数十年程度で起こり得る。島は言語変化の「圧力鍋」である。

◆第4部◆

言語計画

◆第8章◆
近代国民国家の形成と戦前の言語計画

山東　功

1. 日本の言語計画

　日本において，言語はどのように扱われているだろうか。例えば，日本語という一つの言語は，歴史的な変遷の中で，さまざまなバリエーションを生み出しながら今日に受け継がれている。一方，学校教育や行政施策の分野では，こうした日本語のあり方の中から，ある側面が取り出されることにより，一種のスタンダードが形成されている。ここに，言語そのものの実態とともに，それがどのように扱われるのかという，言語の内的構造とは異なった，外的な見方が浮かび上がってくるのである。そして，扱われ方というものは多分に政治的な意味合いをもつことから，一般には「政策」の名を付して理解されている。国家や地域共同体における「文化」への対応が，時に文化振興〈政策〉として取り組まれていることなどを念頭に置けば分かりやすい。

　社会言語学においては，共同体内部における言語使用に対する統制作用を「言語計画」と呼んでいる。そして，ある地域や社会における言語の優先順位に関する「席次計画」，具体的にどのような言語表現を取り上げるのかという「実体計画」，その言語をどのように普及するのかという「普及計画」という諸段階に応じて，言語計画を理解することが普通である。さらには，それがどのようなプロセスを踏んでいるのかに関して，言語計画における言語の選定，言語計画の成文化，言語計画の遂行，言語計画の精緻化，といった流れを見ていくことも，社会言語学的研究の一つとしてよく取り上げられている[1]。

本章では，こうした日本における言語計画のあり方について，とりわけ明治以降の言語政策（「国語施策」）を中心に，その流れを追っていくことにしたい。

2. 明治期の国語施策と言語計画

2.1 日本における言語計画の流れ

言語計画という観点から，日本における言語の扱われ方について見ていくと，大きく「日本語」と「日本語以外の言語」について立場が分かれる。さらに，日本語については，それが国内における日本語母語話者向けのものであるのか，あるいは国内外の日本語非母語話者向けのものであるのか，という話者の相違も重要な観点となってくる。ここで，国内外における日本語非母語話者向けの日本語に関する言語計画は，そのまま，日本語以外の言語に関する言語計画と結びついてくるが，その扱いは言語によって大きく異なる。例えば現在において，ブラジル日系移民の多く住む国内地域では，ポルトガル語が行政サービス等の現場において大きな役割をもつはずであるが，国内全域で見てみると，やはり英語の方が重視されていると言える[2]。

本章では，国内における日本語母語話者向けのものを「国語施策」（行政用語に倣い「施策」の語を用いる）とし，国内外の日本語非母語話者向けのものを「日本語政策」として区別することとするが，決して互いに独立したものではなく，極めて密接に連動している点について留意しておきたい。また，日本語以外の言語に関する言語計画については，例えば「アイヌ政策」の一環としてアイヌ語の振興などが図られているように，具体的な言語名を冠することで示される。まとめると以下の通りである。

　　日本語に関する言語計画（国語施策，日本語政策）
　　日本語以外の言語に関する言語計画
　　　（戦前）植民地の言語（朝鮮語，台湾先住民族語，中国語，…）政策

---

1) 後で触れる真田・渋谷・陣内・杉戸（1992）や真田編（2006）には，言語計画研究の概略が簡潔に示されている。本書第1章4節も参照。
2) 日本における自治体の言語サービス等の問題については河原編（2004）を参照。

(戦前・戦後) アイヌ語政策
　(戦後) ポルトガル語政策

　ここで，国内における日本語母語話者向けの言語計画について考えてみると，とりわけ明治以降の，近代国民国家の言語として存在する「国語」の構築を念頭に置いた言語計画が極めて重要な意味をもつ[3]。それゆえに「国語施策」という場合は，おのずと明治以降の言語計画を指すことになるが，このことは，明治以前の国内で言語計画が全く存在しなかったことを意味しない。例えば，近代的な政策とは位相を異にするものの，中世における「定家仮名遣」や近世国学者達の言語運用上の規範（いわゆる「契沖仮名遣」）などは，言語計画の一種とみなすこともできる[4]。

　ところで，明治以降における日本の言語計画については，真田・渋谷・陣内・杉戸（1992）において，次のように簡潔にまとめられている。

　　席次計画：（1）標準語の選択
　　実体計画：（2）文字・表記の問題　（3）標準化　（4）近代化
　　普及計画：（5）国語教育の問題

真田・渋谷・陣内・杉戸（1992：172）

　席次計画においては「標準語」の選定が挙げられるが，このことは，日本語以外の言語が日本語以上の位置を占めることがなかったという前提に立っている。つまり，標準語の選定はあくまでも日本語の範囲において計画されていたということである。明治初年に，森有礼が日本語廃止・英語採用論を唱えたり，また戦後の一時期，志賀直哉がフランス語採用論を主張したことなどがあったが，日本語に代わって他の言語を第一におくとい

---

[3] なお「国語」の問題は歴史社会言語学の分野のみならず，帝国主義や近代化論に関する歴史学的研究や，言文一致運動といった文学史研究の分野において，内外を問わず広く注目されている。近年における海外文献では Clark（2009）や Wallentowitz（2011）などを参照。

[4] さらに注目しておきたいのが「漢文訓読」というあり方である。「漢文」は古代中国語を基にした一つのスタイルであるが，それを日本語として読む際に，伝統的には「訓読」という方法で接してきた。近代以降，訓読については言語計画と直接関係のないものとなってしまったが，近代以前において，公的な正文が漢文で書かれ，漢文を読むことが高い教養の一つと見なされていた以上，言語計画的に見ても漢文訓読は極めて興味深いあり方であると言える。この点については山東（2014）などを参照。

うことまでは決して起こらなかった。具体的には，アイヌ語や琉球語（琉球方言として，あくまでも日本語の一方言とみる立場も存在する）は，日本語と同等，あるいは日本語以上の地位を席次計画において占めることはなかったのである。複数言語の勢力が均衡している地域とは異なり，日本においては日本語の優先順位が絶対的に高かったと言える。これは国語教育という面で，普及計画においても共通する。結果として，言語計画を考える上でも，国内における日本語母語話者向けの言語計画が主となってくるのである。

2.2 官制整備と国語施策

　国語施策とは，国家における国語（公用語）に関する諸問題解決方策の一つである。日本において，明治以降の西洋近代化の流れの中，どのような言語によって文明開化を成し遂げるのかは大きな問題であった。先に少し触れたように，森有礼はアメリカの言語学者ホイットニー宛に出した書簡の中で，日本語を廃止し英語を採用することを提唱しているが，これなどは，まさしく明治期における席次計画そのものの問題である。また，各地域においては変種の激しい方言をどう解決するのかについて，国民として等しく意思疎通が図られることが求められる明治以降では大きな課題となった。これは実体計画と関わってくる。さらに，国民国家形成にとって最重要とされる教育制度の整備は，おのずと普及計画として，いずれにせよ言語計画の問題として立ち現れる。こうした点について，明治以降の国語施策の流れについて概観すると，大きく1）明治期，2）大正・昭和戦前期，3）戦後，の3期に分けることができる。さらに明治期については，官制整備が図られた前半（明治30年代まで）と，本格的な国語施策審議機関である国語調査委員会が設置された後半（明治30年代以降）に区分することも可能である。ちなみに，現在の国語施策管掌機関は文部科学省（2001（平成13）年以降，それまでは「文部省」）外局の文化庁（1968（昭和43）年設置）であり，文化庁からは国語施策に関する報告書や通史（文化庁編（2006）など）が刊行されている。

　さて，明治期前半における官制整備の段階に関して，主要事項を並べてみると表1の通りである。

　明治期前半における国語施策のあり方は，官庁の職掌決定といった段階

表1　明治期前半における国語施策の官制整備

1871（明治4）年	文部省内に編輯寮設置（9月18日太政官達）
1872（明治5）年	教科書編成掛（明治6年編書課に変更，明治7年廃止）設置
	文部省直轄東京師範学校に編集局設置（『小学読本』編纂）
	千島樺太交換条約に基づく樺太アイヌの北海道移住に伴う授産教育の実施
	北海道開拓使開拓仮学校附属北海道土人教育所を設置
1879（明治12）年	琉球処分（沖縄県設置）
1880（明治13）年	沖縄県に師範学校，会話伝習所設置（県庁学務課員が標準語教育の任に当たる）
	沖縄県学務課『沖縄対話』編纂
	編輯局再設置「学務上所要ノ図書編輯印行等ニ関スル一切ノ事務ヲ掌ル」
1881（明治14）年	沖縄県に小中学校設置
1885（明治18）年	内閣制度発足
1886（明治19）年	編輯局下に三課設置（2月26日勅令第二号文部省官制）
	第一課　教科書の著訳編述及び校訂に関する事務
	第二課　図書の印刷に関する事務
	第三課　教科用図書の検査に関する事務
1890（明治23）年	総務局図書課設置
1891（明治24）年	大臣官房図書課移管
1894（明治27）年	内閣官報局が官報記載指針として『送仮名法』刊行
1897（明治30）年	図書局設置　教科書編纂に関する事務を管掌
	東京帝国大学文科大学内に国語研究室設置
1899（明治32）年	北海道旧土人保護法
1901（明治34）年	北海道庁令「北海道旧土人児童教育規程」

にあったことがうかがえる（アイヌ（語）については北海道（開拓使），琉球（語）については沖縄県の管轄となる）。これは，言語計画における主体の確定という意味で重要な点である。明治期前半では，自由民権運動のような民間の政治活動が活発であり，民間主導という点では，19世紀末（明治30年代）を頂点とする言文一致運動も，大きな潮流を形成していた。例えば，言文一致運動では二葉亭四迷や山田美妙ら文学者の活躍もさることながら，教育界でも帝国教育会が1901（明治34）年に，貴族院・衆議院両院に対して「言文一致の実行に就ての請願」を提出し採決されている。こうした中で，いわば官の側では，施策をめぐる職掌機関の決定という官制整備を粛々と実行してきたわけである。言語計画における官僚制のもつ意味については，改めて考えなければならないところである。

官制整備にあたっては教科書や公文書における表記基準の策定が重要な要素となっていた。官僚制に見られる文書主義は，必然的に仮名遣いや送り仮名といった表記に関する規範について，政策レベルで決定することを要求したのである。しかしそうした政策決定に際しては，正当性の主張や合意形成の面において，どうしても精緻化が求められる。さらにこうした点は，日本における近代化の問題として特に意識され，いわゆる「国語問題」と呼ばれる一つの問題意識が成立することになる（実質的には文字表記が中心的な課題であったことから，具体的に「国語国字問題」と呼ぶことも多い）。そして，この国語問題の解決のために，さらには国語施策に関する学的根拠付けとして，本格的な「国語」の研究が求められ，ひいては「国語学」の成立へと繋がっていくのである[5]。

　ところで，国語施策と国語学との関係について見ていく前に，アイヌ語と琉球語に関わる政策の流れについて，言及しておくことにしたい。

　アイヌ語に関する施策については幕府の和語政策に起因するが，明治以降の教育制度については，1872（明治5）年の千島樺太交換条約に基づく樺太アイヌの北海道移住に伴う授産（農業・漁業指導）教育の実施を指すことが多い。なお同年には北海道開拓使が開拓使仮学校附属北海道土人教育所を設置している。1899（明治32）年の「北海道旧土人保護法」や1901（明治34）年の北海道庁令「北海道旧土人児童教育規程」によりアイヌ児童に対する国語教育が制度化され，1908（明治41）年には教科や修業年限に関する区分が撤廃されるなど，いわゆる同化政策が徹底することになった。

　琉球については，1879（明治12）年の琉球処分によって沖縄県が設置され，琉球王国以来続いた教育機関は全て廃止された。初代県令鍋島直彬による旧慣温存政策の中，1880（明治13）年には師範学校が，1881（明治14）年には小中学校が設置され，学校教育における同化啓蒙活動としての標準語政策が積極的に進められるようになった。また，師範学校の設置とともに，1880（明治13）年には会話伝習所が設置され，首里那覇在住の旧藩学生の中から優秀なものを選抜して入所させ，県庁の学務課員が

---

[5]　国語の成立と国語学との関係については，安田（2006）においても詳述されている。

標準語教育の任に当たった。同年には沖縄県学務課により『沖縄対話』が編纂され，標準語の教科書として使用されるなど教育内容も整備されていくが，この流れは後に，いわゆる方言札なるもので象徴的に表される，1917（大正6）年の方言取締令へと継承されていくことになる。

2.3　国語施策と国語学・国語教育

　日本における日本語研究は，中世歌学や近世国学の言語研究などに見られるように，長い歴史を有している。しかし，「国語」としての日本語が，研究分野において本格的に意識されるようになるのは明治以降のことである。ヨーロッパ留学から帰朝した上田万年が1895（明治28）年に起稿した「帝国大学文科大学に国語研究室を興すへき儀」には，以下のように，国語問題の解釈（解決）のため，科学的知識に基づいた「国語」の研究が日本には不可欠であると説かれている。

> 帝国大学は国家の須要に応ずる学術技芸を教授し及其蘊奥を攻究するを以て目的とする所なれは即其分科たる文科大学は応に進んで此重要なる国語問題を解釈すへき責任を有する所とす　是に於て小官は我文科大学内に其研究室を創立し茲に其研究資料を網羅し茲に有為の子弟を教育して緻密なる科学的智識及方法を以て此広大深遠なる事業の各方面より漸次合期的の解釈を試み行く事の最良策たることを信ず
>
> 　　　　　（引用は東京大学国語研究室創設百周年記念国語研究論集編集委員会編（1998）による）

　具体的な「研究に関する事項」については，以下の五項目が取り上げられている。

　一　国語に関する著書を網羅しこれを研究室に備へ附くる事
　　　附其学科的人名的書名的分類目録を編纂する事及ひ貴重にして且必要なる書籍は出版に従事する事
　　　但第一項の事業の一部は既に博言学教室に於て着手し居る者なり
　二　研究室に当分十二名の研究生を置く事
　　　但し学生にて志願する者少なき時は有志研究生を募集すへき事
　三　文典及大辞典（他日帝国大学に望むへき大事業）の編纂準備に着手すへき事

四　方言攻究の事
　　五　教育上必要な事項を攻究する事
　　　仮令は文字の事仮名遣の事小学生徒に必要なる語彙の事其他読書作
　　　文教授法等に関する事項等の如し

（同上）

　ここでは文法書や辞書の編纂，方言研究などといった本格的な日本語研究に着手することの重要性が訴えられている。これを受けて1897（明治30）年，東京帝国大学文科大学内に国語研究室が設置されるが，注目すべきは「国語学研究室」ではなく，あくまでも「国語研究室」とした点である。今日でも「東京大学文学部国語研究室」の名称は保持されているが，国語施策や国語学によって「国語」が構築されるというあり方を，如実に示していると言える。さらに「国語」は，1900（明治33）年に尋常小学校での教科として，正式に位置付けられる。すなわち，国語は「国語施策」「国語学」「国語教育」の三要素によって成立するのである。

　ところで，ここで指摘した「国語教育」については，普及計画を考える上で大変重要である。また，国語学においても「教育上必要な事項を攻究する事」と指摘されていたように，国語の普及という点で国語教育は極めて重要視されていた。上田万年や保科孝一は，そうした国語学のあり方を体現した国語学者である。なお，国語教育に関して見ておくと，1886（明治19）年における教科書検定制度の導入を経て，1903（明治36）年には国定教科書制度が実施されるなど，教育全般にわたる国家統制という大きな流れが存在する。これを受けて，教科書における文字表記の統一が図られ，いわば国語に対する国家統制がなされていったのである。また国定教科書については，1903〜1904（明治36〜37）年刊行の『尋常小学読本』の編纂趣意書に「文章ハ口語ヲ多クシ用語ハ主トシテ東京ノ中流社会ニ行ハレルモノヲ取リカクテ国語ノ標準ヲ知ラシメ」と明確に記載されているように，標準語の制定と不可分の存在であったこともうかがえる。ちなみに，小学校の就学率も1910年代には90％を超え，「国語」の普及は一層本格化していく。

　さて，東京帝国大学文科大学国語研究室設置による「国語学」の成立にともなって，国語教育や国語施策の基盤が構築されていく。特に，国語施

策については「国語調査委員会」，「臨時国語調査会」，「（官制）国語審議会」，といった諮問機関が政府内に設置されることによって，施策立案が本格的になされることになった。

2.4 国語調査委員会

日本における国語施策諮問機関の嚆矢は，1902（明治35）年設置の国語調査委員会である。同委員会では1902（明治35）年4月から6月にわたり9回委員会を開き，次のような調査方針を決定している。

　一　文字ハ音韻文字（「フォノグラム」）ヲ採用スルコトヽシ仮名羅馬字等ノ得失ヲ調査スルコト
　二　文章ハ言文一致体ヲ採用スルコトヽシ是ニ関スル調査ヲ為スコト
　三　国語ノ音韻組織ヲ調査スルコト
　四　方言ヲ調査シテ標準語ヲ選定スルコト

（引用は1902（明治35）年7月4日付「官報」による）

さらに，以上4点を主要事業としながらも「普通教育ニ於ケル目下ノ急ニ応センカタメニ」，次の調査を別に実施することも決定した。

　一　漢字節減ニ就キテ
　二　現行普通文体ノ整理ニ就キテ
　三　書簡文其他日常慣用スル特殊ノ文体ニ就キテ
　四　国語仮名遣ニ就キテ
　五　字音仮名遣ニ就キテ
　六　外国語ノ写シ方ニ就キテ

こうした諸点が取り上げられた背景については，すでに多くのところで指摘されているように，近代国民国家形成において不可欠な「国語」の制定が関わっている[6]。とりわけ「文字ハ音韻文字（「フォノグラム」）ヲ採用スルコト」という文言が最初に掲げられているように，漢字廃止の主張が極めて支配的であったことがうかがえる。この漢字廃止（制限）論につ

---

6) 国語の成立と国語調査委員会との関係については，安田（1997）や，文化庁編（2006）を参照。

いては，幕末の 1866（慶応 2）年に前島密が徳川慶喜に建白した「漢字御廃止之議」（漢字・漢文廃止，平仮名専用論）を筆頭に，1869（明治 2）年の南部義籌による「修国語論」（ローマ字国字論を山内容堂に建議したもの）や，1873（明治 6）年の福沢諭吉『文字之教』，さらには 1886（明治 19）年の矢野文雄『日本文体文字新論』（3,000 字以下からなる常用漢字を提唱）というように，常に議論されていたものであり，まさに国語国字問題と呼ばれる所以となっていた。国語教育の分野では 1900（明治 33）

表 2　国語調査委員会作成の報告書

1902（明治 35）年	国語調査委員会設置
1903（明治 36）年	音韻口語法取調ニ関スル事項（第一期）
1904（明治 37）年	国語国字改良論説年表
	片仮名平仮名読ミ書キノ難易ニ関スル実験報告（元良勇次郎・松本亦太郎）
	方言採集簿
1905（明治 38）年	音韻分布図（上田万年・新村出・亀田次郎）
	音韻調査報告書（亀田次郎・榊原淑雄）
1906（明治 39）年	口語法分布図
	口語法調査報告書（岡田正美・保科孝一・新村出・亀田次郎・神田城太郎・榊原淑雄）
	現行普通文法改定案調査報告之一（大矢透）
1907（明治 40）年	送仮名法（芳賀矢一）
1908（明治 41）年	音韻口語法取調ニ関スル事項（第二期）
	漢字要覧（林泰輔）
	（臨時仮名遣調査委員会設置，同年廃止）
1911（明治 44）年	口語体書簡文に関する調査報告
	仮名源流考（大矢透）
	仮名源流考証本写真（大矢透）
	平家物語につきての研究前篇　平家物語考（山田孝雄）
1912（明治 45）年	疑問仮名遣　前編（本居清造）
1913（大正 2 ）年	国語調査委員会廃止
1914（大正 3 ）年	平家物語につきての研究後篇　平家物語の語法（山田孝雄）
	周代古音考（大矢透）
	周代古音考韻徴（大矢透）
1915（大正 4 ）年	疑問仮名遣　後編（本居清造）
1916（大正 5 ）年	口語法（大槻文彦・上田万年・芳賀矢一・藤岡勝二・大矢透・保科孝一）
1917（大正 6 ）年	口語法別記（大槻文彦）

年の「小学校令施行規則」第三号表で漢字1,200字が示されたように，漢字をどのように扱うのかが，実体計画，普及計画の両面において重要な課題となっていたのである。

さて，国語調査委員会では表2のような報告書が作成されているが，一見してもわかる通り，極めて専門的なものも含まれており，施策立案のみならず調査研究そのものも大変重視されていた。なお，報告書の実質的な担当者を（　）内に記しておいたが，一瞥しても分かるように，国語学者や言語学者のみならず，心理学者（元良勇次郎，松本亦太郎）までも名を連ねている。

この国語調査委員会は，行政改革のあおりを受けて1913（大正2）年に廃止されるが，最後の方の報告書については『平家物語につきての研究』や『周代古韻考』のように，国語施策のためというより学術業績そのものといってよいものが含まれている。学術的な基盤があってこそ国語施策が遂行できるとする信念が，国語調査委員会の中には通底していたとみることができよう。

3. 大正期・昭和戦前期の国語施策と言語計画

3.1 臨時国語調査会

大正・昭和戦前期の代表的な国語施策審議機関は，原敬内閣のもと1921（大正10）年に発足した官制臨時国語調査会である。国語施策に関する委員会は，国語調査委員会廃止以後（官制は臨時国語調査会発足時まで継続）しばらく設置されていなかったが，大正期に再び国語国字問題への関心が高まっていく中で，新たに設けられたのである。また，当時の国語施策に対し強い発言力をもっていたのは，新聞社や出版社といったマス・メディアであった。大正デモクラシーの風潮を牽引し，大衆文化社会の形成を担ったマス・メディアの力は，明治時代のものとは違った側面をもっていた。例えば，保科孝一は当時の国語施策審議の様子について「当時政党内閣であったから，いちばん恐しいのが新聞で，新聞にちょっとたたかれても，党勢に及ぼす影響はすこぶる大きいので，各政党とも，新聞のごきげんを損じないように，用心していた」（保科1952：232）と述懐している。言語計画を見ていく上で，マス・メディアの位置付けは重要な

点である。

　さて，臨時国語調査会では，常用漢字表，漢語整理案，仮名遣改定案，国号呼称案といった諸案が審議・発表された。とりわけ，調査会が最初に着手した事項は漢字調査であったが，これは，国語施策上，国民教育への対応は不可避であり，しかも漢字問題は喫緊的課題となっていたからである。調査会では，国民一般生活用としての漢字を主眼とした常用漢字案を選定審議し，「常用漢字表（1,963字）」を1923（大正12）に告示した。また，漢字には略字や異体字が多く含まれることから，漢字表に合わせて字体の調査も並行して行われたが，これについては実行上十分な成果は挙げられなかった。どのような漢字字体を採用するのかは，それを活字化する際，学術的な見地以上に経済的な立場が優先されやすい。活字メディアの協力が十分に得られない中で，字体整理などは覚束ないものであったとも言える。

　1926（大正15）年から1928（昭和3）年にかけては「漢語整理案」が発表された。この漢語整理案は，常用漢字の実行に伴い，漢字で書き表すことのできなくなる語の言い換えとして示されたものである。特に新聞社にとっては，漢字制限に伴い情報伝達が阻害されることは断じて避けなければならず，したがって常用漢字表以外の漢字を使用しなくても紙面を構成できるような方策が必要であった。ここで取り上げられた漢語整理案は，逆に常用漢字表内の漢字を用いるだけでも，語彙数には不足しないということを宣伝，教育する効果があったものと考えられる。具体的には「上梓」は「印刷，出版」，「悠長」は「のんびり，のんき，ゆうちょう」，「夭折」は「若死，早死」などに置き換えることを例示している。現在でも常用漢字表にない漢字については仮名で書くことが見受けられるが，漢語整理案はこうした書き方を示した最初の例である。

　ところで，常用漢字表については，どの漢字を使用するかという選択的な要素や，いわゆる「わかりやすさ」という大義名分を前面に押し出していたため，積極的反対論が出にくいものではあった。しかし，1924（大正13）に発表された「仮名遣改定案」には多くの反対論が出され，厳しい批判にさらされることになった。調査会は仮名遣改定案として「国語仮名遣改定案」と「字音仮名遣改定案」の二部を発表したが，両者に共通するものは現代の発音に準拠した仮名遣いであるという点である。ここで示され

た仮名遣改定案は，現行の「現代かなづかい」の母体といえるもので，発表当時は例外を認めなかった「ぢ」「づ」を「じ」「ず」に改めることや（後の改定で容認），「言う」を「ゆう」で表記するなど，むしろ現行のもの以上に発音式で通している。当時としては大変急進的なものであった。

なお，国語国字問題とは少し異なるものとして，国語施策の問題として初めて国号呼称が取り上げられたのも臨時国語調査会である。漢字表記での「日本」は，「ニホン」と「ニッポン」の二通りの読み方が存在し，どちらが正式なものであるかについては決着をつけがたいものであった。この件について1934（昭和9）年，「国号呼称統一案」が会議決定され，「ニッポン」を正用とする案が示されたのである。

臨時国語調査会の，いわば急進的な国語施策の提言は，一方で多くの反対論を巻き起こした。特に山田孝雄や与謝野晶子などは真っ向から反対論を唱え，国語施策の問題点を広く世間に訴えている。

ただし，民間団体の中には，漢字制限をはじめ仮名遣い改定に熱心なものも存在していた。1920（大正9）年に山下芳太郎によって設立された「仮名文字協会」（後の「カナモジカイ」）は，調査会の仮名遣改定案に対して「発音式仮名遣期成同盟」を結成し，積極的に賛同していた。このように，政府による国語施策とともに，民間団体による諸活動についても，新聞などのマス・メディアの影響と同様，言語計画という観点からは重要な意味をもつのである。

3.2　官制国語審議会

1934（昭和9）年，国語審議会（官制）が文部省内に設置された。この審議会は臨時国語調査会をさらに拡大強化させたものである。具体的には，「国語ノ統制ニ関スル件，漢字ノ調査ニ関スル件，仮名遣ノ改定ニ関スル件，文体ノ改善ニ関スル件」の四件について諮問がなされ，終戦に至るまでの間に「漢字字体整理案」「標準漢字表」「新字音仮名遣表」「国語ノ横書ニ関スル件」の四件を答申している。これらの答申は，戦時下であったことも影響して，国語施策としての実効性を欠くところが大きかった。しかしながら戦後の国語施策において極めて重要な位置を占める「当用漢字表」や「当用漢字字体表」も，この官制国語審議会における議案をもとに逐次検討されていったわけであり，その意味において，特に漢字の

取り扱いを中心として国語施策における戦前と戦後との連続性を垣間見ることもできる。官制国語審議会は、いわば戦後の国語施策を準備する重要な位置を占めていたといえる[7]。

例えば「標準漢字表」については，常用漢字1,134字，準常用漢字1,320字，特別漢字74字，合計2,528字からなるが，これにあわせて普通に用いられている簡易字体についても言及し，一般に使用すべき簡易字体78字，一般に使用しても差し支えない字体64字，合計142字を採用している。以下に「標準漢字表」答申文より「標準漢字表実行上ノ注意事項」を引用する。

> 標準漢字表ハ現社会ニオイテ使用セラルベキ漢字ノ標準ヲ示シタモノデアリマス。従ツテ各官庁ノ公用文書ニ使用セラレル漢字ハ本漢字表ニ拠ルノデアッテ，ソノ外ノ漢字ハ原則トシテ仮名デ書クコトトナリマス。
>
> マタ各官庁ニオイテハソレゾレ特殊ノ専門用語ガアリ，難解ナ熟語，見慣レナイ漢字ノ使用セラレテキルモノノアリマスガ，本漢字表以外ノモノハ原則トシテ仮名デ書クノデアリマス。
>
> タダシ仮名デ書イテハ正確ニ読ミカツ理解シガタイモノハ，漢字ニ振仮名ヲツケルノデアリマス。
>
> ナホ右様ノ用語ハ将来標準漢字ヲ基礎トシテ整理スベキモノデアリマス。
>
> コトニ一般民衆ニ告示スルモノハ平明達意ノ文章ヲ用ヒ，ソノ漢字ハ本漢字表ニ拠ル様ニ致スベキデアリマス。

文部省では官制国語審議会答申の「標準漢字表」について各省庁に対する意見の聴取を行い，実施に対する準備を進めていたが，こうした官制国語審議会答申は極めて問題であるとする主張が一般から寄せられ，多くの反対運動が起った。国語国字問題をめぐる民間団体も組織され，答申に対する反対論が高まりをみせるにつれ，文部省をはじめとする政府機関内で

---

[7] 戦後の国語施策についてはアメリカの占領政策の影響が指摘されるが，戦前における国語施策の継承という観点も，言語計画の史的検討では重要である。この点については野村（2006），安田（2007），甲斐（2011）を参照。

第 8 章　近代国民国家の形成と戦前の言語計画　173

も慎重に対処することを余儀なくされたのである。

　1942（昭和 17）年には修正「標準漢字表」が発表され，「常用漢字」「準常用漢字」「特別漢字」の別を廃止，141 字を追加し 2,669 字とし，簡易字体を 142 字から 80 字減じ 62 字とした。これは「標準漢字表」が決して漢字制限を目論むものではなく，漢字を尊重愛護するとともに，漢字の機能を重視したものであるという配慮を前面に押し出したためである。こうした配慮は官制国語審議会における国字改良論者などにとって大いに不満の残るものであったが，逆に国語施策が政治的に翻弄されていくという過程を「標準漢字表」は如実に示しているのである。

　ところで，官制国語審議会では「漢字字体整理案」や「標準漢字表」のほか，仮名遣いや漢語整理，国語の横書きといった内容に関する検討も行っていた。しかしながら 1942（昭和 17）年に「新字音仮名遣表」と「国語ノ横書ニ関スル件」を議決答申したのみで，具体的な進展が図られることはなかった。むしろ戦時下での仮名遣いの問題は，日本国内以外の，いわゆる「外地」において顕著に現れていたのであり，官制国語審議会が直接的に関与することがあまりなかったといえる。また，同じく「横書する場合には左から書く」とする国語の横書きに関しても「外地」における日本語教育の現場においては重要な問題であったが，答申に関しても国内では進展が見られず，戦後における公用文の横書化に至るまで具体的な施策は行われなかった。このように戦前の官制国語審議会における審議内容は，戦時下という時局の問題も関係して，その成果が十分に施策として反映されることなく，終戦を迎えることになるのである。

4．国語施策の行方と言語計画

　戦後日本の国語施策の中心的役割を果たしてきたのは，官制であった組織を改め，1949（昭和 24）年に諮問機関として再出発した「国語審議会」である。この国語審議会において，数多くの国語問題が審議され，現在では文化審議会国語分科会がその流れを継承している。表 3 は国語審議会，文化審議会国語分科会で答申・建議された主要項目である。

　この流れを見てもわかるように，国語施策上の問題点の大半は漢字と仮名遣いについてであったが，近年になって普及計画に関わる国語教育への

表3　国語審議会，文化審議会国語分科会で答申・建議された主要項目

1950（昭和25）年	「国語問題要領」（報告）
1950（昭和25）年	「法令の用語用字の改善について」（建議）
1951（昭和26）年	「人名漢字に関する建議」（建議）
1951（昭和26）年	「公用文改善の趣旨徹底について」「公用文の左横書きについて」（建議）
1952（昭和27）年	「これからの敬語」（建議）
1953（昭和28）年	「ローマ字つづり方の単一化について」（建議）
1953（昭和28）年	「町村の合併によって新しくつけられる地名の書き表し方について」（建議）
1954（昭和29）年	「法令用語改善について」（建議）
1955（昭和30）年	「かなの教え方について」（報告）
1956（昭和31）年	「話しことばの改善について」（建議）
1956（昭和31）年	「正書法について」「同音の漢字による書きかえ」「国語教育におけるローマ字について（報告）
1958（昭和33）年	「送りがなのつけ方」（建議）
1963（昭和38）年	「国語の改善について」（報告）
1972（昭和47）年	「当用漢字改定音訓表」「改定送り仮名の付け方」（答申）
1972（昭和47）年	「国語教育の振興について」（建議）
1976（昭和51）年	「人名用漢字の追加について」（回答）
1981（昭和56）年	「常用漢字表」（答申）
1986（昭和61）年	「改定現代仮名遣い」（答申）
1991（平成3）年	「外来語の表記」（答申）
1993（平成5）年	「現代の国語をめぐる諸問題について」（報告）
1995（平成7）年	「新しい時代に応じた国語施策について（審議経過報告）」（報告）
1998（平成10）年	「新しい時代に応じた国語施策について（審議経過報告）」（報告）
2000（平成12）年	「現代社会における敬意表現」「表外漢字字体表」「国際社会に対応する日本語の在り方」（答申）
2004（平成16）年	「これからの時代に求められる国語力について」（文化審議会・答申）
2007（平成19）年	「敬語の指針」（答申）
2010（平成22）年	「改定常用漢字表」（答申）
2013（平成25）年	「国語分科会で今後取り組むべき課題について」（報告）
2013（平成25）年	「日本語教育の推進に向けた基本的な考え方と論点の整理について」（報告）

提言が目立つようになった。

例えば，2004（平成16）年の答申「これからの時代に求められる国語力について」には，次のように国語教育の意義が説かれている。

 Ⅰ これからの時代に求められる国語力について
  第一 国語の果たす役割と国語の重要性
   一 個人にとっての国語
   二 社会全体にとっての国語
   三 社会変化への対応と国語
  第二 これからの時代に求められる国語力
   一 国語力の向上を目指す理由
   二 国語力を構成する能力等
  第三 望ましい国語力の具体的な目安
   一 「望ましい国語力の具体的な目安」の示し方
   二 「聞く力・話す力・読む力・書く力」の具体的な目標
 Ⅱ これからの時代に求められる国語力を身に付けるための方策について
  第一 国語力を身に付けるための国語教育の在り方
   一 国語教育についての基本的な認識
   二 学校における国語教育
   三 家庭や社会における国語教育
  第二 国語力を身に付けるための読書活動の在り方
   一 読書活動についての基本的な認識
   二 学校における読書活動推進の具体的な取組
   三 家庭や社会における読書活動推進の具体的な取組

さらに，国語施策の審議対象として「日本語教育」に関する内容が本格的に取り上げられることになったことは，大変注目に値する。文化審議会国語分科会における，2010（平成22）年の「『生活者としての外国人』に対する日本語教育の標準的カリキュラム案について」や，2011（平成23）年の「『生活者としての外国人』に対する日本語教育の標準的なカリキュラム案　活用のためのガイドブック」の発表などは，こうした国語施策と日本語教育との関係を見ていく上で，極めて多くの示唆を与えている。こ

れらは 2013（平成 25）年の「日本語教育の推進に向けた基本的な考え方と論点の整理について」（報告）へと結実していく。

　そもそも，日本語教育に代表される「日本語政策」は，1934（昭和 9）年設立の国際文化振興会や，1940（昭和 15）年の「大東亜共栄圏」提唱下における日本語教育振興会の活動など，極めて戦時体制に連動した，時局対応型のものであった。1942（昭和 17）年の大東亜建設審議会における「大東亜ノ共通語トシテノ日本語」という役割明示などは，その典型例である。戦後，国費外国人留学生の招致がなされるようになり，それにともなって日本語教育の普及が目され，さらには日本国際教育協会（1957（昭和 32）年）や海外技術者研修協会（1959（昭和 34）年），国際交流基金（1972（昭和 47）年，国際文化振興会の任務を引き継いだもの）といった機関が設立されることにより，日本語政策も本格化したが，これらは戦前までの流れと際立った違いを見せている。その意味で，日本語政策については，国語施策とは異なる席次計画，実体計画，普及計画がなされており，その相違点を検証することは言語計画を考える上で，大いに意味があることと言える[8]。

　このように，言語計画的に見て「国内における日本語母語話者向け」の「国語施策」から，まさに「国内外の日本語非母語話者向け」にあたる「日本語政策」への展開が，近年になって見受けられるようになってきた。

　今後，日本ではどのような言語計画が展開されていくのか，大いに注目すべきであろう。そのためには，歴史社会言語学の立場から，過去に行われた言語計画を振り返ってみるのも有益である。

8）　日本語普及に関する史的研究については，嶋津（2010）を参照。

◆第9章◆
19世紀の学校教育におけるドイツ語文法
ドゥーデン文法(1935年)にまで受け継がれたもの

高田博行

1. 3つの文法：規範，論理，歴史

　ヤーコプ・グリム（Jacob Grimm, 1785-1863年）にとって，母語の文法は自然に習得されるものであり，学校において文法書を用いて教育することは母語の姿を歪めることにほかならない。『ドイツ語文法（*Deutsche Grammatik*）』(1819年) の「序文」の冒頭で，グリムは言う。

> 従来のドイツ語文法書，とりわけこの半世紀のうちに世に出され高い評価を得ている文法書のあり方を見るにつけ，私は，これらの文法書は退けられるべきで無意味であると考える。[…] 最近ではこのような文法書を使ってさまざまな学校施設でふつうに授業が行われており，また成人がことばの能力を鍛え高めるときに，これらの文法書が推薦されるのが常である。このような文法書は，言いようのないほどに小事にこだわっている。[…] 私が主張したいのは，自国のことばを学校という施設で教育してしまうと，自然という本来のすばらしい姿がかき消され，子供たちのことばの能力が自由闊達に発達しなくなるということである。[…] 成長というものは […] 賢明な自然法則に従い進んでいくものである。文法家の作る抽象的で力のない誤った規則によって成長が先導され促進されると考える人など，いないはずである。(Grimm 1819: IX-X)

グリムにとって，文法に実用性は不要であり，文法は「厳密に学術的」であらねばならない。

> 個々の［言語］[1]要素はそれぞれ，今日の形姿をとるまでに計り知れない歴史を経てきている。したがって，文法的研究とは厳密に学術的研究でしかありえない。そして学術的研究たり得るのは，哲学的研究，批判的研究，歴史的研究のいずれかである。(Grimm 1819：XI)

「現在の文法構造は歴史的にしか解明されない」(Grimm 1819：XXIIII) と考えるグリムにとって，どの文法的研究が「学術的」たり得るのかの答えは自明で，それは「歴史的研究」である。歴史主義を標榜するグリムの文法観は排他的であり，歴史文法以外の文法は学問の名に値しない。グリムが「哲学的研究」という名称で指しているのは，言語学史において「合理・一般文法」または「論理文法」と呼ばれるもののことであり，「批判的研究」とは「規範文法」のことである。前者は，「人間言語の本質」(Grimm 1819：XI) を追求し，言語について「論理的に論ずるもの」(Grimm 1819：XII) であり，後者は「実践的な事柄を対象」(Grimm 1819：13) とし，「体系からの逸脱を誤りもしくは疑わしいものと見なす」(ibid.)。グリム以前の文法には，論理を扱うという発想の文法と，正しい言語を教えるという発想の文法があったことになる。

では，グリムが規範文法と論理文法に否定的な烙印を押したあと，言語計画の重要な「遂行」〔⇨本書第1章, 4.3, Haugen (1987) の言語計画のモデルを参照[2]〕の場である学校教育において，はたしてどのような内実の文法が受け入れられていったのであろうか。本章では，ドイツにおける，規範，論理，歴史の各文法がたどった足跡を，それぞれの時代の社会的状況を踏まえつつ描き出してみたいと思う。

2. アーデルング (1781年) に至る規範文法

まず，グリム以前の言語規範の「成文化」の歴史を概観しておこう。ドイツでは中央集権化が遅れ，ひとつの政治的経済的中心を長い間欠いたた

---
1) 引用文中の［　］内のことばは，高田による補足である。以下同様。
2) Haugen (1987) のいう「精緻化」について，ドイツ語の用語の近代化は本書第1章の4.4を，ドイツ語の文体の発展については高田 (2013b) を参照のこと。

め，言語規範の設定が容易ではなかったという事情がある。

　ドイツ語が自立的な言語として歩み始めようとしたとき，ラテン語の権威もしくは模範性という高いハードルが立ちはだかっていた。中世に広く用いられたラテン語文法の入門書のなかで，初めドイツ語は，行間に書かれる注釈として遠慮がちに姿を見せていた。しかし，数百年をかけてラテン語とドイツ語とが向き合っていくうちに，ラテン語と等しい内容を表現することがドイツ語にも可能であることが実感された。イタリアに端を発する国語愛の思潮がドイツにも波及し，また活版印刷術のおかげでルター訳聖書のドイツ語が同じ字面のまま津々浦々に広まることができ，16世紀には統一的な文章語の形成が将来に可能となる前提条件が揃った。Frangk（1531）は正書法教本のなかで，ドイツ語が「近年，［…］著しく成長し大きくなったのをわれわれが見るにつけ，［…］ドイツ語は日に日にますます輝き，ついには純粋な磨きのかかったことばとなるであろう」（Frangk 1531：A 3ᵛ）[3]と楽観した。その際フランクは，「ドイツ語の良き模範」（ibid.）として同時代のアウクスブルクにおける印刷物とルターの著作を挙げ，これらの模範のなかに早くも統一的なドイツ語の傾向を見て取ろうとした。16世紀後半になってクラーユス（Johannes Clajus, 1535-1592年）はドイツ語文法書（1578）のなかで，ルター訳聖書（1545年版）のドイツ語に基づいて規範的な文法規則を示した。

　17世紀に入ると1618年に三十年戦争が勃発し，ドイツ国土が荒廃と分裂の奈落へと陥ることとなる。その最中，オーピッツ（Martin Opitz, 1597-1639年）は『ドイツ詩学の書（*Buch von der Teutschen Poeterey*)』（1624）のなかで，フランス，イタリア，オランダ等の先進諸国にすでに見られるような母語による文学を育成すべきことを訴えた。オーピッツは，本来「高地」ドイツ語という言語地理学的概念であったHochdeutschという語で，「ふつうの庶民」（Opitz 1624：12）のことばと区別されるべき「高き」ドイツ語を求めた。そのような文化的香りの高いドイツ語を目指すとなれば，詩の技法にとどまらず，言語の技法たる文法も体系性が必要となった。ショッテル（Justus Georg Schottel, 1612-1676年）の『ドイ

---

[3] A3ᵛとは，Aと書かれた丁の3枚目の裏側のページという意味である（vはversoの略）。ページ数が打たれていないので，この丁による数え方をした。

ツ語文法（*Teutsche Sprachkunst*）』（1641年）は，まさにそのような文法であり，700ページ近い紙面のなかでドイツ語文法を初めて体系的に示した。ドイツ語が造語力の強い言語であることを明確に意識したショッテルは，「語幹」，「派生語尾」，「屈折語尾」という語構成の概念を中心に置いてドイツ語の文法を著した。ドイツ語を「造語言語」として主体的に捉え直すことによって，「屈折言語」として卓越しているラテン語に対するそれまでのコンプレックスが打ち破られ，ドイツ語を顕揚する拠り所が得られた（高田 2013a）。1663年になってショッテルは，Hochdeutschを「一方言ではない」（Schottel 1663：174）ものと位置づけ，Hochdeutschを超地域的なものと定義した。Hochdeutschはこれにより初めて，地域に限定されない「標準ドイツ語」という意味内容を得た。ただし，標準的なドイツ語はまだ完成してはいなかった。

18世紀後半になってゴットシェート（Johann Christoph Gottsched, 1700-1766年）は，『ドイツ文法の基礎づけ（*Grundlegung einer Deutschen Sprachkunst*）』（1752）のなかで，地域に拘束されない「特定の折衷的な，もしくは，えり抜かれ洗練された語り方」（Gottsched 1752：2）を「学者もしくは宮廷における話し方」（ibid.）と呼んで，これを「言語のまさに中核」（ibid.）とみなした。ちょうどそのころから，クロップシュトック（Friedrich Gottlieb Klopstock, 1724-1803年），レッシング（Gotthold Ephraim Lessing, 1729-1781年），ゲーテ（Johann Wolfgang von Goethe, 1749-1832年）らの作家が超地域的な標準的文章語を作品のなかで実践したことにより，諸方言の均一化による標準的文章語形成がまさに最終段階にあった。この，言語使用においてかなりの程度まで確定された言語形態を，アーデルング（Johann Christian Adelung, 1732-1806年）が文法書と辞書を通じて普及させた。

本章の冒頭に挙げたグリムの引用文中で，グリムが批判対象として「この半世紀のうちに世に出され高い評価を得ている文法書」と言っているのは，とりわけこのアーデルングの文法書のことである。グリムは，次のようにことばをつなげている。

> 真の詩人とは，文法家や辞書編纂家たちとはまったくちがったふうに言語の質料［＝音声］，精神［＝意味］，そして規則を駆使できる人の

ことである。あなたはアーデルングから何を学んだのか，そしてアーデルングを引いてみたことがあるのかと，真の詩人たちに尋ねてみればそのことがわかる。(Grimm 1819：XI)

　ドイツは長い間多くの領邦に分かれていたが，「7年戦争」(1756-1763)でオーストリアに勝利したプロイセンがフリードリヒ大王のもと，ヨーロッパ列強の仲間入りを果たしていた。1779年に，プロイセン王がギムナジウムに関わる政令を出し，それによりプロイセンにおけるギムナジウムではドイツ語の文法規則を教えることとなった。国民文学の形成を背景にして，母語教育は統一的なドイツ語文章語を仲介する課題を持ったのである。プロイセンの学校管轄部門は，その学校教育のための文法書を書くことをアーデルングに委託した。アーデルングはこの委託を引き受け，2年後の1781年に『プロイセン王国の学校での使用のためのドイツ語文法 (*Deutsche Sprachlehre. Zum Gebrauche der Schulen in den Königl. Preuß. Landen*)』を，翌1782年には教授用の詳細な2巻本の便覧『学校用のドイツ語文法を解説するためのドイツ語詳細体系 (*Umständliches Lehrgebäude der Deutschen Sprache, zur Erläuterung der Deutschen Sprachlehre für Schulen*)』を完成させた。アーデルングは，「文法家は国民の法律制定者ではなくて，国民が作った法律をただ収集し編纂する者であり，[…] 決してこうありうるとか自分の思いこみに従ってこうあるべきだなどと述べるものではない」(Adelung 1782, I：113 f.) と方針表明をしている。この発言でわかるように，アーデルングの文法は規範的文法から記述的文法への移行期にある (Naumann 1986：350)。

　しかし，プロイセンによる委託の主旨からして，その文法書は文法規則を生徒に教える規範性を帯びる必要があった。バリエーション（言語変異）を複数示して，どちらでもよいという仕方では混乱することになるので，複数あるバリエーションの中でどれかひとつを「正しい」とし，残りのバリエーションに「誤り」というレッテルを貼る必要があった。そのようなあり方は，当時の教養市民による要請でもあった (Bahner & Neumann 1985：252, 259 f.)。グリムによる規範文法批判は，ドイツ語の言語規範が確立したあとにグリムが生を受けた故に可能な発言であり，アーデルングが生きた時代の言語状況を考慮しない発言であると言える。

3. ベッカー (1827/29年)による論理訓練のための文法

19世紀に入ると，プロイセンは1806年と1807年にナポレオンに敗北し存亡の危機に瀕する。そこで，農制，軍政，教育制度など一連の近代的な改革が行われることとなった[4]。教育全体のシステムを，人口増加と産業化に対応させる必要があり，具体的には，母語と外国語の教育によってコミュニケーション能力を高め，自然科学の教育によって技術力を養成することが求められた（Vesper 1980：87）。1808年〜1810年に内務省の文部担当の指揮を執ったフンボルト（Wilhelm von Humboldt, 1767-1835年）は，ベルリン大学を設立した。1810年には布告により，授業の改善が計られ，ギムナジウム教員という身分も確立した（Bahner & Neumann 1985：250）。

1830年頃までは，学校教育においてまだ規範文法が支配的で，教師たちはアーデルングが示した規範を授業へ導入した。しかし，しだいに，正しいドイツ語を教える文法ではなく，生徒の思考力を養成するような文法が必要とされた（Bahner & Neumann：252-253, 260）。1830年代は，「指導権がもはや貴族，教会，王室にはなく，最終的に，商業，工業，科学の手に移りゆく時代」（グリンツ 2010：87）へ転換する時期となった。学校の役割は大きくなり，国民を「思索的人間に陶冶する」（ibid.）という新しい時代の要求に応えて，生徒に論理性と体系性を獲得させる使命が学校に課せられた。このような能力は，「自由主義的理念のために必要とされうるのみならず，また，中央集権主義と国家全能の確立のためにも非常にふさわしい」（グリンツ 2010：87-88）ことであった。この進歩主義の要請に応えられたのは，論理文法であった。論理文法が開花する機会が到来した[5]。

---

4) それによりプロイセンは，ドイツの領邦国家のなかで最も早く資本主義的な経済体制を実現させ，1850年から1860年代には産業革命をほぼ完遂させた。
5) 実は，18世紀前半に，言語構造と論理構造とを同形的に扱う論理文法がドイツで数多く出されていた（Weiß 1992）が，ドイツでは言語規範が確立していなかったため，論理文法は重要な役割を演じることができなかった。18世紀のドイツにおいては，言語の一般性を語るよりも，個別言語としてのドイツ語の規範化を行うことがなによりも先決事項であったのである。

19世紀における論理文法の中心的人物は，ベッカー（Karl Ferdinand Becker, 1775-1849年）である。ベッカーは，1827年に『言語の有機的構造（*Der Organism der Sprache*）』，1829年に『ドイツ語文法（*Deutsche Grammatik*）』を出した。医学を学んだベッカーは，「有機的構造が言語全体を支配し，言語のすべての部分を突き進むのだという理念が，およそ言語研究の主導的理念であらねばならない」（Becker 1827：21）と明言する。「有機的構造（有機体）」という概念は，17世紀に「機械論（Mechanism）」の対立概念として位置づけられ，18世紀にヘルダー（Johann Gottfried Herder, 1744-1803年）とカント（Immanuel Kant, 1724-1804年）により流布した。19世紀になってシュレーゲル（Friedrich Schlegel, 1772-1829年）が『インド民族の言語と叡智について』（1808）において言語の有機的構造について考察を進め，フンボルトが1820年頃には体系化し，言語の有機的構造という概念はロマン主義において一般的になっていた（Schmidt 1986：41-45，湯浅 1992a，湯浅 1992b，斉藤 2001）。『言語の有機的構造』の冒頭部でフンボルトへの献辞を書いていることからもわかるように，ベッカーはフンボルトの影響を強く受けている。ベッカーは，フンボルトに言及しながら次のように，言語の「有機的構造」について説明する。

> W. v. フンボルトが言うように，言語のなかには個別のものは存在せず，言語の要素はどれも，全体のなかの部分としてのみ現れる。［…］言語は有機的な統一体であり，活力のある内的な絆によって多様なものが結ばれ合って一体となったものである。（Becker 1827：8 f.）

さまざまな対立関係があってこそ，有機的構造が成り立つ。ベッカーは，「活動（動き）（Thätigkeit）」と「存在（有り方）（Sein）」という2分法的な世界構造の見方をする。言語の場合，動詞が活動を表し，名詞が存在を表す。文成分（文肢）を体系的・機能的に規定したのはベッカーの功績であるとされる（Vesper 1980：152）。ベッカーの統語論の部の冒頭を見てみよう。

> どの文も，例えば「書く」といった活動と，「君」「父」といった存在との間の合致の関係を言い表す。［…］この活動は述語（陳述される

> もの）と呼ばれ，この活動と合致関係を持つ（陳述される対象となる）存在は文の主語と呼ばれる。思考は文において，活動（述語）と存在（主語）とが一体となったものとして言い表される。［…］主語と述語との関係を，他の関係のあり方と区別して，述語的文関係と呼ぶ。（Becker 1829：277）

文関係としてベッカーはさらに，目的語（存在）と述語（活動）とがなす「目的語的文関係」，付加語（活動）と主語・目的語（存在）とがなす「付加語的文関係」を想定している。

　このように，ベッカーの理論は「一つの完結した体系において学習・教授可能な仕方で叙述するドイツ語文法を提供」（グリンツ 2010：88）した。思考訓練は，ギムナジウムで古典語学習の際に行っていたものであるが，今やベッカーの文成分論を導入することで国民学校でも母語を例にして行えることとなり，ベッカーの文法は歓迎された（Vesper 1980：127）。1831 年に教師の試験科目としてドイツ語が設置されたとき，その試験では文学史，ドイツ語の法則性のほかにすでにこの論理文法が問われた（Naumann 1986：105）。

　ベッカーが示した論理文法の考え方は，初等教育を含めた学校教育で用いるには難解であったが，理解しやすい教科書をヴルスト（Raimund Jakob Wurst, 1800-1845 年）が作成したおかげで，学校へ浸透することができた。ヴルストの『国民学校のための，そしてギムナジウムおよび実科学校の初等学級のための実践的言語論理学（*Praktische Sprachdenklehre für Volksschulen und die Elementarklassen der Gymnasial- und Realanstalten*）』は，1836 年に初版が出され，6 年間で 19 版を数え，10 万部以上印刷された（Allgemeine Deutsche Biographie 1898, 343）。この教科書の一節を覗いてみよう。第 1 節「純粋な単文」（Wurst 1836：6）では，次のように文が説明される。

> 文とは，思考が単語で言い表されたものである。どの思考にも，次のふたつの観念が区別される。すなわち 1 ）何かが主張もしくは陳述される対象となる人物もしくは事物に関する観念，2 ）その人物もしくは事物について陳述されることに関する観念。それに対応してどの文にも，1 ）主語，すなわち，何かが陳述される対象となる人物もしく

は事物，2）述語，すなわち，その主語（人物もしくは事物）について陳述されることが区別される。(Wurst 1836：7)

この説明のあと，Der Hund ist ein Hausthier〈犬は愛玩動物である〉を例にして，Der Hund〈犬は〉が主語で，ist ein Hausthier〈愛玩動物である〉が述語であることが例示される。Sonne scheinen〈太陽　輝く〉という単語の並び方ではまだ文でなく，scheinen〈輝く〉がSonne〈太陽〉と関係づけられて，「一方の単語が他方の語と陳述関係に立つことで初めて，単語が文になる」(Wurst 1836：8)。このような説明で生徒に文法訓練，思想訓練を行うことで，ドイツ語と外国語の両方の予備教育にもなった[6]。

なお，ベッカーの文法書と並んで19世紀末まで多くの版を重ねたハイゼ（Johann Christian August Heyse，1764-1829年）の『理論的・実践的ドイツ語文法（*Theoretisch-praktische deutsche Grammatik*）』(1814)は，息子（Karl Wilhelm Ludwig Heyse，1787-1855年）による改訂版（1838-49）も含めて，アーデルングの文法とベッカーの論理文法との間に位置する移行期的な性格の文法書とされている（Vesper 1980：147，ハイゼの文法について詳しくは斉木・鷲尾 2014を参照）。

4．バウアー（1850年）による折衷主義的文法の成功

学校教育の場でグリムの歴史文法の立場を支持する教育学者たちは，こ

---

6) 17世紀にすでにドイツでは，言語一般に共通する文法の枠組みをまず母語を例にして理解し，そののちに母語以外の言語の文法に進むというコンセプトの文法があった。教育的動機からの一般文法ないし論理文法である。『ラトケの教授法による一般文法（*Allgemeine Sprachlehr nach der Lehrart Ratichii*）』(1619年）がそれである。ラトケ（Wolfgang Ratke，1571-1635年）は，いかにすれば老いも若きもが，ギリシャ語やラテン語そしてその他の言語をまったくの短期間のうちに簡単に学ぶことができるかに腐心した。プロテスタンティズムの立場から，全国民が神のことばを直接的に理解できることを最終的な目標とするこの教育改革の構想には，ケーテン（Köthen）やワイマールやフランクフルトの領主たちが強い興味を寄せ，その教育法を自らの領地内の学校で導入する試みを行わせた。一般文法としては，フランスで出されたポール・ロワイヤルの『一般・釈理文法（*Grammaire générale et raisonnée*）』(1660年）がよく知られているが，それよりも半世紀近くも早い時期に，ドイツで一般文法と名のる著作が現われていたことになる。

の論理文法のあり方を批判した。その批判内容は，ベッカーとヴルストの論理文法が教授内容を図式化して扱っていて，思弁的な文法教育を皮相的に施してしまうと，子供たちの言語能力が枯渇するということであった(Vesper 1980：95, Bahner & Neumann 1985：265, 273, グリンツ 2010：93-96)。とはいえ，歴史文法は学術性が高く，その知見を学校教育のなかへ導入することは，なかなか容易ではなかった。諸言語の発生論的類縁性を再構成して自然科学的な法則性を追求しようとする歴史文法は，生徒の理解力を越える可能性が大きかった。そのため，歴史文法は，ベッカーの論理文法の影響力と比べると，学校教育に対して大きな影響力をもたなかった（Vesper 1980：114）。

　この状況を，バウアー（Friedrich Bauer, 1812-1875年）が克服した。バウアーは，「13歳から15歳まで」（Bauer 1850[1]：V）の生徒用に編んだ『高等教育施設の下級および中級学年のための新高ドイツ語文法の概要（*Grundzüge der Neuhochdeutschen Grammatik für die unteren und mittleren Klassen höherer Bildungsanstalten*）』のなかで，歴史文法の成果を簡潔にわかりやすく取り入れた。バウアー（1850[1]）の「序言」を見てみよう。

> 本書が自らの課題としたのは，最近の言語研究，すなわち偉大なドイツ語文法家J.グリムが創始した歴史学派のきわめて重要な成果を，青少年にとっての必要性と理解力に適した形で学校の使用に耐えるようにすること，そしてそれによって母語の勉学が今まで以上に意欲的に，熱心に有益に行われるようにすることである。（Bauer 1850[1]：III）

> 全体を踏まえると，中高ドイツ語期の言語と文学をより詳しく知っていることは望ましい目標であることがわかる。それ故に，本書においては，中高ドイツ語にまでさかのぼることがたびたびある。それを見て，余計で小うるさい学術的な飾り物だと思わないでいただきたい。[…] 語源（造語法）を重視したことは，語源に関して取り扱った分量の多さですでに明らかである。比較的幼い年齢でも，気分転換に語源のことを示してみると，語源から相応の示唆を得るものである。（Bauer 1850[1]：V）

このバウアーの『新高ドイツ語文法の概要』で扱われるトピックの概要は，次のとおりである。全部で192のパラグラフからなる。まず「導入」（§1-10）では，「古高ドイツ語」，「中高ドイツ語」，「新高ドイツ語」というドイツ語史の時代区分が教えられ，ルターが「新高ドイツ語の散文と教会歌の創始者」（Bauer 1850[1]：1）であるとされる。そのあと「音韻論」（§11-22）が続き，「ウムラウト（Umlaut）」と「母音交替（Ablaut）」[7]（Bauer 1850[1]：3）という概念が教えられる。「語形変化論（屈折論）」（§23-48が名詞，§49-66が動詞，§67-77が副詞，§78-80が前置詞，§81-83が接続詞，§84が間投詞）では，「強い形式（強変化）」と「弱い形式（弱変化）」とが区別される。続く「造語論（語源論）」（§85-100）では，bindenからBand, Bund, ziehenからZeug, Zug, Zuchtのような音変化による「内的造語」（§99-100），「派生による造語」（§98），「合成による造語」（§99-100）の3つのタイプが区別される。またここでは，「子音推移（Lautverschiebung）」（Bauer 1850[1]：42）のことも，表1の対応表を示しながら教えられる。

ギリシャ語，ラテン語，ゴート語，古高ドイツ語，新高ドイツ語を例にして，生徒は「言語の類縁性」（Bauer 1850[1]：42）をまざまざと見せられる。$\pi\alpha\tau\eta\rho$—pater—fadrs—vater—Vater, $\chi\varepsilon\rho\alpha\varsigma$—cornu—haurn—horn—Horn, $\delta\upsilon o$—duo—tva—zwei—zwei, $\chi o\rho\tau o\varsigma$—hortus—gards—

	Lippenl.			Zungenl.			Kehllaute		
griech. u. lat.	P	B	F	T	D	Th	K	G	Ch
gothisch	F	P	B	Th	T	D	..(H)K	G	
althochdtsch	B(V)	F	P	D	Z	T	G(H)	Ch	K

表1　子音推移の対応表（Bauer 1850[1]：42）

7）「母音交替は，なんらかの言語法則によって，例えば trinke, trank, getrunken のように母音が交替することである」（Bauer 1850[1]：3）。別の箇所では注釈として，母音交替が次のように説明されている。「母音交替という法則は，最も重要で最も不可思議な法則である。この法則がわれわれの語感のなかにいかに深く根付いているかは，とりわけ i,a,u という最古の母音交替の並び方を見ればわかる。この並び方は，例えば Wirrwarr〈ごたごた，混乱〉，Klingklang〈チリンチリン〉，Zickzack〈ジグザグ〉，bimbambum〈キンコンカン〉，biffbaffbuff〈ペンパンポン〉といった比較的新しい造語にも再び現れていて，けっして逆の並び方はしない。」（Bauer 1850[1]：20）。

karto—Garten（Bauer 1850[1]: 43-44）といった具合である。

「造語論」のあとに，「文章論」（一般論が§101-104，「単一文」が§105-132，「複合文」が§133-161）が続く[8]。文章論に関しては，歴史文法は提供するものが乏しかったため，文章論ではベッカーの文成分論の体系が用いられている（Vesper 1980: 151）。そのため，バウアーの文法は，歴史文法と論理文法との両方を受け継いでいて，折衷的な性格を帯びている。このような「グリムの歴史的諸成果とベッカーの論理学的・分析的な体系の統合」（グリンツ 2010: 107）こそは，1840年代に学校関係者たちがずっと待ち望んでいたことであった。バウアーの「文章論」は，次のように始まる。

> 個々の単語は，他の単語と一緒になってひとつの思考を表す。これは文によって行われる。文は思考にとって肉体であり，個々の単語はこの肉体にとって生き生きとした手足である。したがって，個々の単語それ自体は文章論では考察の対象とはされず，単語同士がどのような関係にあるのかが考察の対象となる。（Bauer 1850[1]: 63）

バウアーは，ベッカーが行っていたような「有機体」という概念を用いた哲学的な説明は行っていない（Vesper 1980: 149）。

語形変化論に書かれている内容をよく見てみると，実際には規範文法とされる文法書と変わらない部分が多い。つまり，語形変化論においてバウアーは，道具立てとしては歴史文法の概念を用いているものの，実際の内容は規範文法を受け継いでいると言うことができる。この意味で，バウアーの文法は二重に折衷的である。例えば，次の表2と表3でわかるように，人称代名詞の内容はAdelung（1781）と同じであるし，また，表4と表5では，規則変化動詞loben「ほめる」の現在形と過去形のそれぞれ直説法と接続法も同じであるだけでなく，Adelung（1781）のほうに（du）lobestとlobst，（er, ihr）lobetとlobtという2つの語形が並記されている点では，アーデルングのほうが記述的とさえ言える。

このようにBauer（1850[1]）は，歴史文法と論理文法と規範文法を折衷

---

8) そのあとに補足的に「動詞の態，時称，法について」（§162-167）が置かれたあと，「正書法論」（§169-192）が置かれて，これで全体が終わる。

表2 人称代名詞
　　（Adelung 1781：237）

表3 人称代名詞（Bauer 1850[1]：15）

表4 loben の人称変化
　　（Adelung 1781：280）

表5 （右半分）loben の人称変化
　　（Bauer 1850[1]：22）

した文法書であったが，まさにこの理由で，バウアーの文法書は19世紀後半において多くの版を重ね，成功したのである。1852年に第2版，1854年に第3版が出たあと，本来ドイツのプロテスタントの学校施設用であったこの文法書は1857年以降，例文を一部変更することでプロテス

タントの学校用，カトリックの学校用，オーストリア用の3種類が出された[9]。

1852年の第2版では，「導入」(§1-10)が「歴史的なこと」(§1-7)と「基礎概念」(§8-10)に分けられ，第1版より詳細に記述されている。すでに第2版の序文でバウアーは，「本書が商業学校や高等市民学校にとっては学術的すぎるとみなされた」(Bauer 1852²：VIII)ことを心得ており，1854年の第3版では，「本書全体を平易にし，本書に少し異質で学術的な印象を与える素材を排除する」(Bauer 1854³：VII-VIII)ようにし，さらに，「歴史文法の扱い方に慣れていない初めての教師たちの要望に応えられるように配慮した」(Bauer 1854³：VIII)。例えば，上の表1で挙げた子音推移の対照表もその用例も，第3版では巻末の「ドイツ語に関してより深く理解するための注」(Bauer 1854³：136-142)という付録部分に廻され，本文はすっきりしている。

1863年の第6版でバウアーは，折衷主義的であることへの批判を意識して次のように述べている。

> 著者は，あるひとつの学派しか認めないというのではなく，きわめて優れた知見が出されたさまざまな学派の成果を後進の子供たちに，また世間にも提供しようと努めている。だからといって，扱い方の統一性を損なっていると批判を受けるには値しない。(Bauer 1863⁶：V)

バウアーは，語形変化論と造語論では歴史文法を，文章論では論理文法を用いるという棲み分けをさせることで，文法書全体の統一性を保てると考えている。一方で，「グリムに従って，青少年にドイツ語の過去の姿を体感させ根づかせ」(Bauer 1863⁶：V)，他方で，ベッカーの文成分分析によって言語を「有機的なまとまり」として把握し，最終的に「弁証法的な教養」の準備とさせる。

ベッカーの形式主義的な論理文法では抜け落ちてしまう欠点，すなわち，分析に終始してしまうこと，そして，一般普遍的でない「ドイツ語特

---

[9] 最初のオーストリア版（Bauer 1857）の序言においてバウアーは，この文法書をオーストリア文部省が学校教育で用いることを認可した際に条件として，「例文を選ぶ際に，オーストリアの圧倒的多数の中等学校がカトリックであることを配慮する」(Bauer 1857：IV)ことを指示された経緯を説明している。

有の」(Bauer 1863[6] : V-VI) 統語現象を見落としてしまうことにバウアーは気づき，1863年の第6版からはトレーマー (Theodor Thrämer, 1809-1859年)の言語教育論を援用して，それを解決しようとしている。この言語教育論は，文を分析することで，実際に文を書いたり話したりする能力を高めるという考え方をしている[10]。

さらにまた，バウアーはこの第6版 (1863) 以降，ギムナジウムの1年生から4年生までのドイツ語に関するカリキュラム案をきわめて詳細に提案している (Bauer 1863[6] : IX-XII)。その案によると，歴史文法の知見は，ギムナジウム1年生，2年生の段階では「文法カテゴリー（名詞の弱変化，強変化，混合変化。動詞の弱変化，強変化）」を習うことくらいであるが，3年生，4年生になると，語源，「言語史への導入（中高ドイツ語，古高ドイツ語）」がなされる。「副文の論理的関係」を習うのも，3年生，4年生になってからである。

5. バウアー=ドゥーデン (1881年) からドゥーデン (1935年) へ

第14版 (1874年) の出版をもって，バウアーは亡くなった。その7年後となる1881年に，ドゥーデン (Konrad Duden, 1829-1911年) によって改訂されて第18版が出版された。このドゥーデンによる改訂版，Bauer-Duden は，1882年に第2版，1887年に第3版，1891年に第4版，1896年に第5版を重ね，1912年の第10版まで出された[11]。

ドゥーデンは，1880年に，『ドイツ語の正書法辞典 (*Orthographisches Wörterbuch der deutschen Sprache*)』を公刊していた人物である。1871年にドイツ帝国として国家的統一が達成されたあと，さまざまに異なる点が各州にまだあった正書法を統一する目的で，1876年に正書法会議が開

---

10) Olsson (2009) によれば，トレーマーは，今日の結合価理論の先駆者のひとりといえるゲッツィンガー (Max Wilhelm Götzinger, 1799-1856年) の動詞中心の文の捉え方に依拠して，動詞を中心に置いた作文法で生徒に文を作らせた (Olsson 2009：97-100, 109)。

11) オーストリアでは，1881年にバウアーの第21版がドゥーデンとホーファー (August Hofer) による改訂版として出されたが，1883年の第22版はホーファーのみが改訂者として名が挙がっている。

かれ，この会議での改革案を受けてドゥーデンはこの正書法辞典を出していた[12]。

実は，ドゥーデンによる改訂版は，その構成，パラグラフ数，そして各パラグラフが扱う項目を，(「正書法」の箇所は除いて[13]) 1850年の初版からまったくかわらず受け継いでいる。文法部分（付録部を合わせ，正書法は除く）は，1850年の初版とおなじ167のパラグラフからなっている。この文法部分が Bauer (1874[14]) では約63,000語，Bauer-Duden (1882) では約69,000語で書かれているので，バウアー存命中の最終版である Bauer (1874[14]) と比較して Bauer-Duden (1882) には10％程度の分量の補足があったことになる。実際にこのふたつの版を文章論の冒頭部について比較してみると，比較的小さな書き換え（§101, §102, §105, §106, §114）にとどまらず，3ページ近くが書き換えられている箇所（§112）もあることがわかる。また，音変化が扱われている§13を見てみると，Bauer (1874[14]) ではウムラウトと母音交替（アブラウト）のみが扱われているが，Bauer-Duden (1882) では，i → e (Gewitter-Wetter), u → o (für-vor) のような「母音混和 (Brechung)」が新たな内容として7行分追加されている（Bauer-Duden 1882：13-14）。また，Bauer-Duden の最終版である Bauer-Duden (1912) は文法部分（付録部を合わせ，正書法は除く）が約76,000語で書かれているので，約69,000語で書かれた Bauer-Duden (1882) と比べて10％程度の分量の補足があった計算になる。例えば，上に述べたのと同じ§13では，Bauer-Duden (1882) と比べて Bauer-Duden (1912) では，e → i のような「音の反転 (Umbeugung)」と，弱音の e への「弱化」，そして maget → Maid のような「縮約」が22行分追加されている（Bauer-Duden 1912：14-15）。

Bauer-Duden (1891) と Bauer-Duden (1912) を見ると，ドゥーデン

---

12) その後1902年に第二回目の正書法会議が開かれ，ここで改定された正書法規則を，ドイツの他にスイスとオーストリアも受け入れた。その内容を反映したドゥーデンの『正書法辞典』(1902) が，現在に至る正書法の基盤となった。

13) 「正書法」については，初版 (1850) 以降，ドゥーデンによる改訂 (1881) までは，§1から§167までの文法に続く§168以降に（パラグラフの数え方も継続して）書かれていたが，改訂 (1881) 以降は，「正書法―新しい学校正書法」というタイトルで新たに§1から始まる独立したものとして扱われている。

は序言のなかで，この文法書が規範文法，論理文法，歴史文法の3者を受け継いだものだと明確に意識していることがわかる。

> 本書は第1に，ドイツ語を正しく語り書くことを教える。第2に，言語の有機体について，教科書の制約のなかで可能な限り，言語の内的な営みに関する明確な像を与える。そして第3に，亡きバウアーのことばを借りるならば，「とりわけ重要なのは，偉大でゆるぎない言語研究者ヤーコプ・グリムが創始した歴史学派の成果を，青少年にとっての必要性と理解力に適した形で学校の使用に耐えるようにすること，そしてドイツ語に対する意欲と愛情を呼び起こすこと」である。第1の目的はすべてのドイツ語教科書と共有するものであり，第2の目的は多くのドイツ語教科書と共有する。そして，第3の目的は最初の段階から本書の特徴であり，おそらくはこれが理由で，本書は，多方面から「暖かい共感」を得ることができた。(Bauer-Duden 1891：III, Bauer-Duden 1912：III)

Bauer-Duden の最終版（1912）から数えて23年後となる1935年に，『大ドゥーデン。ドイツ語の文法。母語の構造を理解するための手引き（*Der Große Duden. Grammatik der deutschen Sprache. Eine Anleitung zum Verständnis des Aufbaus unserer Muttersprache*）』が出版された。このドゥーデン文法は，「1912年に出たのが最後であるバウアー=ドゥーデンの文法にさかのぼり，[…]，バウアーの言い方を借りるならば，まず概観しそのあとで詳しく理解する主旨のものである」(Duden-Grammatik 1935：VI)。改訂者バスラー（Otto Basler）による「序言」には，次のようにある。

> 本書は，ドイツ語の内的な構造をより深く理解するためのたしかな道案内書である。したがって，言語史に関する予備知識があらかじめなくても，また，予備知識があらかじめ注釈部に書かれていなくても［理解ができるよう］，必要に応じて古い時代の言語段階の形態を示している。(Duden-Grammatik 1935：VI)

ここには，あきらかに歴史文法が受け継がれていて，グリムの姿が見える。

図1　複合的な文章の分析図解（Duden 1935：256）

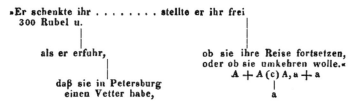

図2　複合的な文章の分析図解（Bauer 1850^1：97）

　このバスラーの改訂による Duden-Grammatik（1935）の文法部分（付録部を合わせ，正書法は除く）は約93,000語で書かれているので，約76,000語で書かれている Bauer-Duden（1912）と比べて，20％程度の分量の補足があることになる。ただし，Duden-Grammatik（1935）は，パラグラフの数と各パラグラフで扱われるテーマを，85年前に書かれたバウアーの文法書の初版（1850年）からそのまま受け継いでいる。一見，構造主義的にも見える複合的な文章の分析（図1）（Duden-Grammatik 1935：256）も，実はそのバウアーの文法の初版に書かれた図2（Bauer 1850^1：96）から受け継いだものである[14]。大文字の A は「主文」（＝主節），小文字は「副文」（＝従属節）で，それぞれ a は「名詞文」（＝名詞節），b は「形容詞文」（＝形容詞節），c は「副詞文」（＝副詞節）で，a^2

14）　これは次の文章の分析である。Er schenkte ihr 300 Rubel und als er erfuhr, daß sie in Petersburg einen Vetter habe, stellte er ihr frei, ob sie ihre Reise fortsetzen, oder ob sie umkehren wolle.〈彼は彼女に300ルーブルを贈り，彼女がペテルスブルクに従兄弟がいるということを聞き知ったとき，彼は，彼女が旅を続けるのか，それとも引き返すのか，彼女の自由意志に任せた。〉

は副文にさらに従属する名詞文であることを示している（Bauer 1850[1]：94 f.）。この示し方は，1863年版以降，「文図解（Satzbild）」（Bauer 1863[6]：128, 149）と呼ばれている。

Duden-Grammatik（1935）で最も目に付く変更は，「名詞」がSubstantivからNennwortへ，「動詞」がVerbからZeitwortへ，「主語」がSubjektからSatzgegenstandへ，「述語」がPrädikatがSatzaussageへ，「付加語」がAttributからBeifügungへといった具合に，文法用語が一貫してドイツ語化されている点である。

6. 文法のなかのナショナリズム

バウアーの文法書の序言には，初版以降ずっと「ドイツ民族」，「祖国」のことが書かれている。初版では「母語とドイツの祖国に対する愛情の念」と「ドイツ民族」（Bauer 1850[1]：VI）のことが言われ，1854年版では「言語こそが最強で，最も無垢で，しかし最も実り多い統一の手段であり，ドイツ的・キリスト教的な教養が普及することがドイツ民族の世界史的な課題である」（Bauer 1854[3]：VIII）こと，1859年版では「言語が自然と歴史とを互いに結びつけるきずなである」（Bauer 1859[4]：VI）ことが言われている。

1871年のドイツ帝国誕生後，ドイツ語教育もナショナリズムの色が濃くなった（Bahner & Neumann：254）。バウアー存命中で最後となった1874年版で，バウアーは次のように言っている。

> ドイツのすべての地方（Gau）で，そしてドイツ人の住むところ，ドイツ語が話され学ばれるところで，ドイツ語の精神のなかへ深く分け入るのに本書が役立ち，ドイツ語の正しい運用の仕方を促進するのに役立つことを願う。（Bauer 1874[14]：VIII）

まさにこの引用箇所を，ドゥーデンはBauer-Duden（1882）の序言の最後で「バウアーの言い方を借りて」（Bauer-Duden 1882：VIII）引いている。Bauer-Duden（1891）では，「本書によって，ドイツ語の荒廃の危機に対する抵抗が，その唯一可能な場所である学校において少しでも成功することを願う」（Bauer-Duden 1891：VI）と，ドゥーデンはさらに書い

ている。これは，1885年に全ドイツ国語協会が設立され，外来語排斥の運動が組織化されたことでもわかるように，この時期にドイツ語に対する危機感が社会で多く表明されたことと関連している。

　ドゥーデン文法が出された1935年と言えば，ナチ党が政権を掌握して2年が経過した年である。この序言では，ドイツ語を「恣意，荒廃，浅薄化から守る」(Duden-Grammatik 1935：V) 必要が述べられ，そのあとで次のように言われる。

> われわれは，外に向けても内に向けても，われわれの母語をめぐる闘争を，また同時にわれわれの民族性をめぐる闘争を押し進める。なぜならば，言語は民族であり，民族性と言語とは分かつことができないからである。(Duden-Grammatik 1935：V)

1850年のバウアーの初版にあった「民族」がここでも語られている。このナチ政権下で言われている「民族性をめぐる闘争」が，バウアーとドゥーデンが民族性を語ったときの歴史的文脈と大きく異なっているのは明らかであろう。ただし，Duden-Grammatik (1935) それ自体のなかでは，「民族性をめぐる闘争」は外来語排斥という観点での文法用語の一貫したドイツ語化という形でしか現れていない[15]。このようにDuden-Grammatik (1935) はナチ化を免れているからこそ，第2次世界大戦終結の2年後となる1947年にグリンツは[16]，この1935年のドゥーデン文法が「いたるところでまさしく，公認のハンドブックとみなされている」(グリンツ 2010：109) と見ることができたのである。「第三帝国」を経て第2次世界大戦後になっても，19世紀のドイツ語文法が居残ることができた所以はここにある[17]。

---

15)　ナチズムは，一貫して外来語排斥を支持したわけではなく，1940年にはヒトラーが外来語排斥をやめて，「暴力的なドイツ語化」を慎むよう告知を出した。これについては，高田（2011b：188-192）を参照。
16)　グリンツ (2010) は，Glinzが1947年に発表した論文の日本語訳である。
17)　ドゥーデン文法が全面的に変わり，19世紀のドイツ語文法から離れるのは，Duden-Grammatik (1959) になってからである。

●一次資料

Adelung, Johann Christoph (1781) *Deutsche Sprachlehre. Zum Gebrauche der Schulen in den Königl. Preuß. Landen*. Berlin: Voß.

――――― (1782) *Umständliches Lehrgebäude der Deutschen Sprache, zur Erläuterung der Deutschen Sprachlehre für Schulen*. 2 Bände, Leipzig: Breitkopf. (Reprint, Hildesheim & New York: 1971)

Bauer, Friedrich (1850[1]) *Grundzüge der Neuhochdeutschen Grammatik für die unteren und mittleren Klassen höherer Bildungsanstalten*. Nördlingen: Beck.

――――― (1852[2]) *Grundzüge der Neuhochdeutschen Grammatik für die höhere Bildungsanstalten*. Nördlingen: Beck.

――――― (1854[3]) *Grundzüge der Neuhochdeutschen Grammatik für die höhere Bildungsanstalten*. Nördlingen: Beck.

――――― (1857) *Grundzüge der Neuhochdeutschen Grammatik für die höhere Bildungs-Anstalten. Für Österreich bestimmte Auflage*. Nördlingen: Beck.

――――― (1859[4]) *Grundzüge der Neuhochdeutschen Grammatik für die höhere Bildungs-Anstalten*. Nördlingen: Beck.

――――― (1863[6]) *Grundzüge der Neuhochdeutschen Grammatik für die höhere Bildungs-Anstalten*. Nördlingen: Beck.

――――― (1874[14]) *Grundzüge der Neuhochdeutschen Grammatik für die höhere Bildungs-Anstalten*. Nördlingen: Beck.

――――― (1882[19]) *Grundzüge der Neuhochdeutschen Grammatik für die höhere Bildungs-Anstalten und zur Selbstbelehrung für Gebildete*, bearbeitet von Konrad Duden. Nördlingen: Beck. (=Bauer-Duden 1882)

――――― (1891[21]) *Grundzüge der Neuhochdeutschen Grammatik für die höhere Bildungsanstalten und zur Selbstbelehrung für Gebildete*, bearbeitet von Konrad Duden. Nördlingen: Beck. (=Bauer-Duden 1891)

――――― (1912[27]) *Grundzüge der Neuhochdeutschen Grammatik für die höhere Bildungsanstalten und zur Selbstbelehrung für Gebildete*, bearbeitet von Konrad Duden. Nördlingen: Beck. (=Bauer-Duden 1912)

Becker, Karl Ferdinand (1827) *Organism der Sprache als Einleitung zur deutschen Grammatik*. Frankfurt am Main: Reinherz.

――――― (1829) *Deutsche Grammatik*. Frankfurt am Main: Reinherz.

Clajus, Johannes (1578) *Grammatica Germanicae Linguae*. Leipzig: Rambau. (Reprint: Hildesheim & New York: Olms).

Der Große Duden. Grammatik der deutschen Sprache. Eine Anleitung zum

Verständnis des Aufbaus unserer Muttersprache (1935), bearbeitet von Otto Basler. Leipzig: Bibliographisches Institut. (=Duden-Grammatik 1935)

Duden. Grammatik der deutschen Gegenwartssprache (1959), hrsg. von Paul Grebe. Mannheim: Bibliographisches Institut. (=Duden-Grammatik 1959)

Frangk, Fabian (1531) *Orthographia Deutsch*. Wittenberg: Schirlentz. Reprint in *Fabian Frangk Ein Cantzley und Titel buechlin, beigebunden ist: Fabian Frangk Orthographia Deutsch*. Hildesheim & New York: Olms 1979.

Gottsched, Johann Christoph (1752) *Grundlegung einer Deutschen Sprachkunst*. Leipzig: Breitkopf. 3. Aufl.

Grimm, Jacob (1819) *Deutsche Grammatik*. 1. Teil. Göttingen: Dieterich.

Heyse, Johann Christian August (1814) *Theoretisch-praktische deutsche Grammatik oder Lehrbuch zum reinen und richtigen Sprechen, Lesen und Schreiben der deutschen Sprache*. Hannover: Hahn.

Opitz, Martin (1624) *Buch von der Deutschen Poeterey*. Breslau: Müller. Reprint in *Martin Opitzens Aristarchus sive de contemptu linguae Teutonicae und Buch von der Deutschen Poeterey*, hrsg von Georg Witkowski, Leipzig 1888, 119–207.

Schottel, Justus Georg (1641) *Teutsche Sprachkunst*. Braunschweig: Zilliger.

────── (1663) *Ausführliche Arbeit Von der Teutschen HaubtSprache*. Braunschweig: Zilliger. (Reprint Tübingen: Niemeyer 1967.)

Wurst, Raimund Jakob (1836) *Praktische Sprachdenklehre für Volksschulen und die Elementarklassen der Gymnasial- und Realanstalten: nach Dr. K. F. Becker's Ansichten über die Behandlung des Unterrichtes in der Muttersprache*. Reutlingen: Mäcken

◆第10章◆
英語における「言語計画」とは？
規範化に向かった時代(18〜19世紀)

池田　真

1. 言語計画とは

社会言語学の基礎文献では，言語計画は次のように定義されている。

> 言語共同体における言語的振舞いを変えることを意図した全ての意識的努力（Mesthrie *et al.* 2009：371）
> ある言語やその一変種に故意に介在しようとする試み，すなわち，言語の変化，普及，衰退といった自然な過程に人為的に介入すること（Wardhaugh 2010：379）
> 政府，社会，組織などが言語の役割や地位に影響を与えようとする意識的努力（Van Herk 2012：205）

文言に差異はあるものの，共通しているのは「人為的に言語の社会的役割を変える」ということである。問題は「人為的に」の担い手をどのように規定するかである。狭く取れば言語政策を遂行する政府であろうし，広く見れば言語使用者の集合体（speech community）ということになる。後述するように，英語史の内面史（言語変化）を「言語計画」という視点で振り返ると，その意識的変革の原動力は，王室や議会や内閣による政治決定ではなく，印刷職人や知識人や辞典・文典の執筆者といった市井の働きであったことがわかる。そこで本章では，言語計画の主体者を，Van Herk (2012) に即して，政府，経済団体，教会，辞書編纂者，言語評論家，作家，教育者，出版関係者，政治・社会団体，個人のすべてと考える。

以下では，英語の歴史における言語計画を概観した上で，その中でも特に社会言語学的な現象であり，かつ現代的な意義を有する規範文法（prescriptive grammar）の成立と発展について扱う。その際には，二次資料による解説だけでなく，様々な一次資料（当時の新聞，雑誌，小説，文法書など）に基づく歴史の再構築を心がけたい。

2. 英語史における言語計画

　英語の歴史を語るキーワードは「侵略」と「変化」であろう。「侵略」とはゲルマン人の定住（5世紀），ヴァイキングの襲来（8〜10世紀），ノルマン人による征服（11世紀）といった武力によるものだけでなく，キリスト教（7世紀），ルネサンス（16世紀），宗教改革（16世紀）といった思想上の侵攻も含む。これらの外的「侵略」は，英語の誕生，屈折（語形変化）の消失による文法の単純化，借用語による語彙の豊饒化といった英語の内的「変化」をもたらした。こういった英語の変遷を言語計画といった切り口で眺めたものが，表1である。

　まずは「言語計画でないもの」から見ていくと，古英語から中英語の時代に起きた変化のすべてと言ってよい。なぜならば，それらの変化は外的事件を介した英語と他言語との言語接触がもたらしたものであり，人々の

表1　英語史における言語計画

	言語計画でないもの	言語計画であるもの
古英語 (450-1100)	ラテン語の文字と借用語 古ノルド語からの借用語	
中英語 (1100-1500)	フランス語からの借用語 屈折の単純化 語順の固定化と前置詞の発達 大母音推移の開始	活版印刷による綴字
初期近代英語 (1500-1700)		古典語からの借用語 慣習的綴字 語源的綴字
後期近代英語 (1700-　　)		規範文法

意識的働きかけによるものではないからである。具体的には，古英語期では，キリスト教の布教に伴うラテン語の文字（ローマ字）と宗教・日常・学問用語（martyr, cap, history など）の導入，およびヴァイキングの襲来とその後のアングロ・サクソン民族との混合による古ノルド語（ヴァイキングの言語）からの借用（skirt, give, they など）と屈折消失の芽生えである。中英語期の変化としては，ノルマン征服による二重言語社会（支配層のフランス語と被支配層の英語）が引き起こしたフランス語からの語彙借用と本格的な語形変化の単純化およびその代替としての語順の固定化と前置詞の発達があげられる〔⇨第6章1節参照〕。

英語史における非言語計画的変化と言語計画的変化を分ける分岐点は，中英語と初期近代英語の端境期である。15世から17世紀にかけて，英語の長母音は大母音推移（The Great Vowel Shift）と呼ばれる大規模な体系的変化を経験したが，これはいまだに確固たる原因が分からない英語史の最大の謎の一つであって，言語計画ではない。それとは異なり，1476年にイギリスに初めて活版印刷機を据え付けたウィリアム・キャクストン（William Caxton）には，言語計画の萌芽が見られる。彼には本を印刷する際にどの方言を採用するかの明確な方針はなかった。だが，個々の単語の活字をどの綴りで組むかの決定を日常的に下しており，その際には印刷所のあったロンドン（当時すでに政治経済の中心地となっていた）の英語を選択することが多かった。結果的に，これが後の標準的スペリングの基盤となった。これは特定の言語変種を選んで書き言葉の基準にしようという動き（選択）であって，言語計画的といえよう。ここで重要なのは，書き言葉による「標準語」（standard language）という概念が意識されるようになってから，意図的な言語変種の選定（selection），精緻化（elaboration），成文化（codification），そして普及（implementation）という言語計画的プロセスが活発化したことである（Leith & Graddol 2007：83-84）。実際，この時期以降の重要な英語史的変化は，標準英語を形成しようとする言語計画が中心となる。近代英語期の主な動きを見てみよう。

初期近代英語期に知識人たちを悩ました主な言語問題は，語彙（ルネサンスによる古典研究を行う上で英語の語彙不足をどうするか）と綴字（発音と綴りの乖離をどうするか）に関するものであった。これらは大論争の末，前者は古語の復活や新語の創出ではなくラテン語やギリシア語からの

借用路線，後者は表音主義（発音を尊重した表記法改革）ではなく慣習主義（現状の表記法維持）に落ち着いた。細かいことで言うならば，いくつかの古典語からの借用語を綴る際に，たとえ英語の発音に現れなくとも原語のものを尊重するという「ルネサンス綴り字」(Renaissance spelling) ないし「語源的綴り字」(etymological spelling) も，当時の学者による発案である (rece_i_pt, de_b_t, _th_eater, _rh_yme など）。この時代に，英語初の文法書であるブロカー（William Bullokar）の『簡約英文法』(*Bref Grammar for English*, 1586) が登場したのは偶然ではなく，ラテン語に負けない英語の標準を示そうという努力の現れであった。こうして，英語は学問言語としての使用にも耐えるようになった。

後期近代英語の時代になると，英語の言語計画はひとつの山場を迎える。ジョナサン・スウィフト（Jonathan Swift）を中心とする英語アカデミー設立運動である。スウィフトの書いた『英語を矯正・改良・確定するための提案書』(*A Proposal for Correcting, Improving and Ascertaining the English Tongue*, 1712) によると，その趣旨は「極めて不完全」な英語に必要な「修正」を施した後，未来永劫に「固定」しようという壮大なものであった（Swift 1712：8, 31）。しかし，この計画は後ろ盾であったアン女王の死去とともに立ち消えとなった。結局，その代役となって基準を打ち立てたのが，単語（綴り・意味・発音）についてはジョンソン博士（Samuel Johnson）の『英語辞典』(*A Dictionary of the English Language*, 1755) であり，文法についてはラウス（Robert Lowth）を筆頭とする規範文法家による文典であった。以下では，規範文法書による英語の言語計画と標準文法の普及について詳述する。

3. 規範文法とは

社会言語学の基本書を再び繙くと，「規範主義」(prescriptivism) は次のように説明されている。

> 正用規則，すなわち言葉がいかに使われるべきかに焦点を当てた言葉に対する考え方（Van Herk 2012：208）
> 言語に対する規範的考え方（すなわち規範主義）とは，「言葉のエチ

ケット」とでも名づけられるものと関連している（Mesthrie *et al.* 2009：12）

　要は「正しいとされる言葉づかい」のことなのだが，興味深いのは「言葉のエチケット」という表現である。それぞれの社会には従うべき暗黙の礼儀作法がある。例えば，イギリスならば，駅や郵便局では列に並んで順番を待つだとか，スープや紅茶をすすらないといった類いのことである。これに違反する者には，単なるマナー違反に対する軽蔑だけでなく，不潔なものに接するような生理的嫌悪感が向けられる。言語使用に関して人々が抱くそのような潔癖症的反応を，Cameron（1995）は「言葉の衛生」（verbal hygiene）と名づけ，その現れとして，出版物の文体マニュアルやPC（Political Correctness）と並び，規範文法を取り上げている。では，具体的に，どのような文法違反が嫌われるのだろうか。

　いささか古い例だが，1986年に英国BBCのラジオ番組が行った調査を紹介しよう（Crystal 2003：194-195）。リスナーに対して「嫌いな文法例」を募ったところ，表2のものがトップテンであったという（斜体と訂正例は現筆者による）。

　このような「文法マナー違反」に対するリスナーのコメントには，「はらわたが煮えくり返る」（blood boil），「発狂させる」（drive me wild），「売春婦」（prostitute）のような強い憤りの言葉が並んでいたという。投稿者の年齢層は主に50代であり，しかもラジオの教養番組を聞いている人たちなので，その属性は中流階級の中高年インテリにほぼ限定されようが，英国社会における言語作法の一端を示していることは確かである。このような「文法違反」に対する糾弾は，イギリスに限ったことではなく，アメリカでも頻繁に見られる。試みにインターネットで"obama grammatical errors"で検索すると，オバマ大統領の「文法的間違い」に関するウエブページがたくさん出てくる。その最初のもの（"New York Times Rips Bush Grammar, Ignores Obama's"―Breitbart，2012/08/16）では，"I know, I like Frank, we've had conversations *between Frank and I*."（meが正用）〈私はフランクが好きで，二人で何度か話をした〉や"I have to say that nobody was more surprised *than me* about winning the Nobel Prize for peace."（Iが正用）〈ノーベル平和賞を授与さ

表2 嫌われる「文法違反」ランキング

順位	具体例	訂正例	理由
1	Between you and *I* 〈二人だけで〉	Between you and *me*	前置詞の目的語なので目的格であるべき
2	To *definitely* ask 〈断固として尋ねる〉	To ask *definitely*	不定詞は文法的単位(語形)なので副詞の挿入は不可
3	I *only* saw Jane. 〈ジェーンだけに会った〉	I saw *only* Jane.	修飾語は被修飾語の近くに置くべき
4	None *were* left on the table. 〈卓上には何も残っていなかった〉	None *was* left on the table.	None は no one に由来するので単数扱い
5	Different *to/than* 〈〜とは違う〉	Different *from*	接頭辞 dif-(原形は dis-)は from の意味なので from と組み合わせるべき
6	That was the clerk I gave the money *to*. 〈あの人が私がお金を渡した店員だ〉	That was the clerk *to whom* I gave the money.	前置詞の後には名詞か代名詞が必要なので文末では使えない
7	I *will* be thirty next week. 〈来週30歳になる〉	I *shall* be thirty next week.	一人称+will は意志未来なので,この文では使えない
8	*Hopefully*, Mary will win the race. 〈メアリーがレースに勝つことを願う〉	*It is hoped/I hope that* Mary will win the race.	Hopefully を文修飾の副詞として使うことはできない
9	That is the man *who* you saw. 〈あちらがあなたの見た男性だ〉	That is the man *whom* you saw.	saw の目的語なので目的格 whom を使うべき
10	I have*n't* done *nothing*. 〈私は何もしていない〉	I have*n't* done *anything*.	否定は打ち消し合って肯定の意味になるので,否定を表す際に否定語を2つ使ってはならない

れたことについて，私以上に驚いている人はいないでしょう〉のようなオバマ大統領の発言を引用し，それらを「文法上の大ポカ」(grammatical blunder) と表現している（斜体は現筆者）。

　ここで注目すべきことは「文法違反」に対する反応の激しさである。比較のため，今度は日本のマスコミによる規範意識調査を取り上げよう。朝日新聞 be（2013 年 6 月 1 日付）では「気持ちが悪い日本語ランキング」を特集したが，そこでは，「1000 円<u>から</u>お預かりします」（1 位），「<u>全然</u>似合いますよ」（2 位），「私的には OK です」（5 位），「以上でよろしか<u>った</u>でしょうか」（7 位）のような言い方が上位にランキングされている（下線は現筆者）。こういった言葉使いに対する反応として，同紙は「リストの言葉の一覧を読んでいて気分が悪くなりました」という読者の意見を紹介している。生理的違和感といった点では共通しているが，そこには英米人ほどの過剰なリアクションは見られない。英語国民は規範規則からの逸脱をなぜそこまで毛嫌いするのであろうか。その原因を探るには，話を再び英語史に戻さなければならない。

4. 規範文法の誕生

　先に述べたように，英語史上初の文法書『簡約英文法』は 1586 年に登場した。しかし，その意図は言葉の正用法を示すというよりも，ヨーロッパの知的共通語であったラテン語の文法的枠組みに英文法を当てはめて，英語が十分に体系的言語であることを誇示することにあった（渡部 1965）。その後，17 世紀から 18 世紀中葉までの 150 年間に数百冊の文法書が出ているが，その最大の貢献は現在行われているような 8 品詞を確定したことであって，英語全体の言語計画に対する寄与はなかった。

　英語が規範化に向けて一気に動き出すのは 18 世紀後半になってからである。その背景には，いわゆる啓蒙主義の影響がある。これは理性と科学が進歩をもたらすとする全ヨーロッパ的思潮であり，啓蒙主義者たちは，万物に自然法則が存在し，論理によりそれを引き出すことができると信じた。それは言語についてもしかりで，その代表がラウスの『英文法入門』(*An Introduction to English Grammar*, 1762) である。ラウスはオックスフォード大学詩学教授やロンドン司教を務めた影響力のある人物であっ

た。彼の文法書が好評を博したのは，著者の社会的信用もさることながら，人々が単語に関してジョンソン博士の辞書に求めたもの —— 言葉の規範 —— を文法において与えたからである。その方針は明快であった。文法書の目的は適切な表現法と用法の正誤判断を教えるものとし，そのための手段として，規則を定め，例文で「正しいもの」(what is right) と「間違っているもの」(what is wrong) を示すという方法を取った。その原理は「3つのエル」に集約される。論理 (logic) とラテン語法 (Latinism) と文献 (literature) である。前節で紹介した BBC 調査での嫌われる文法トップテンのうち，文修飾の hopefully (20世紀半ばのアメリカ語法がイギリス英語に影響を与えたもの) をのぞく全項目がこの時代の規範文法書によって定められた規則であるが，ここではラウスの言い出した規則とされる二重否定の用法を使って，その説明を見てみよう。

> Two Negatives in English destroy one another, or are equivalent to an Affirmative: as, "*Nor* did they *not* perceive the evil plight in which they were, or the fierce pains *not* feel." Milton, P. L. i. 335. (Lowth 1769：98-99)
> 〈英語における2つの否定語はお互いを打ち消しあい，肯定に相当する。例えば，「彼らは自分たちの置かれた凄まじい苦境を知らないことはなく，激しい痛みを感じないわけでもなかった」ミルトン，失楽園，1巻，335行〉

否定を重ねると肯定になるという発想は数学からの類推であり (logic)，ラウスはその例文をミルトンの『失楽園』(*The Paradise Lost*, 1667) から引用している (literature)。そして欄外の注では，その規則の反例として，今度はシェイクスピアの『空騒ぎ』(*Much Ado About Nothing*, 1600) を引いている (literature)。

> The following are examples of the contrary：
> "Give not me counsel；
> *Nor* let *no* comforter delight mine ear." Shakespeare, Much ado.
> "She cannot love,
> *Nor* take *no* shape *nor* project of affection." Ibid.

Shakespeare uses this construction frequently. It is a relique of the antient style, abounding with Negatives, which is now grown wholly obsolete. （Lowth 1769：98-99）
〈以下はその反例である。「助言はやめてくれ。どんな慰めも私の耳を喜ばしはしない」シェイクスピア，空騒ぎ，「彼女に恋はできない。愛情など出てきやしない」同上。シェイクスピアはこの構文を頻繁に使っている。否定語が多いのは古式の遺物であり，今では完全に廃れている〉

　このようなラウスの規範主義に対して，現代の言語学者は記述的立場から規則設定の恣意性を批判しているが（例えば Schmitt & Marsden 2006），必ずしも正鵠を得たものではない。というのも，この時代の文法書はそもそもが言語の実態解明を目指す研究書ではなく，正誤判断の基準提示という社会的要請に応えるための指南書だったからである。実際，18世紀末までに，ラウス亜流のものだけでも少なくとも20種類の文典が出回り（Tieken-Boon van Ostade 2012），その他も含めると，全体では百数十冊の文法書が出版されている（渡部 1975；Tieken-Boon van Ostade 2008）。かくして市場には，言語計画の書たる規範文法というジャンルが確立し，「標準文法」が世に普及し始める。
　規範文法の原理を打ち立てたのはラウスであったが，それを実際に広め，子供たちの教育に大きな影響を与えたのは，世紀の終わりに出たマレー（Lindley Murray）の『英文法』（*English Grammar*, 1795）であった。その背景には「階級と言語」という大きな社会言語学的テーマが絡んでいる。

5. 規範文法の普及

　マレーの文法書は，発売されるや大きな反響を呼び，瞬く間に英米の標準的文法書となった。その人気は半世紀間衰えることはなく，合計で200版，部数では150〜200万という空前絶後の売れ行きを示した（池田 1998a）。その人気の理由は，ラウスを踏襲する明確な正誤判断に加え，分かりやすい説明と道徳的・宗教的な例文にあった。例をあげると，"Love not sleep, *lest* thou *come* to poverty."〈貧困に陥らぬよう睡眠を愛でるなか

れ〉というのがある。lest に続く従属節では仮定法現在を使うという規則を示すためのものだが，同時に「惰眠を貪らずに働け」という人生訓も与えている。このようなマレー文典に対する当時の書評には，"eminently conductive to pure morality and religion, and to the acquisition of a correct and elegant style"（*American Review and Literary Journal* 1801：374）〈生粋の道徳性と宗教，および正確で優雅な文体の習得に大いに役立つ〉といった人間教育と国語教育の融合を称賛するものが目立つ。このように，マレーの文法書が売れた要因には類書にはない独自性が考えられるが，それ以上に時流に乗ったことの方が大きかった。産業革命の進展に伴う中産階級の増大である。

19世紀前半は，Graddol が「ヨーロッパの産業革命がもたらした最も重要な社会的状況とは，教養ある中産階級，しかも社会的大志を抱き，消費文化の形成につながる十分な可処分所得を所持した中産階級が生まれたことであった」（グラッドル 1999：74）と述べているように，今日的な意味での中流階級が誕生した時代である。*OED*（*The Oxford English Dictionary*）の初出年を見ると，middle class〈中産階級〉という表現が初めて英語の文献に登場したのは 1830 年の "That the rights and interests of *the middle and lower classes* of the people are not efficiently represented in the Commons House of Parliament"（斜体は現筆者）〈国民の中流階級と下層階級の権利や利益は下院で十分に代弁されていない〉という文例においてであった。かくして台頭した新階級が次に関心を向けたのは，彼らの階級にふさわしい言葉使い，すなわち標準文法であった。それは，"Many young gentlemen have left the seminary highly accomplished in English grammar, a qualification of peculiar importance in every respectable station in life."（*Leicester Journal* 1819）〈多くの若者が，あらゆる立派な職業において特に重要な資格である英文法に習熟して，本校を巣立っています〉という中流子弟をターゲットとした学校広告に端的に見られる。生徒獲得の材料になるほど，英文法は立身出世の道具として機能していたことが分かる。実際，英文法を足がかりに社会的上昇を遂げた人たちがいた。そのひとりに当時のイギリスを代表する知識人ウィリアム・コベット（William Cobbett）がいる。貧しい農家に生まれた彼は，兵役中に文法書を独学し，除隊後に評論家として数多くの書物を著した後，国会議員にまで上り

つめた（池田 1999）。コベットは言う。

> Without a knowledge of grammar, it is impossible for you to write correctly, and, it is by mere accident if you speak correctly ; and, pray, bear in mind, that all well-informed persons judge of a man's mind (until they have other means of judging) by his writing or speaking. [...] Without understanding this [the grammar of your own language], you can never hope to become fit for any thing beyond mere trade or agriculture. [...] The possession of this branch of knowledge [grammar] raises you in your own esteem, gives just confidence in yourself, and prevents you from being the willing slave of the rich and the titled part of the community. (Cobbett 1829：35-39)
> 〈文法の知識なくしては，正確に書くことは不可能であり，正しく話すとすれば，単なる偶然である。覚えておいて欲しいのだが，すべての教養ある人たちは，人の頭の中身を，他に判断の手段を持つまでは，書いたものや話したことで判断するのだ。（中略）自国語の文法を理解しなければ，単なる商売や農業以上のことに収まることは決して望めない。（中略）文法の知識は自尊心を高め，自信を与え，自ら進んで富裕層や貴族の奴隷になることを阻止してくれるのだ〉

　よく指摘されることだが，階級意識が最も強く，自らの社会階層を象徴する特徴に敏感なのは中流層である（Millar 2012）。産業革命の影響が世に及んだ19世紀前半において，その最たるものは規範文法であった。ジョージ・エリオット（George Eliot）の『ミドルマーチ』（*Middlemarch*, 1871-1872）に，そのような中流階級と規範文法の関係を描いた場面がある（池田 1998 b）。そこでは，元学校教師であった中流家庭の母親が，キッチンでパイを作りながら幼い息子に集合名詞の使い方を教えている（第23章）。後述するように，当時の文法教育は文法書の定義や規則をそのまま復唱させるのが主流であった。"Not without regard to the import of the word as conveying unity or plurality of idea"〈概念の単一性ないし複数性を伝えるその語の意味と無関係ではなしに〉という集合名詞の難解な定義の意味を問われ，男の子は "I hate grammar. What's the use of it?"〈文法な

んて大嫌い。何の役に立つの？〉とふくれてしまう。それに対して母親は "To teach you to speak and write correctly, so that you can be understood."〈人に理解してもらえるように正確に話し書くことを教えるためよ〉と答え，さらに反論する息子に対して，次のように諭す。

> How do you think you would write or speak about anything more difficult, if you knew no more of grammar than he [old Job] does? You would use wrong words, and put words in the wrong places, and instead of making people understand you, they would turn away from you as a tiresome person. What would you do then?
> 〈ジョブおじいちゃんと同じように文法を知らなければ，どうやってもっと難しいことを書いたり話したりするの？間違った単語を使ったり，語順を間違えたりして，他の人に理解してもらえるどころか，退屈な人と思われて背中を向けられてしまうわ。そうしたらどうするの？〉

ここで引き合いに出されているのは，一家の知り合いである労働者階級の老人（old Job）である。母親が言わんとしていることは，中流階級は社会で経済や政治や法律といった難解な事柄を担うのであり，そういった内容は標準的な文法で表現されるのだから，それを習得しなければ他の中産階級の人々に理解してもらえず，相手にしてもらえない，ということであろう。このような中産階級のヒステリックとも言える危機意識を背景にして，下の社会階層とは一線を画する道具であった規範文法を手に入れるために，英米では文法教育が一気に広まった。その実態はいかなるものであったのか。

少し触れたように，19世紀前半の英文法教育は文法書の暗記が主であった。そして，その理解度を試すために，誤文訂正や品詞分解が課せられた（池田 1997）。例えば，ジョージ・エリオットの小説に出てきた集合名詞に対する練習問題は，次のようなものであった（斜体が訂正すべき個所）。

> The committee *was* divided in *its* sentiments, and *it has* referred the business to the general meeting. (Murray 1811：56)〈委員会は意見が分かれ，本件を総会に諮ることにした〉
> The committee *were* very full when this point was decided ; and

their judgment has not been called in question.（Murray 1811：56）
〈この点が決定された時，委員会には大勢の人がいて，その判断は問題視されていない〉

同時に，生徒には徹底的な品詞分析が求められた。ポープ（Alexander Pope）の「批評論」（An essay on criticism, 1711）に出てくる有名な一文 "To err is human, to forgive divine."〈誤つは人の常，許すは神の業〉の前半部分の品詞分解例を紹介しよう。

> *To err*, is the infinitive mood, and the nominative case to the verb "is." *Is* is an irregular verb neuter, indicative mood, present tense, and the third person singular, agreeing with its nominative case "to err," [...] *Human* is an adjective, and belongs to its substantive "nature" understood. (Murray 1822：222)
> 〈To err は不定詞であり，動詞 is に対する主格である。Is は不規則の中立動詞で，直説法，現在，3人称単数で，主格である to err と一致している。（中略）Human は形容詞で，暗黙の了解である nature という名詞につくものである〉

このような文法学習法はラテン文法教育を引き継いだものであるが，その評判は極めて悪かった。最も分かりやすいのは，図1のイラストである。

この挿絵は『面白英文法』（*The Comic English Grammar*, 1840）という学習書の裏表紙から取ったものである（Leigh 1840）。この時代にすでに教育法の工夫があったことも興味深いが，それ以上に目を引くのは当時の文法教育の様子である。上から見ていくと，最上段ではマレーと文法書とお仕置き道具（小枝を束ねて作られ，暗記や問題を間違うとこれで手を叩かれた）が糾弾されている。その下は当時一般的に行われていた英文法の授業の光景である。生徒たちがいかにもつまらなそうな顔をしている。下段の楽しそうな学習風景は，この本を使えば楽しく英文法を学べるという宣伝である。

こういった当時の文法教育の不毛さを嘆く声はよく聞かれた。"Of all the tasks of our school days, perhaps none was more repugnant to any of us, than the study of grammar."（Moon 1869：1）〈学校時代のすべての

図1　19世紀前半の文法学習

学習活動で，おそらく誰にとっても文法の勉強ほど苦痛なものはなかった〉という証言もあるし，ディケンズなどは，無味乾燥な定義の丸暗記や非人間的な練習問題を小説で取り上げ，風刺している（池田1997）。それでもなお，そのような文法教育法は1960年代まではほぼそのまま存続したのである（池田 1998 c）。

　現在の英語国では，さすがに19世紀のような文法学習は行われていない。それは，1960年代の後半以降，教師が講義形式で知識を伝授する方法から，生徒が議論方式で知識を活用する方向に教育のパラダイムが変わったからであるが，規範文法そのものは健在である。それは，発音と並び，標準文法が「しかるべき教育を受けた善良な市民」の証しとして社会的に機能しているからである。節を改めて論じよう。

6. 現代に残る規範意識

　バーナード・ショー（George Bernard Shaw）の代表的な戯曲に『ピグマリオン』（*Pygmalion*, 1913）がある。この作品は後にオードリー・ヘプバーン主演の『マイ・フェア・レディー』（*My Fair Lady*, 1964）としても映画化され，花売り娘イライザがロンドンの下町なまり（Cockney）を矯正することで貴婦人に変身するシンデレラストーリーとして知られている。これにはミュージカルコメディーとして様々な脚色が加えられており，いくつかの点で原作の意図を伝えていないところがある。ひとつには，話し方や身なりを変えるだけで階級を乗り越えられるのだから社会階層は虚構に過ぎず人間の価値とは本質的な関係がないという社会主義者としての批判であり（Mugglestone 1993），また，発音よりも文法の方が階級差別の点で根深い問題をはらんでいるといったような点である（池田 2007, 2008）。

　第2の点が如実に描かれているのは，文法，容姿，礼儀の訓練を受けたイライザが，アスコット競馬という社交の場で令嬢として通用するかを試す場面である。挨拶は難なくこなしたものの，席に着いて会話を始めるとすぐに馬脚を現してしまう。以下がこの場面の見どころである（第3幕）。

> What *become* of her new straw hat that should have come to me? Somebody pinched it ; and what I say is, *them as* pinched it *done* her in.（斜体は現筆者）
> 〈私にくれるはずだった新しい麦わら帽子はどうなったの？誰かがくすねたのさ。つまり，それをくすねた奴らが叔母を殺っちまったのさ〉

何が面白いのかというと，発音と外見は完璧な中産階級なのに，話題（窃盗や殺人），語彙（pinch），そして何よりも文法（過去形としての become，主格としての them，関係代名詞主格としての as，過去形としての done）が非中産階級的というアンバランスである。

　以上はもちろん創作であるが，原作は社会風刺を意図したものであり，現実を反映したものと考えてよいだろう（さもなければ，観衆の共感を得られない）。その現実とは「言葉は人品の現れ」とする産業革命以来の中

流層の潜在意識である。それは時として発言に顕在化する。1980年代にイギリスのフーリガン（サッカーの暴力的ファン）が暴れまわった際には，保守党の大物政治家テビット卿がその原因は文法の授業の減少にあると発言したのは有名である（*The Independent*，1996年9月10日）。頭の中にあるのは「反社会的行為＝労働者階級＝非標準文法」という構図であり，ここから「社会の規則を順守させるには，言葉の規則を尊重させねばならない」という発想が生まれる。冒頭で触れたように，英国人が持つこのような言語的潔癖性をキャメロンは「言葉の衛生」という表現で看破した。そして，チャールズ皇太子やジェフリー・アーチャーといった名士の文法に関する言及には，正直さ，清潔さ，法令順守，人格教育，規律といった「道徳的説教」（moral homily）が付随することを指摘している（Cameron 1995：94）。

このような文法と品性に関して人々が抱く複雑な感情は，階級意識が根強く残っているイギリスに限ったものではない。アメリカでも事情は同じで，ある文法指南書は次のような宣伝文句で人々の不安に訴えかけている。

> How you use your language tells people a good deal about who you are, how you think, and how you communicate. Making simple errors in written and spoken English can make you seem less sophisticated—even less intelligent—than you really are. And that can affect your relationships, your friendships, and even your career. (Batko 2004：front flap)
> 〈言葉の使い方で，あなたの人物像，思考法，意思疎通法の多くが分かってしまいます。英語を書く時や話す時の単純な間違いで，実際よりも立派ではないように ―― 賢くないようにさえ ―― 見えてしまいます。そのことで，人間関係や友情，仕事にまで，影響が出ることもあるのです〉

これはまさに，コベットやジョージ・エリオットの時代に，イギリスの中産階級が抱いた恐怖心そのものである。Pinkerは，このような規範文法の持つ社会言語学的機能を「シボレス」（Shibboleth）という用語で表している。これは，旧約聖書「士師記」（12章5～6節）にある，エフライム人がこの単語を正しく発音できずに敵と見破られてギレアド人に殺され

たという故事に基づくもので，今では「属する言語共同体を見抜く言葉」という意味で使われる。Pinker（1995：375）はこの惨劇を引き合いに出し，「この種の恐れが，過去100年間，アメリカの規範文法市場を動かしてきた」と説明している。

　かくして，18世紀後半から19世紀前半にかけての規範文法家による言語計画は，単に「正用法」を提示するだけでなく，使い手の社会的位置を規定し，それゆえに人々の心情にまで影響を及ぼすこととなった。かつてJespersen は，英語の語彙は「非民主主義的性格」（undemocratic character）を有すると評したが（Jespersen 1982［1905］：133），それはラテン語やギリシア語からの借用語は一定の教育を受けた者しか理解できず，階級差を助長するという意味であった。これと同じことが文法にも当てはまる。規範文法は，日常生活で使われる用法とは一線を画しているため，それなりの教育を受けていないと習得しにくい。18世紀後半以来の規範文法家による言語計画は，英語の非民主主義的性格を促進し，英語圏社会に独特の言語的態度（language attitude）を産み出すことで，今なお影響を留めているのである。

7. 歴史社会言語学的モデルの構築

　本章では，最初に言語計画の定義を行い，次いでその概念を援用して英語史を振り返り，その上で英語における言語計画の最終局面である規範文法の成立と確立を論じてきた。一番のポイントは，18世紀後半に登場し19世紀前半に定着した規範文法が21世紀の今日に至るまでその勢力を維持しているのは，標準文法が社会の中枢を担う中産階級の価値観（規律，道徳，教育など）の象徴だからだという点にある。James & Lesley Milroy は，これを「標準語イデオロギー」（ideology of the standard language）と呼んでいる（Milroy & Milroy 1991；Milroy 2007）〔⇨第3章参照〕。すなわち，英語の標準語は規則化された正当なもので，教育を通してそれを習得し，社会生活で使用すべきで，その社会的合意に盾つく者は，不利益を被っても仕方がないという考え方である。

　そのようなイデオロギーが作られ広まるプロセスを，Watts（2012：601）は図2のように視覚化した。下から見ていくと，まずはある考えが

図 2 言語イデオロギーの形成と拡散

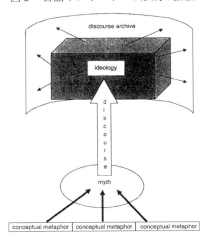

具現化された経験，逸話，意見など（conceptual metaphor）が集まり，まことしやかな「真実」（myth）が作られ，それが言語共同体で主流となる論調（discourse）として定着した結果，共有された信念（ideology）に発展し，最終的には通説（discourse archive）として流布するということである。このモデルを使って標準英語イデオロギーを説明するならば，次のようになる。18世紀後半に規範文法が体系化されると新興中流層がそれを学び使う現象があちこちで見聞きされ（conceptual metaphor），「中産階級＝規範文法＝品行方正」という見方（myth）が出来上がり，年世代にもわたって正論（discourse）として語り継がれた結果，社会全体の固定観念（ideology）となり，「規範文法を習得しなければ社会で相手にされない」という常識（discourse archive）になった。

このような，複雑な事象を図やネーミングで単純化して説明するものをモデルという。社会言語学では，Kachru の世界での英語の使われ方を示した三重円モデル（the three-circle model）や，Trudgill のイギリス英語の発音における階級差（social variation）と地域差（regional variation）の関係を表したピラミッドなど，モデル作りがよく行われる。伝統的な英語史研究（比較言語学ないし歴史言語学）でも，印欧諸語の相互関係を家系図に見立てたモデルなどを使うが，今後は社会言語学の知見や手

法を取り入れた歴史社会言語学的パターンのモデル化が，理論面で進むべきひとつの方向性と思われる。

●引用テクスト

Cobbett, William (1829) *Advice to Young Men*. London: W. Nicholson & Sons.

Eliot, George (1871-1872) *Middle March*. Oxford: Clarendon Press, 1986.

Leigh, Percival (1840). *The Comic English Grammar: A New and Facetious Introduction to the English Tongue*. London: Richard Bentley.

Lowth, Robert (1769) *A Short Introduction to English Grammar*. Dublin: James Williams. 〔復刊：南雲堂，1968〕

Moon, George Washington (1869) *The Bad English of Lindley Murray and Other Writers on the English Language*. London: Hatchard.

Murray, Lindley (1822) *English Grammar: Adapted to the Different Classes of Learners*. 35th ed. York: Wilson & Sons.

────── (1811) *English Exercises: Adapted to Murray's English Grammar*. 14th ed. York: Collins.

Shaw, Barnard (1913) *Pygmalion: A Romance in Five Acts*. London: Longmans, 1957.

Swift, Jonathan (1712) *A Proposal for Correcting, Improving and Ascertaining the English Tongue*. Menston: Scolar Press, 1969.

参照文献

阿部新 (2006)『小笠原諸島における日本語の方言接触』南方新社.
Adamson, Sylvia (1988) With double tongue: Diglossia, stylistics and the teaching of English. In: Mick Short (ed.) *Reading, Analysing and Teaching Literature.* Harlow: Longman, 204-240.
Ágel, Vilmos (2001) Gegenwartsgrammatik und Sprachgeschichte: Methodologische Überlegungen am Beispiel der Serialisierung im Verbalkomplex. *Zeitschrift für Germanistische Lingustik* 29: 293-318.
Allgemeine Deutsche Biographie (1898) hrsg. durch die Historische Commission bei der Königl. Akademie der Wissenschaften, Band 44. Leipzig: Duncker & Humblot.
Babbi, Anna Maria (ed.) (1992) *Paris et Vienne: Romanzo cavalleresco del XV secolo.* Milano: Francoangeli.
Bachman, Lyle E. (1990) *Fundamental Considerations in Language Testing.* Oxford: Oxford University Press.
Bahner, Werner & Werner Neumann (1985) *Sprachwissenschaftliche Germanistik: Ihre Herausbildung und Begründung.* Berlin: Akademie-Verlag.
Batko, Ann (2004) *When Bad Grammar Happens to Good People: How to Avoid Common Errors in English.* Edison, NJ: Castle Books.
Baugh, Albert C. & Thomas Cable (2013) *A History of the English Language.* 6th ed. London: Routledge.〔ボー, アルバート・C. & トマス・ケイブル (1981)『英語史』永嶋大典ほか（訳）研究社出版.〕
Beal, Joan (2007) To explain the present: 18th and 19th-century antecedents of 21st-century levelling and diffusion. In: Jorge L. Bueno Alonso et al. (eds.) *"Of varying language and opposing creed": New Insights into Late Modern English.* (Linguistic Insights Series). Bern: Peter Lang, 25-46.
Bell, Allan (1984) Language style as audience design. *Language in Society* 13: 145-204.
Berger, Peter L. & Thomas Luckmann (1967) *The Social Construction of Reality: A Treatise in the Sociology of Knowledge.* New York: Doubleday.
Bichel, Ulf (1973) *Problem und Begriff der Umgangssprache in der germanistischen Forschung.* Tübingen: Niemeyer.
Blake, Norman F. (1966) Caxton's language. *Neuphilologische Mitteilungen* 67: 122-132.
——— (1992) Translation and the history of English. In: Matti Rissanen, Ossi Ihalainen, Terttu Nevalainen & Irma Taavitsainen (eds.) *History of Englishes: New Methods and Interpretations in Historical Linguistics.* Berlin: Mouton de Gruyter, 3-24.

Brown, Penelope & Stephen C. Levinson (1987) *Politeness: Some Universals in Language Usage*. Cambridge: Cambridge University Press.

文化庁（編）（2006）『国語施策百年史』ぎょうせい．

Burnley, John David (2001) French and Frenches in fourteenth-century London. In: Dieter Kastovsky & Arthur Mettinger (eds.) *Language Contact in the History of English*. Frankfurt am Main: Peter Lang, 17–34.

Cameron, Deborah (1995) *Verbal Hygiene*. London: Routledge.

Canale, Michael & Merrill Swain (1980) Theoretical bases of communicative approaches to second language teaching and testing. *Applied Linguistics* 1: 1–47.

Carroll, Tessa (2001) *Language Planning and Language Change in Japan*. Richmond, Surrey: Curzon.

Cholmondeley, Lionel Berners (1915) *The History of the Bonin Islands*. London: Archibald Constable and Co.

Clark, Paul H. (2009) *The Kokugo Revolution: Education, Identity, and Language Policy in Imperial Japan*. Berkeley: Institute of East Asian Studies, University of California, Center for Japanese Studies.

クルマス，フロリアン（1987）『言語と国家——言語計画ならびに言語政策の研究』山下公子（訳）岩波書店．

Coupland, Nikolas (2007) *Style: Language Variation and Identity*. Cambridge: Cambridge University Press.

Crystal, David (2003) *Cambridge Encyclopedia of the English Language*. 2nd ed. Cambridge: Cambridge University Press.

Dekeyser, Xavier (1986) Romance loans in Middle English: A re-assessment. In: Dieter Kastovsky & Aleksander Szwedek (eds.) *Linguistics across Historical and Geographical Boundaries: In Honour of Jacek Fisiak on the Occasion of his Fiftieth Birthday,* Vol. 1: *Linguistic Theory and Historical Linguistics*. Berlin: Mouton de Gruyter, 253–265.

土井光祐（2007）「明恵関係聞書類における『口語』と『文語』の混在と機能」『文学』8 (6)：25–36．

Domingue, Nicole Z. (1977) Middle English: Another creole? *Journal of Creole Studies* 1: 89–100.

Durkin, Philip (2009) *The Oxford Guide to Etymology*. Oxford: Oxford University Press.

Durrell, Martin (2000) Standard language and the creation of national myths in nineteenth-Century Germany. In: Jürgen Barkhoff, Gilbert Carr & Roger Paulin (Hrsg.) *Das schwierige neunzehnte Jahrhundert: Germanistische Tagung zum 65. Geburtstag von Eda Sagarra im August 1998. Mit einem Vorwort von Wolfgang Frühwald*. (Studien und Texte zur Sozialgeschichte der Literatur, 77). Tübingen: Niemeyer, 15–26.

Ellis, Roger (1982) The choices of the translator in the late Middle English period. In: Marion Glasscoe (ed.) *The Medieval Mystical Tradition in England: Papers*

Read at Dartington Hall, July 1982. Exeter: University of Exeter, 18-46.
―――― (2000 a) The Middle Ages. In: Peter France (ed.) *The Oxford Guide to Literature in English Translation*. Oxford: Oxford University Press.
―――― (2000 b) Translation. In: Peter Brown (ed.) *A Companion to Chaucer*. Oxford: Blackwell, 443-458.
Elspaß, Stephan (2005) *Sprachgeschichte von unten: Untersuchungen zum geschriebenen Alltagsdeutsch im 19. Jahrhundert*. (Reihe Germanistische Linguistik, 263). Tübingen: Niemeyer.
―――― (2012) The use of private letters and diaries in sociolinguistic investigation. In: Juan Manuel Hernández-Campoy & Juan Camilo Conde-Silvestre (eds.) *The Handbook of Historical Sociolinguistics*. Malden: Wiley-Blackwell, 156-169.
Elspaß, Stephan, Nils Langer, Joachim Scharloth & Wim Vandenbussche (eds.) (2007) *Germanic Language Histories "from below" (1700-2000)*. (Studia Linguistica Germanica, 86). Berlin: de Gruyter.
Ernst, Oliver & Stephan Elspaß (2011) Althochdeutsche Glossen als Quellen einer Sprachgeschichte "von unten". In: Michael Schulte & Robert Nedoma (eds.) *Language and Literacy in Early Scandinavia / Sprache und Schriftlichkeit im frühen Skandinavien*. Special issue of *NOWELE* 62/63: 249-283.
Filppula, Markku Juhani Klemola & Heli Paulasto (2008) *English and Celtic in Contact*. Abingdon: Routledge.
Fischer, Olga (2013) The role of contact in English syntactic change in the Old and Middle English periods. In: Daniel Schreier & Marianne Hundt (eds.) *English as a Contact Language*. Cambridge: Cambridge University Press, 18-40.
Fishman, Joshua (1972) The relationship between micro- and macro-sociolinguistics in the study of who speaks what language to whom and when. In: John B. Pride & Janet Holmes (eds.) *Sociolinguistics*. Harmondsworth: Penguin, 15-32.
Fitzpatrick, David (1994) *Oceans of Consolation: Personal Accounts of Irish Migration to Australia*. Ithaca, NY: Cornell University Press.
Fujii, Akihiko (2007) *Günther Zainers druckersprachliche Leistung: Untersuchungen zur Augsburger Druckersprache im 15. Jahrhundert*. (Studia Augustana, 15). Tübingen: Niemeyer.
Fuller, Janet (1996) When cultural maintenance means linguistic convergence: Pennsylvania German evidence for the Matrix Language Turnover Hypothesis. *Language in Society* 25 (4): 493-514.
Gardner, Rosalyn & Marion A. Greene (1958) *A Brief Description of Middle French Syntax*. Chapel Hill: The University of North Carolina Press.
Giles, Howard (ed.) (1984) The dynamics of speech accommodation. Special issue of *International Journal of the Sociology of Language* 46.
グリンツ，ハンス（2010）『ドイツ語文法における文肢論の歴史と批判』大木健一郎（訳），宮下博幸・人見明宏（改訳）郁文堂.

Görlach, Manfred (1986) Middle English: A creole? In: Dieter Kastovsky & Aleksander Szwedek (eds.) *Linguistics across Historical and Geographical Boundaries*: *In Honour of Jacek Fisiak on the Occasion of his Fiftieth Birthday*, Vol. 1: *Linguistic Theory and Historical Linguistics*. Berlin: Mouton de Gruyter, 329-344.

Graddol, David (1996) *The Future of English?: A Guide to Forecasting the Popularity of the English Language in the 21st Century*. The British Council. www.britishcouncil.org/learning-elt-future.pdf〔グラッドル，デイヴィッド (1999)『英語の未来』山岸勝榮（訳）研究社.〕

Graser, Helmut (2011) Quellen vom unteren Rand der Schriftlichkeit — die Stimme der einfachen Leute in der Stadt der Frühen Neuzeit? In: Stephan Elspaß & Michaela Negele (Hrsg.) *Sprachvariation und Sprachwandel in der Stadt der Frühen Neuzeit*. (Sprache — Literatur und Geschichte, 38). Heidelberg: Winter, 15-48.

Graser, Helmut & B. Ann Tlusty (2012) Sixteenth century street songs and language history "from below". In: Nils Langer, Steffan Davies & Wim Vandenbussche (eds.) *Language and History, Linguistics and Historiography: Interdisciplinary Approaches*. (Studies in Historical Linguistics, 9). Oxford: Lang, 363-388.

Haugen, Einar (1959) Planning for a standard language in modern Norway. *Anthropological Linguistics* 1 (3): 8-21.

———— (1966) *Language Conflict and Language Planning: The Case of Modern Norwegian*. Cambridge, Mass: Harvard University Press.

———— (1972) *The Ecology of Language: Essays*. Stanford: Stanford University Press.

———— (1977) Norm and deviation in bilingual communities. In: Peter A. Hornby (ed.) *Bilingualism: Psychological, Social, and Educational Implications*. New York: Academic Press, 91-102.

———— (1987) Language planning. In: Ulrich Ammon, Norbert Dittmar & Klaus Mattheier (eds.) *Sociolinguistics/Soziolinguistik: An International Handbook of the Science of Language and Society*. Berlin: de Gruyter, 626-637.

Havránek, Bohuslav (1964 [orig. 1932]) The functional differentiation of the standard language. In: Paul L. Garvin (ed. & translator) *A Prague School Reader on Esthetics, Literary Structure, and Style*. Washington D. C.: Georgetown University Press, 3-16.

Hellinga, Lotte (2010) *William Caxton and Early Printing in England*. London: The British Library.〔ヘリンガ，ロッテ（2013)『初期イングランド印刷史――キャクストンと後継者たち』徳永聡子（訳）髙宮利行（監修）雄松堂書店.〕

Herk, Gerard van (2012) *What is Sociolinguistics?* Chichester: Wiley-Blackwell.

Hernández-Campoy, Juan Manuel & Juan Camilo Conde-Silvestre (eds.) (2012) *The Handbook of Historical Sociolinguistics*. Malden, Wiley-Blackwell.

Hickey, Raymond (2001) Language contact and typological difference: Transfer

between Irish and Irish English. In: Dieter Kastovsky & Arthur Mettinger (eds.) *Language Contact in the History of English*. Frankfurt am Main: Peter Lang, 131-169.
――― (2012) Assessing the role of contact in the history of English. In: Terttu Nevalainen & Elizabeth Closs Traugott (eds.) *The Oxford Handbook of the History of English*. Oxford: Oxford University Press, 485-496.
Hittle, Erla (1901) *Zur Geschichte der altenglischen Präpositionen "mid" und "with" mit Berücksichtigung ihrer beiderseitigen Beziehungen*. Heidelberg: Carl Winter.
Horobin, Simon (2012) Middle English: The language of Chaucer. In: Alexander Bergs & Laurel J. Brinton (eds.) *English Historical Linguistics: An International Handbook*, Vol. 1. Berlin: Mouton de Gruyter, 576-587.
保科孝一（1952）『ある国語学者の回想』朝日新聞社.
井出祥子（2006）『わきまえの語用論』大修館書店.
池田真（1997）「ディケンズの文法教育批判」*Lingua*（上智大学一般外国語）8: 73-85.
――― (1998 a)「マレー文典の人気度と書評の分析」*Soundings*（サウンディングズ英語英米文学会）24: 123-136.
――― (1998 b)「リンドレー・マレーと英米文学作家たち」*Lingua*（上智大学一般外国語）9: 39-52.
――― (1998 c)「イギリスの母国語教育改革：英文法教育の復活が示唆すること」『英語教育』47（1）: 45-47.
――― (1999)「規範的文法態度の確立：19世紀における英文法の社会的意義」『英文学と英語学』（上智大学英文学科）36: 47-61.
――― (2006)「文法教育と人間教育：学校文法の父 Lindley Murray が目指したもの」*Asterisk*（イギリス国学協会）14（3）: 105-116.
――― (2007)「『ピグマリオン』におけるイライザの文法と自立」*Soundings*（サウンディングズ英語英米文学会）32: 5-16.
――― (2008)「文法は身の文（あや）？」『STEP 英語情報』（日本英語検定協会）11（6）: 30-31.
Ingham, Richard (2011) Code-switching in the later medieval English lay subsidy rolls. In: Herbert Schendl & Laura Wright (eds.) *Code-switching in Early English*. Berlin: Mouton de Gruyter, 95-114.
井之口有一（1982）『明治以後の漢字政策』日本学術振興会.
井上史雄（1999）『敬語はこわくない』講談社現代新書.
乾善彦（2002）「古事記の文章と文体――音訓交用と会話引用形式をめぐって」『国文学』47（4）: 92-99.
――― (2003)『漢字による日本語書記の史的研究』塙書房.
――― (2011)「正倉院文書請暇解の訓読語と字音語」『国語語彙史の研究　三十』和泉書院, 33-47.
――― (2013)「古事記の文章法と表記」『萬葉語文研究　9』和泉書院, 57-73.
Iyeiri, Yoko (2001) *Negative Constructions in Middle English*. Fukuoka: Kyushu

University Press.

―――― (2002) Development of *any* from Middle English to Early Modern English: A study using the Helsinki Corpus of English Texts. In: Toshio Saito, Junsaku Nakamura & Shunji Yamazaki (eds.) *English Corpus Linguistics in Japan*. Amsterdam: Rodopi, 211-223.

―――― (2006) The development of non-assertive *any* in *The Paston Letters*. In: Michiko Ogura (ed.) *Textual and Contextual Studies in Medieval English: Towards the Reunion of Linguistics and Philology*. Frankfurt am Main: Peter Lang, 19-33.

―――― (2010 a) *Verbs of Implicit Negation and their Complements in the History of English*. Amsterdam: John Benjamins.

―――― (2010 b) Negation in different versions of Chaucer's *Boece*: Syntactic variants and editing the text. *English Studies* 91: 826-837.

Jespersen, Otto (1905) *Growth and Structure of the English Language*. Leipzig: B. G. Teubner.〔イェスペルセン，オットー（1943）『英語の生長と構造』須貝清一・真鍋義雄（訳）春陽堂書店．イェスペルセン，オットー（1979）『英語の発達と構造』大澤銀作（訳）文化書房博文社．〕

―――― (1982) *Growth and Structure of the English Language*. Chicago: The University of Chicago Press.

甲斐睦朗（2011）『終戦直後の国語国字問題』明治書院．

亀井孝（1957）「古事記はよめるか ―― 散文の部分における字訓およびいはゆる訓読の問題」武田祐吉（編）『古事記大成 3　言語文字篇』平凡社，97-154.〔(1985)『亀井孝論文集 4　日本語のすがたとこころ 2』吉川弘文館，1-61.〕

金杉高雄・岡智之・米倉ようこ（2013）『認知歴史言語学』くろしお出版．

春日政治（1932）「片仮名交じり文の起源について」『文学研究』1: 222-238.〔(1956)『古訓点の研究』風間書房，293-306.〕

―――― (1933)『仮名発達史序説』岩波講座日本文学．〔(1982)『春日政治著作集 1』勉誠社，1-97.〕

河原俊昭（編）（2004）『自治体の言語サービス ―― 多言語社会への扉をひらく』春風社．

菊沢季生（1933）『国語位相論』明治書院．

金文京（2010）『漢文と東アジア ―― 訓読の文化圏』岩波新書．

金水敏（2003）『ヴァーチャル日本語　役割語の謎』岩波書店．

―――― (2008)「日本語史のインタフェースとは何か」金水敏・乾善彦・渋谷勝己『日本語史のインタフェース』岩波書店，1-23.

―――― (2011 a)「言語資源論から平安時代語を捉える ―― 平安時代『言文一途』論再考」『訓点語と訓点資料』（訓点語学会）127: 80-89.

―――― (2011 b)「日本語史とはなにか ―― 言語を階層的な資源と見る立場から」『早稲田大学日本語研究』（早稲田大学日本語学会）20: 1-10.

北川和秀（1982）『続日本紀宣命　校本・総索引』吉川弘文館．

Kloss, Heinz (1969) *Research Possibilities on Group Bilingualism: A Report*. Quebek: International Center for Research on Bilingualism.

Knapp, James A. (1998) Translating for print: Continuity and change in Caxton's *Mirrour of the World. Disputatio* 3: 64-90.

Koch, Peter & Wulf Oesterreicher (1994) Schriftlichkeit und Sprache. In: Hartmut Günther & Otto Ludwig (Hrsg.) *Schrift und Schriftlichkeit. Ein interdisziplinäres Handbuch internationaler Forschung. / Writing and Its Use. An Interdisciplinary Handbook of International Research.* 2 Halbbände. Bd. 1. (Handbücher zur Sprach- und Kommunikationswissenschaft, 10.1). Berlin: de Gruyter, 587-604.

Koivisto-Alanko, Paivi (1999) Cognitive loanwords in Chaucer: Is suprastandard nonstandard? In: Irma Taavitsainen, Gunnel Melchers & Päivi Pahta (eds.) *Writing in Nonstandard English.* Amsterdam: John Benjamins, 205-223.

神野志隆光・山口佳紀（1997）『新編日本古典文学全集　古事記』小学館.

倉島長正（2002）『国語一〇〇年――二〇世紀，日本語はどのような道を歩んできたか』小学館.

桑原祐子ほか（2005）『正倉院文書の訓読と注釈　請暇不参解編（一）』奈良女子大学21世紀COEプログラム報告書.

Labov, William (1966) *The Social Stratification of English in New York City.* Washington D.C.: Center for Applied Linguistics.

――― (1972) *Sociolinguistic Patterns.* Philadelphia: University of Pennsylvania Press.

――― (1994) *Principles of Linguistic Chang*e, Volume 1: *Internal Factors.* Oxford: Blackwell.

Leach, MacEdward (ed.) (1957) *Paris and Vienne: Translated from the French and Printed by William Caxton.* (Early English Text Society OS, 234.) London: Oxford University Press.

イ・ヨンスク（1996）『「国語」という思想』岩波書店.

Leith, Dick & David Graddol (2007) Modernity and English as a national language. In: David Graddol, Dick Leith, Joan Swann, Martin Rhys & Julia Gillen (eds.) *Changing English.* Oxford: Routledge, 79-116.

Long, Daniel (2007) *English on the Bonin (Ogasawara) Islands.* Durham: Duke University Press.

ロング，ダニエル（2010）「言語接触から見たウチナーヤマトゥグチの分類」『人文学報』428: 1-30.

――― (2012)「『小笠原混合言語』は本当に『言語』なのか――5つの側面からの検証」『日本言語文化研究会論集』政策研究大学院大学 8: 29-37.

――― (2014)「III-8　言語混交（ピジン，クレオール）」『世界民族百科事典』丸善出版.

ロング，ダニエル・橋本直幸（2005）『小笠原ことばしゃべる辞典』南方新社.

Long, Daniel & Peter Trudgill (2004) The last Yankee in the Pacific: Eastern New England phonology in the Bonin Islands. *American Speech* 79 (4): 356-367.

Lutz, Angelika (2008) Types and degrees of mixing: A comparative assessment of Latin and French influences on English and German word formation. *Interdisci-*

plinary Journal for Germanic Linguistics and Semiotic Analysis 13: 131-165.

Maas, Utz (2003) Alphabetisierung: Zur Entwicklung der schriftkulturellen Verhältnisse in bildungs- und sozialgeschichtlicher Perspektive. In: Werner Besch et al. (Hrsg.) *Sprachgeschichte: Ein Handbuch zur Geschichte der deutschen Sprache und ihrer Erforschung*. 2., vollst. überarb. u. erw. Aufl. Bd. 3. (Handbücher zur Sprach- und Kommunikationswissenschaft, 2.3). Berlin: de Gruyter, 2403-2418.

Machan, Tim William (2012) Language contact and linguistic attitudes in the later Middle Ages. In: Terttu Nevalainen & Elizabeth Closs Traugott (eds.) *The Oxford Handbook of the History of English*. Oxford: Oxford University Press, 518-527.

Mesthrie, Rajend, Joan Swann, Ana Deumert & William Leap (2009) *Introducing Soliolinguistics*. 2nd ed. Edinburgh: Edinburgh University Press.

Millar, Robert McColl (2012) *English Historical Sociolinguistics*. Edinburgh: Edinburgh University Press.

Milroy, James (1992) A social model for the interpretation of language change. In: Matti Rissanen, Ossi Ihalainen, Terttu Nevalainen & Irma Taavitsainen (eds.) *History of Englishes: New Methods and Interpretations in Historical Linguistics*. Berlin: Mouton de Gruyter, 72-91.

―――― (2001) Language ideologies and the consequences of standardization. *Journal of Sociolinguistics* 5 (4), 530-555.

―――― (2007) The ideology of the standard language. In: Carmen Llamas, Louise Mullany & Peter Stockwell (eds.) *The Routledge Companion to Sociolinguistics*. London: Routledge, 133-139.

Milroy, James & Lesley Milroy (1991) *Authority in Language: Investigating Language Prescription and Standardisation*. 2nd ed. London: Routledge.

Mitchell, Bruce (1988) *On Old English: Selected Papers*. Oxford: Basil Blackwell.

森　恭一，ダニエル・ロング（2007）「ドンガラ」『メガプテラ』(小笠原ホエール・ウォッチング協会) 50: 6.

毛利正守（2003）「和文体以前の『倭文体』をめぐって」『万葉』185: 1-31.

Mufwene, Salikoko (1996) The founder principle in creole genesis. *Diachronica* 13: 83-134.

―――― (2008) *Language Evolution: Contact, Competition and Change*. London: Continuum.

Mugglestone, Linda (1993) Shaw, subjective inequality, and the social meanings of language in *Pygmalion*. *The Review of English Studies* 175: 373-385.

Myers-Scotton, Carol (1993) *Duelling Languages: Grammatical Structures in Codeswitching*. Oxford: Oxford University Press.

奈良文化財研究所（編）（2010）『木簡黎明――飛鳥に集ういにしへの文字たち』飛鳥資料館.

Naumann, Bernd (1986) *Grammatik der deutschen Sprache zwischen 1781 und 1856: Die Kategorien der deutschen Grammatik in der Tradition von Johann*

Werner Meiner und Johann Christoph Adelung. Berlin: Schmidt.

Nevalainen, Terttu & Leena Kahlas-Tarkka (eds.) (1999) *To Explain the Present: Studies in the Changing English Language in Honour of Matti Rissanen*. (Mémoires de la Société Néophilologique de Helsinki.) Helsinki: Société Néophilologique.

Nevalainen, Terttu & Elizabeth Closs Traugott (2012) Introduction: Rethinking and extending approaches to the history of the English language. In: Terttu Nevalainen & Elizabeth Closs Traugott (eds.) *The Oxford Handbook of the History of English*. Oxford: Oxford University Press, 1-14.

西宮一民（1986）『古事記新訂版』桜楓社．

西尾実・久松潜一（監修）（1969）『国語国字教育資料総覧』国語教育研究会．

Nobels, Judith (2013) *(Extra) Ordinary Letters: A View from Below on Seventeenth-century Dutch*. Utrecht: LOT.

延島冬生（1997）「小笠原諸島先住民のことば」『太平洋学会誌』72/73：77-80．

野村剛史（2013）『日本語スタンダードの歴史――ミヤコ言葉から言文一致まで』岩波書店．

野村敏夫（2006）『国語政策の戦後史』大修館書店．

Ochs, E. (1979) Planned and unplanned discourse. In: Talmy Givón (ed.) *Syntax and Semantics, Vol. 12: Discourse and Semantics*. New York: Academic Press, 51-80.

奥村悦三（1978 a）「仮名文書の成立以前」『論集日本文学・日本語 1』角川書店，225-248．

―――（1978 b）「仮名文書の成立以前　続――正倉院仮名文書・乙種をめぐって」『万葉』99: 37-58．

―――（1988）「暮らしのことば，手紙のことば」『日本の古代　14　ことばと文字』中央公論社，325-372．

―――（2010）「『宣命体』攷」『叙説』37: 375-391．

Olsson, Dan (2009) *"Davon sagen die Herren kein Wort." Zum pädagogischen, grammatischen und dialektologischen Schaffen Max Wilhelm Götzingers (1799-1856)*. Diss. Umeå University. http://www.diva-portal.org/umu/thesis.

Pahta, Päivi (2003) On structures of code-switching in medical texts from medieval England. *Neuphilologische Mitteilungen* 104: 197-210.

Pinker, Stephen (1995) *The Language Instinct*. New York, NY: Harper Perennial.

Poussa, Patricia (1982) The evolution of early standard English: The creolization hypothesis. *Studia Anglica Posnoniensia* 141: 69-85.

Pukui, Mary Kawena & Samuel H. Elbert. (1986) *Hawaiian Dictionary*. Honolulu: University of Hawai'i Press.

Quirk, Randolph (1988) The question of standards in the international use of English. In: Peter H. Lowenberg (ed.) *Language Spread and Language Policy: Issues, Implications, and Case Studies*. Washington, D.C.: Georgetown University Press, 229-241.

Romaine, Suzan (1982) *Socio-historical Linguistics: Its Status and Methodology*.

Cambridge: Cambridge University Press.

Rothwell, W. (1994) The trilingual England of Geoffrey Chaucer. *Studies in the Age of Chaucer* 16: 45-67.

斉木美知世・鷲尾龍一（2014）『国語学史の近代と現代──研究史の空白を埋める試み』開拓社.

斎藤希史（2007 a）『漢文脈と近代日本──もう一つのことばの世界』日本放送出版協会.

─────（2007 b）「言と文のあいだ──訓読文というしくみ」『文学』8（6）: 91-98.

斉藤渉（2001）『フンボルトの言語研究──有機体としての言語』京都大学学術出版会.

Sampson, Paul (1968) The Bonins and Iwo Jima go back to Japan. *National Geographic* July: 128-144.

真田信治（編）（2006）『社会言語学の展望』くろしお出版.

真田信治・渋谷勝己・陣内正敬・杉戸清樹（1992）『社会言語学』おうふう.

山東功（2003）「臨時国語調査会と漢字・仮名遣い」文化庁（編）『国語施策百年の歩み』文化庁，43-48.

─────（2014）「国語施策と『訓読』」中村春作（編）『東アジア海域に漕ぎだす 5 訓読から見なおす東アジア』東京大学出版会，223-234.

Schendl, Herbert (2012) Middle English: Language contact. In: Alexander Bergs & Laurel J. Brinton (eds.) *English Historical Linguistics: An International Handbook*, Vol. 1. Berlin: De Gruyter Mouton, 505-519.

───── (2013) Multilingualism and code-switching as mechanisms of contact-induced lexical change in late Middle English. In: Daniel Schreier & Marianne Hundt (eds.) *English as a Contact Language*. Cambridge: Cambridge University Press, 41-57.

シュリーベン＝ランゲ，ブリギッテ（1996）『新版 社会言語学の方法』原聖・糟谷啓介・李守（訳）三元社.

Schmidt, Hartmut (1986) *Die lebendige Sprache: Zur Entstehung des Organismuskonzepts*. Berlin: Akademie der Wissenschaften der DDR.

Schmitt, Norbert & Richard Marsden (2006) *Why is English Like That?: Historical Answers to Hard ELT Questions*. Michigan, IL: The University of Michigan Press.

Schneider, Edgar W. (2002) Investigating variation and change in written documents. In: J. K. Chambers, Peter Trudgill & Natalie Schilling-Estes (eds.) *The Handbook of Language Variation and Change*. Malden: Blackwell, 67-96.

Schuchardt, Hugo (1884) *Slawo-deutsches und Slawo-italienisches*. Graz: Leuschner und Lubensky.

Schulte, Michael (2008) Om å skrive språkhistorie "nedenfra": Tanker om en ny norsk språkhistorie for tiden 700-1050. *Maal og Minne* 100 (2): 167-188.

───── (2009) Neue Überlegungen zum Aufkommen des jüngeren Fuþarks: Ein Beitrag zur Schriftgeschichte "von unten". *Beiträge zur Geschichte der deut-*

schen Sprache und Literatur (PBB) 131, 229-251.
Sević, Radmila B. (1999) Early collections of private documents: The missing link in the diachronic corpora. In: Christopher Beedham (eds.) Langue and Parole in Synchronic and Diachronic Perspective: Selected Proceedings of the XXXIst Annual Meeting of the Societas Linguistica Europaea, St Andrews 1998. Amsterdam: Pergamon, 337-347.
渋谷勝己（1999）「国語審議会における国語の管理」『社会言語科学』2 (1): 5-14.
―――（2007）「なぜいま日本語バリエーションか」『日本語教育』134: 6-17.
―――（2008）「言語変化のなかに生きる人々」金水敏・乾善彦・渋谷勝己『日本語史のインタフェース』岩波書店，177-203.
―――（2013）「歴史社会言語学の（再）構想」『明海日本語』18: 313-321.
―――（2013）「多言語・多変種能力のモデル化試論」片岡邦好・池田佳子（編）『コミュニケーション能力の諸相』ひつじ書房，29-51.
嶋津拓（2010）『言語政策として「日本語の普及」はどうあったか――国際文化交流の周縁』ひつじ書房.
島岡茂（1982）『古フランス語文法』大学書林.
清水康行（1996）「上田万年をめぐる二，三のことども――専門学務局長就任から国語調査委主事辞任まで」山口明穂教授還暦記念会（編）『山口明穂教授還暦記念　国語学論集』明治書院，518-539.
白藤禮幸（1967）「上代宣命書体文献管見」『国語研究室』6: 1-15.
Simons, Tanja (2013) Ongekend 18^e-eeuws Nederlands: Taalvariatie in personlijke brieven. Utrecht: LOT.
鈴木康之（編）（1977）『国語国字問題の理論』むぎ書房.
Takada, Hiroyuki (1998) Grammatik und Sprachwirklichkeit von 1640-1700: Zur Rolle deutscher Grammatiker im schriftsprachlichen Ausgleichsprozeß. (Reihe Germanistische Linguistik, 203). Tübingen: Niemeyer.
高田博行（2011a）「敬称の笛に踊らされる熊たち――18世紀のドイツ語呼称代名詞」高田博行・椎名美智・小野寺典子（編）『歴史語用論入門』大修館書店，143-162.
高田博行（2011b）「国語国字運動のなかのドイツ語史――なぜドイツの言語事情が参照されたのか」山下仁・渡辺学・高田博行（編）『言語意識と社会――ドイツの視点・日本の視点』三元社，167-196.
高田博行（2013a）「『正しい』ドイツ語の探求（17世紀）――文法家と標準文章語の形成」高田博行・新田春夫（編）『ドイツ語の歴史論（講座ドイツ言語学　第2巻）』ひつじ書房，199-223.
高田博行（2013b）「書きことばと話しことばの混交（18世紀）――『日常交際語』という概念をめぐって」高田博行・新田春夫（編）『ドイツ語の歴史論（講座ドイツ言語学　第2巻）』ひつじ書房，225-247.
高田博行・椎名美智・小野寺典子（編）（2011）『歴史語用論入門――過去のコミュニケーションを復元する』大修館書店.
田中克彦（1981）『ことばと国家』岩波新書.
田中翔太（2011）「トルコ系移民のドイツ語"Kanak Sprak"は誰のもの？――言

語変種の混交,そして越境」『学習院大学ドイツ文学会研究論集』15: 31-52.
田中ゆかり (2001)「大学生の携帯メイル・コミュニケーション」『日本語学』(明治書院) 20-10: 32-43.
―――― (2010)『首都圏における言語動態の研究』笠間書院.
―――― (2011)『「方言コスプレ」の時代――ニセ関西弁から龍馬語まで』岩波書店.
Thomason, Sarah G. (2001) *Language Contact: An Introduction*. Edinburgh: Edinburgh University Press.
Tieken-Boon van Ostade, Ingrid (1995) *The Two Versions of Malory's "Morte Darthur": Multiple Negation and the Editing of the Text*. Cambridge: D. S. Brewer.
―――― (2008) The 1760 s: Grammars, grammarians and the booksellers. In: Ingrid Tieken-Boon van Ostade (ed.) *Grammars, Grammarians and Grammar-Writing in Eighteenth-Century England*. Berlin: Mouton de Gruyter, 101-124.
―――― (2012) *The Bishop's Grammar: Robert Lowth and the Rise of Prescriptivism*. Oxford: Oxford University Press.
東京大学国語研究室創設百周年記念　国語研究論集編集委員会 (編) (1998)『東京大学国語研究室創設百周年記念　国語研究論集』汲古書院.
豊田国夫 (1968)『言語政策の研究』錦正社.
Trudgill, Peter (2010) *Investigations in Sociohistorical Linguistics: Stories of Colonisation and Contact*. Cambridge: Cambridge University Press.
内田賢徳,奥村悦三,毛利正守,山口佳紀 (2013)「討論会　古事記の文章法と表記」『萬葉語文研究　9』和泉書院, 1-56.
Van der Wal, Marijke (2006) *Onvoltooid verleden tijd: Witte vlekken in de taalgeschiedenis*. Amsterdam: Koninklijke Nederlandse Akademie van Wetenschappen.
Van Herk, Gerad (2012) *What is Sociolinguistics?* Chichester, West Sussex: Wiley-Blackwell.
Vesper, Wilhelm (1980) *Deutsche Schulgrammatik im 19. Jahrhundert: Zur Begründung einer historisch-kritischen Sprachdidaktik*. Tübingen: Niemeyer.
Vikør, Lars (1993) Principles of corpus planning — as applied to the spelling reforms of Indonesia and Malaysia. In: Ernst Håkon Jahr (ed.) *Language Conflict and Language Planning*. Berlin: Mouton de Gruyter, 279-298.
Wallentowitz, Anneli (2011) *"Imperialismus" in der japanischen Sprache am Übergang vom 19. zum 20. Jahrhundert: Begriffsgeschichte im außereuropäischen Kontext*. Bonn: Bonn University Press.
Wardhaugh, Ronald (2010) *An Introduction to Sociolinguistics*. 6th ed. Chichester, West Sussex: Wiley-Blackwell.
渡部昇一 (1965)『英文法史』研究社.
―――― (1975)『英語学史』大修館書店.
Watts, Richard (2012) Language myths. In: Juan Manuel Hernández-Campoy & Juan Camilo Conde-Silvestre (eds.) *The Handbook of Historical Sociolinguistics*.

Malden: Wiley-Blackwell, 585-606.

Watts, Richard & Peter Trudgill (eds.) (2002) *Alternative Histories of English*. London: Routledge.

Weinreich, Uriel, William Labov & Marvin I. Herzog (1968) Empirical foundations for a theory of language change. In: Winfred P. Lehmann & Yakov Malkiel (eds.) *Directions for Historical Linguistics: A Symposium*. Austin: University of Texas Press, 95-188.

Weiß, Helmut (1992) *Universalgrammatiken aus der ersten Hälfte des 18. Jahrhunderts in Deutschland: Eine historisch-systematische Untersuchung*. Münster: Nodus.

Winford, Donald (2012) Pidgins and creoles in the history of English. In: Terttu Nevalainen & Elizabeth Closs Traugott (eds.) *The Oxford Handbook of the History of English*. Oxford: Oxford University Press, 592-601.

Whyte, Shona (1995) Specialist knowledge and interlanguage development: A discourse domain approach to text construction. *Studies in Second Language Acquisition* 17: 153-83.

山田孝雄（1935）『漢文の訓読によりて伝へられたる語法』宝文館．

山本正秀（1965）『近代文体発生の史的研究』岩波書店．

安田敏朗（1997）『帝国日本の言語編制』世織書房．

――――（2006）『「国語」の近代史――帝国日本と国語学者たち』中公新書．

――――（2007）『国語審議会――迷走の60年』講談社現代新書．

湯浅博章（1992a）「言語の『有機体』観の歴史的変遷――W. v. フンボルトの言語思想の理解のために」『京都ドイツ語学研究会会報』6: 71-82.

――――（1992b）「W. v. フンボルト的言語理論の実像――K. F. ベッカーの意義と関連して」*Sprache und Kultur*（大阪外国語大学ドイツ語研究室編）25: 57-82.

吉田澄夫・井之口有一（編）（1964）『明治以降国語問題論集』風間書房．

事項索引

あ行

アイデンティティ　149, 152
アイヌ語　164
アイルランド　65
アカデミー・フランセーズ　33
アクセント　17
アコモデーション　17, 19, 84
アメリカ英語　15
アングロ・サクソン人　23, 26
イ音便　74, 81, 89
イギリス英語　15
威信　37
イスパニア　35
位相　16
位相語　13
意味拡張　136
移民　8, 62, 65
上からの変化　128
ウ音便　74, 98
浮世草子　46
打ち言葉　47, 51
ウムラウト　187, 192
埋め込み言語　152, 153
『英語辞典』（ジョンソン博士）　32, 202
英語翻訳文体　104
『英語を矯正・改良・確定するための提案書』（スウィフト）　202
『英文法』（マレー）　207
『英文法入門』（ラウス）　205
江戸言葉　46
江戸スタンダード　47
欧米系島民　136, 139, 149, 153, 154
小笠原英語　147
小笠原ことば　134
小笠原混合言語　135, 140, 148, 151

小笠原準クレオール　140
小笠原準クレオール英語　135
小笠原諸島　134
小笠原ピジン英語　134, 144
送り仮名　164
オーディエンス・デザイン　17, 19, 84
『面白英文法』(Leigh)　211
オランダ語　63
音声パフォーマンス　49
音読　100, 104
音読漢語語彙　100
音便形　73, 74, 75, 77, 79, 83, 86, 88, 98

か行

開音節構造　114
海外技術者研修協会　176
階級意識　214
階層差　13
外来語　13, 47, 136
外来語排斥　196
会話文　77, 81
書きことば　21, 36, 59, 63, 65, 70
格　114
雅俗混淆体　46
片仮名　45, 51
活用語尾　114
仮名　44
仮名書き　111, 112
仮名資料　45
仮名遣い　164
仮名遣改訂案　170, 171
カナモジカイ　171
仮名文字協会　171
可能表現　90
漢語　13, 98, 99, 100, 102, 104

漢語整理案　170
漢字　43
漢字仮名交じり文　52, 114
漢字制限　170
漢字対応　103
漢字廃止　167
漢字文　115
官制整備　163, 164
漢籍　96
漢文　43, 95, 107, 111, 115
漢文訓読　48, 96, 98, 102, 106, 109, 113, →訓読
漢文訓読資料　45
漢文訓読文体　46
『簡約英文法』（ブロカー）　202, 205
記述的立場　207
基層語　26, 28
規範化　199
規範主義　207
規範の成文化　35
規範の選定　35
規範文法　33, 35, 58, 66, 178, 181, 188, 193, 200, 202, 205, 207, 209, 210, 212, 215
黄表紙　46, 50, 71, 84, 98
教育　7, 10, 35, 62, 65, 177, 182
行間注　24
狂言　45, 49
共通語　8
強変化　187, 191
虚辞の否定　130
キリシタン　46
ギリシャ語　187
均一化　146
均質性の仮説　12, 20
近世ヨーロッパ　68
金石文　44
近代国民国家　167
近代ヨーロッパ　31, 36
草双紙　98
屈折語　114
組み込みの問題　22

クルスカ学会　33
クレオール　28, 117, 144, 146
クレオール化　144
クレオロイド　135
訓字　112
訓点　44
訓読　44, 96, 100, 103, 107, 111, →漢文訓読
訓読漢語語彙　102
計画性　18
敬語　7, 13, 21
敬語意識　8
契沖仮名遣　161
啓蒙主義　205
戯作　46
ケルト語　25
言語アカデミー　33
言語育成　31, 34
言語意識　20, 26
言語外的変化　134
言語共同体　199, 216
言語計画　9, 11, 13, 31, 159, 199, 202, 205, 207, 215
言語計画　大正期・昭和戦前期の――　169
言語計画　――のモデル　34
言語計画　明治以降の日本の――　39
言語計画　明治期の日本の――　160
言語行動　9, 10
言語政策　160, 199
言語接触　11, 23, 117, 124, 132, 200
言語地理学　8
言語的態度　215
言語内的変化　134, 136
言語変異　16
言語変種　11, 14, 56, 57
言文一致運動　51, 163
言文一致体　47, 50
語彙　10, 16, 27, 30, 38
語彙拡充　37
語彙提供言語　28

コイネー　135
コイネー化　90
効果　言語の——　51
合巻　71, 84, 98
口語　73
口語性　13
口語体　47
膠着語　113, 114
口頭語　49
公用語　8, 10
古英語　24, 25, 27, 116, 200
語幹　114
国語　50, 164, 167
国号呼称　170, 171
国語学　164, 166
国語教育　166
国語研究室　166
国語国字問題　39, 164, 169
国語施策　160, 166, 176
国語施策　大正期・昭和戦前期の——　169
国語施策　明治期の——　160
国語審議会　39, 171, 173
国語政策　52
国語調査委員会　162, 167, 169
国語問題　164, →国語国字問題
国際交流基金　176
国際文化振興会　176
国民国家　162
国立国語研究所　8, 13
語源的綴り字　202
古高ドイツ語　37, 68, 187, 191
『古事記』　95, 109, 115
コスト　言語の——　51
滑稽本　46
コード切り替え（コードスイッチング）　29, 118, 153
ゴート語　187
言葉の衛生　203, 214
古ノルド語　200, 201
コーパス　13, 69
コミュニケーション能力　71, 85

語用能力　85
孤立語　113
混合言語　139, 148, 155

さ行

産業革命　208, 213
三重円モデル　216
散文文体　98
子音推移　187
字音語　98
識字率　46, 59
下からの言語史　58
下からの（言語）変化　61, 125
実体計画　159, 161, 162（→本体計画　と同じ）
自動詞　138
地の文　75, 77, 81
シボレス　214
社会階層　61
社会言語学　5, 12, 56
社会言語学　——の下位分野　7
社会言語学　——の成立した時期　7
社会言語学　——の問題のありか　6
社会言語能力　85
社会的多言語使用　30
社会方言　17
借音仮名　114
弱変化　187, 191
借用　30, 31, 36
借用語　24, 27, 116, 118, 123, 200, 202, 215
写本　44
洒落本　46, 50, 71, 75, 84
ジャンル　13, 87
宗教的テキスト　50
純化主義　36
準クレオール　135, 146
準クレオール英語　150
準クレオール化　146
正倉院仮名文書　108
正倉院文書　98, 104, 106, 110, 115
上層言語　135, 146

抄物　45, 49
常用漢字　170
浄瑠璃　50
書記　104
初期近代英語　200, 201
初期新高ドイツ語　67
続日本紀宣命　100, 102, 103
植民地　8
庶民　58, 179
ジョンソン博士『英語辞典』　32, 202
自立語　114
資料・史料　55, 61, 62, 69
新高ドイツ語　187
推移の問題　22
遂行　35, 178
遂行　言語規範の——　34
スウィフト『英語を矯正・改良・確定するための提案書』　202
スカンジナビア語　24, 25, 27, 116, 117
スタイル　7, 13, 16, 18, 25, 70
スタイル　——の習得　88
スタイル切り替え　70, 71, 81
スタイル能力　85, 86
性差　13, 21
政策計画　34
正書法　179, 191
精緻化　34, 36, 37, 201
精緻化　言語規範の——　34
成文化　34, 178, 201
成文化　言語規範の——　34
制約条件の問題　22
席次計画　159, 161, 162（→地位計画　と同じ）
世話浄瑠璃　46
選定　言語規範の——　34
選定　言語変種の——　201
全ドイツ国語協会　196
宣読　49
宣命書き　100, 106, 114
宣命体　44
専門用語　——の一般用語化　137

造語　180, 187
造語論　190
創立者の原理　143
候文　46
促音便　74, 81, 89, 98
ソビエト連邦　35

た行
第二言語　83
第二変種　89
第二変種習得　89
大母音推移　200, 201
多言語社会　117, 124, 132
多言語使用　23
多言語使用者　117
多重否定　130
他動詞　138
単純化　135, 145, 150
談話能力　85
地域差　21
地域方言　17
地位計画　34（→席次計画　と同じ）
近いことば　59, 62
逐語訳　114
逐字訳　96
注意度　18
中英語　24, 25, 27, 29, 116, 120, 124, 128, 132, 200
中間言語　89, 150
中高ドイツ語　56, 186, 191
中国語　95
中国語　——と日本語の接触　95
中国古典語　95, 96
中産階級　208, 216
中流階級　209, 210
綴り字　25
定家仮名遣　13, 161
帝国教育会　163
手紙　62, 69
データの制約の問題　26
典籍　96
デンマーク語　63

ドイツ語　7, 8, 27, 37, 55, 177
ドイツ文字　39, 40
東京大学文学部国語研究室　166
ドゥーデン文法　191, 193, 196
遠いことば　59, 65
ドメイン　17, 19, 84
トルコ　35

な行

ナショナリズム　文法のなかの——　195
二言語使用　29
二重言語社会　201
二重否定　66, 206
日常語　61, 65, 66
日本語教育　175
日本語教育振興会　176
日本国際教育協会　176
日本語政策　176
認知言語学　5
能　45, 49

は行

バイリンガル　153
ハ行五段動詞　74
『パストン家書簡集』　128
八丈系島民　149
八丈島方言　135, 150
撥音便　74, 89
発動の問題　22, 148
話しことば　20, 30, 36, 58, 63
話し手の属性　17
噺本　50
バリエーション　13, 16, 17, 24, 56, 181
『パリスとヴィエンヌ』　117, 120, 124, 128, 131
ハワイ語　142, 143, 147
非音便形　73, 77, 79, 81, 83, 86, 88, 98
『ピグマリオン』　213
ピジン　28, 134, 144

ピジン化　144, 145
表音仮名　111
評価の問題　22
表記　——の日本化　48
表記体　98
表記体系　43
表記法　10
標準英語　8, 201
標準漢字表　172
標準語　6, 10, 12, 19, 51, 57, 161, 166
標準語イデオロギー　55, 215
標準語普及運動　51
平仮名　44, 51
普及　201
普及計画　159, 161, 162
複合格助詞　81, 89
複合語　37
複合マトリックス言語　154
複雑化　145
付属語　114
普通文　47
仏教経典　96
仏典　96
フランス語　24, 27, 38, 116, 123, 126, 130, 201
プロイセン　38, 62, 181
ブロカー『簡約英文法』　202, 205
ブロークン・イングリッシュ　135
文化審議会国語分科会　173
文化庁　162
文献　20, 25, 30, 30, 43
文語　73, 75
文語　——の成立　48
文語文　49
文章論　188, 190
文体　18
文中コード切り替え　153
文法家　177
文法能力　85
文法用語　195, 196
平準化　90

ベッカーの文法　182
変異理論　12
変種能力　85
変体漢文　105, 107, 110, 114
母音交替　187, 192
母音混和　192
方言　6, 12, 16, 17, 21, 36
方言能力　85
方言札　165
方言撲滅運動　51
母変種　89
ポライトネス　17, 19
ポール・ロワイヤルの文法　185
本体計画　34（→実体計画　と同じ）
翻訳者　118
翻訳借用　133

ま行

マトリックス言語　152, 153, 154
マトリックス言語交代仮説　152
マレー『英文法』　207
万葉仮名　44, 51
実りを結ぶ会　37
明治　10, 13, 21
文字　43
文字改革　35
文字テクスト　55
木簡　44, 97, 115
モノリンガル　153
文選読み　97

や・ら・わ行

役割語　15, 20
有機体　183, 188, 193
有機的構造　183
用語　36, 38, 39
読本　71, 77
ラウス『英文法入門』　205
落語速記本　50
ラテン語　24, 27, 32, 38, 68, 116, 118, 120, 125, 132, 179, 187, 200, 205

ラテン文字　35, 39
琉球語　164
臨時国語調査会　169, 171
ルネサンス綴り字　202
ルーン文字　68
歴史言語学　5, 12
歴史語用論　5, 11, 13
歴史的仮名遣い　31, 52
歴史文法　178, 186, 188, 190, 193
レジスター　60, 61
ローマ字　40
論理文法　178, 182, 190, 193
和音　97, 114
和化漢文　44, 51
和漢混淆　106, 106, 113
和漢混淆文　13, 45, 77, 115
わきまえ　17, 19, 84
和訓　97, 99, 100, 101, 102, 104, 114
話者属性　84

any　128
codification　201
elaboration　201
etymological spelling　202
expletive negation　130
Great Vowel Shift　201
hopefully　204, 206
ideology of the standard language　215
implementation　201
language attitude　215
lexifier　28
Matrix Language Turnover Hypothesis　152
MLT　152
multilingualism　23
multiple negation　130
Paris and Vienne　→『パリスとヴィエンヌ』
Paston Letters, The　→『パストン家

書簡集』
PC（Political Correctness） 203
pray 125, 126, 127, 131
prescriptive grammar 200
Pygmalion →『ピグマリオン』
Renaissance spelling 202
selection 201

Shibboleth 214
substratum 28
three-circle model 216
verbal hygiene 203
with 24
you 7

人名索引

アーデルング → Adelung
安藤正次 40
上田万年 39, 166
ウェッブ，トーマス 147
ウェブスター → Webster
エリオット → Eliot
オーピッツ → Opitz
カンペ → Campe
キャクストン → Caxton
曲亭馬琴 88
グリム → Grimm
ゴットシェート → Gottsched
コベット → Cobbett
山東京伝 71, 82, 85
シュレーゲル → Schlegel
志賀直哉 161
ショー → Shaw
ショッテル → Schottel
ジョンソン博士 → Johnson
スウィフト → Swift
セーボレー，ナサニエル 147
ダンテ → Dante
チョーサー → Chaucer
ドゥーデン → Duden
南部義籌 168
ネブリハ → Nebrija
バウアー → Bauer
パーニニ → Panini
ヒトラー → Hitler
福沢諭吉 168

二葉亭四迷 163
ブロカー → Bullokar
フンボルト → Humboldt
ベッカー → Becker
ホイットニー → Whitney
保科孝一 39, 166, 169
ポープ → Pope
前島 密 168
マレー → Murray
本居宣長 70, 100, 109
森 有礼 161, 162
矢野文雄 168
山下芳太郎 171
山田美妙 163
山田孝雄 171
与謝野晶子 171
ライプニッツ → Leibniz
ラウス → Lowth
ルター → Luther

Adelung, Johann Christian 178, 180, 185
Bauer, Friedrich 185, 190, 193, 195
Becker, Karl Ferdinand 183, 188, 190
Bullokar, William 202
Campe, Johann Heinrich 38
Caxton, William 117, 119, 121,

125, 132, 201
Chaucer, Geoffrey   27, 120
Cobbett, William   208
Dante Alighieri   32
Dickens, Charles   212
Duden, Konrad   191, 195
Eliot, George   209, 214
Gottsched, Johann Christoph   180
Grimm, Jacob   135, 177, 186, 188, 190, 193
Hitler, Adolf   40, 196
Humboldt, Wilhelm von   182
Johnson, Samuel   32, 202, 206
Labov, William   148
Leibniz, Gottfried Wilhelm   37
Lowth, Robert   202, 205
Luther, Martin   32, 179, 187
Milton, John   206
Mufwene, Salikoko   143
Murray, Lindley   207, 211
Myers-Scotton, Carol   152
Nebrija, Antonio de   35
Opitz, Martin   179
Panini   31
Pope, Alexander   211
Schlegel, Friedrich   183
Schottel, Justus Georg   179
Shakespeare, William   206
Shaw, George Bernard   213
Swift, Jonathan   33, 202
Webster, Noah   32
Whitney, William Dwight   162

編者・執筆者のプロフィール

[2015 年 2 月現在]

● 編者

髙田　博行（たかだ　ひろゆき）
現職: 学習院大学文学部教授
専門: ドイツ語学，ドイツ語史，歴史語用論
主要著作:《著書》『ヒトラー演説』（中公新書 2014 年），*Grammatik und Sprachwirklichkeit von 1640–1700*. (Tübingen: Max Niemeyer 1998; Berlin: Walter de Gruyter 2011)。《共編著》『歴史語用論の世界』（ひつじ書房 2014 年），『ドイツ語の歴史論』（ひつじ書房 2013 年），『歴史語用論入門』（大修館書店 2011 年），『言語意識と社会』（三元社 2011 年），『ドイツ語が織りなす社会と文化』（関西大学出版部 2005 年）。

渋谷　勝己（しぶや　かつみ）
現職: 大阪大学大学院文学研究科教授
専門: 日本語学，社会言語学
主要著作:《共著》『旅するニホンゴ――異言語との出会いが変えたもの』（岩波書店 2013 年），『シリーズ日本語史 4 日本語史のインタフェース』（岩波書店 2008 年），『シリーズ方言学 3 方言文法』（岩波書店 2006 年），『日本語学習者の文法習得』（大修館書店 2001 年），『社会言語学』（おうふう 1992 年）。

家入　葉子（いえいり　ようこ）
現職: 京都大学大学院文学研究科教授
専門: 英語学，英語史，歴史社会言語学
主要著作:《著書》*Verbs of Implicit Negation and their Complements in the History of English*. (Amsterdam: John Benjamins; Tokyo: Yushodo Press 2010), *Negative Constructions in Middle English* (Fukuoka: Kyushu University Press 2001)。《共編著》*Studies in Middle and Modern English: Historical Change* (Suita: Osaka Books 2014), *Middle and Modern English Corpus Linguistics: A Multi-dimensional Approach* (Amsterdam: John Benjamins 2012)。

●執筆者（姓の ABC 順）

Stephan Elspaß（シュテファン・エルスパス）
現職: ザルツブルク大学教授
専門: ドイツ語学，ドイツ語史，歴史社会言語学
主要著作:《著書》*Sprachgeschichte von unten. Untersuchungen zum geschriebenen Alltagsdeutsch im 19. Jahrhundert*. (Tübingen: Max Niemeyer 2005)，*Phraseologie in der politischen Rede*. (Opladen, Wiesbaden: Westdeutscher Verlag 1998)。《共編著》*Sprachvariation und Sprachwandel in der Stadt der Frühen Neuzeit*. (Heidelberg: Carl Winter 2011)，*Germanic Language Histories "from below" (1700–2000)*. (Berlin, New York: Walter de Gruyter 2007)。

池田 真（いけだ まこと）
現職: 上智大学文学部准教授
専門: 英語学，英文法史，英語教育，内容言語統合型学習（CLIL）
主要著作:《著書》*Competing Grammars: Noah Webster's Vain Efforts to Defeat Lindley Murray*. (Tokyo: Shinozakishorin 1997)，『快読英文法』（ベレ出版 2002 年）。《共著》『CLIL 内容言語統合型学習：上智大学外国語教育の新たなる挑戦』（上智大学出版局 2011 年）。《論文・解説》Does CLIL work for Japanese secondary school students?: Potential for the weak version of CLIL (*The International CLIL Journal* 2014)，「英語の変遷」（出口保夫他（編），『21 世紀イギリス文化を知る辞典』，東京書籍 2009 年）。

乾 善彦（いぬい よしひこ）
現職: 関西大学文学部教授
専門: 日本語史，日本語史資料，文字・表記論
主要著作:《著書・編著》『漢字による日本語書記の史的研究』（塙書房 2003 年），『『世話早学文』影印と翻刻』（和泉書院 2000 年）。《共著・共編著》『シリーズ日本語史 4 日本語史のインタフェース』（岩波書店 2008 年)，『『新撰万葉集』諸本と解題』（和泉書院 2003 年）。

金水 敏（きんすい さとし）
現職: 大阪大学大学院文学研究科教授
専門: 国語学，言語学，役割語研究
主要著作:《著書》『コレモ日本語アルカ？──異人のことばが生まれるとき』（岩波書店 2014 年），『ヴァーチャル日本語──役割語の謎』（岩波書店 2003

年), 『日本語存在表現の歴史』 (ひつじ書房 2006 年)。《編集》『〈役割語〉小辞典』 (研究社 2014 年), 『役割語研究の展開』 (くろしお出版 2011 年), 『役割語研究の地平』 (くろしお出版 2007 年)。《共編》『歴史語用論の世界』 (ひつじ書房 2014 年)。

Daniel Long (ダニエル・ロング)
現職: 首都大学東京人文科学研究科教授
専門: 日本語教育学, 第 2 言語習得論, 社会言語学
主要著作:《著書》 *English on the Bonin (Ogasawara) Islands* (Duke Univ. Press 2007 年)。《共著・共編著》『日本語からたどる 文化』 (放送大学 2011 年), 『小笠原ことばしゃべる辞典』 (南方新社 2005 年)。

山東 功 (さんとう いさお)
現職: 大阪府立大学 21 世紀科学研究機構教授
専門: 日本語学, 日本思想史
主要著作:《著書》『日本語の観察者たち――宣教師からお雇い外国人まで』 (岩波書店 2013 年), 『唱歌と国語――明治近代化の装置』 (講談社選書メチエ 2008 年), 『明治前期日本文典の研究』 (和泉書院 2002 年)。《共著・共編著》『ブラジル日系・沖縄系移民社会における言語接触』 (ひつじ書房 2009 年), 『国語施策百年史』 (文化庁編, ぎょうせい, 2006 年)。

佐藤 恵 (さとう めぐみ)
現職: 日本学術振興会特別研究員 (学習院大学)
専門: ドイツ語学, ドイツ語史
主要著作:《論文》「『よいドイツ語』とは何か?――文法規範と言語慣用」『学習院大学ドイツ文学会研究論集』 (第 17 号, 2013 年), 「前置詞 wegen の格支配の変遷――言語変化のメカニズムをめぐって」『学習院大学ドイツ文学会研究論集』 (第 19 号, 2015 年)。

内田 充美 (うちだ みつみ)
現職: 関西学院大学社会学部教授
専門: 英語学, コーパス言語学
主要著作:《著書》 *Causal Relations and Clause Linkage* (大阪大学出版会 2002 年)。《共著》 *Stuaies in Middle and Modern English: Historical Change* (Suita: Osaka Books 2014), 『英語フィロロジーとコーパス研究――今井光規教授古稀記念論文集』 (松柏社 2009 年), 『日本の英語辞書学』 (大修館書店 2006 年), *Aspects of English Negation* (Amsterdam: John Benjamins 2005 年)。

〈シリーズ・言語学フロンティア〉
歴史社会言語学入門──社会から読み解くことばの移り変わり
ⓒHiroyuki Takada, Katsumi Shibuya & Yoko Iyeiri, 2015

NDC801／x, 243p／21cm

初版第1刷──2015年3月10日

編著者──	高田博行／渋谷勝己／家入葉子
発行者──	鈴木一行
発行所──	株式会社 大修館書店

〒113-8541 東京都文京区湯島2-1-1
電話 03-3868-2651（販売部）／03-3868-2294（編集部）
振替 00190-7-40504
［出版情報］http://www.taishukan.co.jp

装丁者──	下川雅敏
印刷所──	壮光舎印刷
製本所──	司製本

ISBN978-4-469-21350-8　Printed in Japan

Ⓡ本書のコピー、スキャン、デジタル化等の無断複製は著作権法上での例外を除き禁じられています。本書を代行業者等の第三者に依頼してスキャンやデジタル化することは、たとえ個人や家庭内での利用であっても著作権法上認められておりません。